박정희 · 김일성, 김대중 · 김정일 · 클린턴, 부시 · 김정은

북한 핵 무력의 세계 정체성

북한 핵 무력의
세계 정체성

초판 1쇄 발행 2016년 2월 1일

지 은 이   박요한
발 행 인   권선복
편   집   김정웅
디 자 인   이세영
마 케 팅   정희철
전 자 책   신미경
발 행 처   도서출판 행복에너지
출판등록   제315-2011-000035호
주   소   (157-010) 서울특별시 강서구 화곡로 232
전   화   0505-613-6133
팩   스   0303-0799-1560
홈페이지   www.happybook.or.kr
이 메 일   ksbdata@daum.net

값 20,000원

ISBN 979-11-5602-314-2   03340

Copyright ⓒ 박요한, 2016

도서출판 행복에너지는 독자 여러분의 아이디어와 원고 투고를 기다립니다. 책으로 만들기를 원하는
콘텐츠가 있으신 분은 이메일이나 홈페이지를 통해 간단한 기획서와 기획의도, 연락처 등을 보내주십시오.
행복에너지의 문은 언제나 활짝 열려 있습니다.

박정희 · 김일성, 김대중 · 김정일 · 클린턴, 부시 · 김정은

북한 핵 무력의 세계 정체성

박요한 지음

도서
출판 행복에너지

2003년 8월.

"이제 길고 지루한 협상과정의 초입에 들어섰을 뿐입니다.
그 누구도 미래를 예측할 수 없습니다."

첫 6자회담 대표회의를 마치고 베이징 호텔로 돌아온 한국 측 대표
가 기자들에게 남긴 마지막 멘트였다. 공동 보도문조차 만들어내지 못
한 채 일정을 마감한 대표단 일행의 분위기는 무거웠다.

지난 수년간 시간과 사건들이 부챗살처럼 펼쳐졌다.

1998년 6월, 정주영과 소떼 북한 방문 및 남북해빙기 조성.
2000년, 김대중과 김정일 간 6·15 남북공동선언.
11월, 조지 W. 부시 미 대통령 당선과 클린턴의 방북 취소 결정.

2001년, 북한을 악의 축으로 규정한 부시의 연두교서와 9·11테러.

그해 3월, 김대중 대통령의 굴욕적인 미국 실무방문 정상회담.

2001년 10월, 켈리 미 특사의 방북과 북한 핵무기 보유 시인 공방.

2003년 2월 초, 노무현 대통령 당선자의 대북 송금 특검 수용 결정과 DJ의 해명 기자회견.

2003년 5월, 노무현과 부시 간 무겁기만 했던 한·미정상회담 현장.

임동원과 박지원의 구속, 정몽헌의 자진.

그리고 8월, 중국의 대박기회로 노선이 선회된 대북 협상 중재권.

노무현 정권과 부시 미 행정부의 '첫 단추부터 잘못 끼워지고 있다'는 예감은 현실화됐다. 앞으로 시간은 과연 누구의 편이 될 것인가? 적어도 우리 한국의 편이 아닌 것은 분명하다.

"남한의 한반도 핵 협상 중재권이 중국으로 넘어갔다."

"부시가 발을 뺀 이상 책임주체가 없고, 6자회담은 실패한다. 주도국인 중국은 횡재했고, 북한 핵은 현실화된다."

"협상이 가능한 어젠다와 구조가 아니다. 이제 북한이 스스로 붕괴하느냐, 핵 실력이 진화하느냐의 게임이다. 나는 앞으로 북한 핵 무력과 국제 관계를 연구해야 할지도 모른다."

예감은 적중했고, 취재기자였던 필자의 운명 노선은 바뀌었다.

이듬해 2004년 모교 고려대 석사과정에 진학하고 졸업하면서, 2008년 신문사 생활을 마감했다. 2009년 숭실대 이정철 교수 문하 박사과정에 들어가 주체사상부터 국제관계이론까지 처음부터 다시 남·북, 국제 관계의 현실과 이론을 학습했다.

그 이듬해 사상가이자 사회실천가인 시인 고규태 형님과 운명적인 만남이 이뤄졌다. 동서양 역사와 철학을 관통한 시인으로부터 핵, 세계관과 시간 개념 등 그가 평생 쌓은 내공의 편린을 전수받았다. 시인은 내 아둔한 인식의 지평을 확장시켜주려고 정성을 들이고, 그 가혹한 시간들을 함께 걸어 주었다. 2013년 박사학위 논문은 통과되었고, 시인의 그림자를 떠나 다시 2년이 흘렀다. 2003년부터 2015년까지 모두 13년간 여정이다.

이재철 목사님은 죽음과 삶이 가지런히 행진하는 양화진 평화의 언덕에서 '너희가 내 안에'를 역설하셨다. 나라는 절대자의 통괄적이고 영원한 시간성 속에서 너희라는 생명의 현재 진행형적 삶이 비롯된다.

신철범 목사님은 삶과 죽음이 함께 뒤엉킨 아랍 역사전쟁의 한복판에서 '내가 너희 안에'를 강조하셨다. 너희라는 생명의 순간적이고 현재 진행형 삶이 나라는 절대자의 통괄적 영원성으로 귀결된다.

모진 세월 끝자락에, 필자는 절대자의 통괄적 시간과 인간의 현재 진행형을 우리의 공진하는 시간으로 묶고, 노벨 물리학상 수상자인 프리고진 교수의 시간 이론에 적용했더니 놀랍게도 아귀가 꼭 맞아떨어졌다. 이 책의 원리인 시간 중심축 속에는 이재철·신철범·고규태·이정철 님의 일치된 삶과 사상이 엮이고, 녹아있다.

산과 들판의 기도하시는 예언자, 김해수 장로님은 내 영성의 멘토이다.

하나님 안에서 조강의 반려 김동신은 내 생명의 은인이다.

"해탈한 사람의 뇌에서 새로운 우주가 탄생한다."며 아빠를 질타한 유빈, 고맙다.

"해병대 극기훈련을 끝내고 집에 돌아오니 꿈만 같은 시간"이라던 정빈, 고맙다.

아빠로서 함께 다정한 시간을 누려주지 못한 점, 정말로 미안하고, 사랑한다.

필자가 이 책에 심은 메시지는 시간, 북한, 핵 무력, 김정은에 대해 개념부터 다시 생각해야 한다는 데 있다. 제1장 이론 편은 읽지 않고 넘겨도 무방하다. 제6장 결론부는 두 갈래다. 한 편은 필자의 상상력과 주관성에 의해 알기 쉽게, 지나간 20년의 패배를 정리했다. 다른 한 편은 지나간 20년을 총괄하고, 독자들이 앞으로 20년 전쟁의 승리를 위해 어떻게 할 것인가를 상상할 수 있도록 구성했다.

이 책을 있게 해주신 행복에너지 권선복 사장님, 편집해주신 김정웅 과장님, 이세영 디자이너께 감사드립니다.

> "내가 가는 길을 그가 아시나니
> 그가 나를 단련하신 후에는
> 내가 순금같이 되어 나오리라"
>
> (욥기 23장 10절)

목차

> 제 3 장 <
북한 핵 무력의 운명
정체성과 그 벡터

•
•
•

> 제 4 장 <
북한 핵의 주체 시간 생성과
외교 역량 구축 과정

•
•
•

> 제 5 장 <
김정은 최후의 도박
: 핵 무력이 네트워킹하는 산유국

⋮

> 제 6 장 <
결론

⋮

> 서 문 <

1. 외눈박이, 40년 핵 체제를 출산하다

"한반도 비핵화는 실패했다. 누가 이 결과에 책임질 것인가?"

세계 최빈국, 전근대적·왕조적 전체주의, 최악의 반인륜·군선독재 국가가 핵을 고리로 움켜쥐고 강대국 틈새에서 살아남아, 잠재적인 핵 무력 아카데미국가로 부상했다. 북한 김정은 체제는 핵 무력을 헌법에 명시하고, 당·국가·인민의 체계를 핵 체제, 전쟁 상시화 체제戰爭常時化 體制國家로 구축했다. 이제 최소한 동아시아는 북한 핵 체제가 주도하는 신 냉전 체제임을 부인할 수 없다.

인간은 침묵할 수 있지만 양심을 속일 수 없는 존재이다. 북한 핵 체제는 한국 핵 무장화를 강요한다. 한국 핵 무장은 일본·대만 등 동아시아의 자구적인 핵 무장으로 전이되고, 지구적 확산과 편재화로 나아가는 축axis이자 허브hub임에 틀림없다. 전이와 확산과정은 시간문제일 뿐이다. 이제 핵은 강대국의 전유물이 아니다. 약소국뿐만 아니라 특정 집단도 지닐 수 있는 '수평화·단위화 된 절대 무력'으로 그 차원이 전화된다. 북한 핵 딜레마는 한반도를 넘어서 지구적 차원의 딜레마로 확장되었다. 이 지구적 차원의 위기 국면에서 미국과 한국, 국제사회의 반성과 성찰이 요구된다.

"어떻게 이와 같은 참혹한 사태로 귀결되었는가?"
"당사자인 미국과 한국의 잘못은 무엇인가?"

한국과 미국은 북한 핵 실력과 생존 능력을 오판했다. 조지 W. 부시 미 행정부는 북한을 '핵 개발 기술 능력 보유가 의심스러운, 내일이라도 무너질 불량 국가rogue state이자 악의 축axis of evil'로 낙인찍는 오류를 범했고, 한국은 이 잘못된 수레에 동승했다. 아들 부시는 한반도 이북이라는 공간만을 바라볼 뿐, 5000년 동북아 역사라는 시간성을 통찰하지 못한 외눈박이였다. 노무현 정권은 외눈박이의 힘과 노선을 노무현식으로 전이·변용했고, 이명박은 아예 외눈박이와 어깨동무를 한 친구임을 과시했다. 그리고 한반도 제1차 핵 게임, 즉 20년 시간획득 전쟁은 북한의 승리로 귀결되었다.

이 세 지도자들의 잘못된 노선은 언제, 어디에서 비롯되었을까? 일반 국제관계이론은 데카르트·뉴턴의 정태적 세계관과 공간 개념의 바탕 위에 세워졌다. 신현실주의, 신자유주의 이론을 북한 핵 딜레마에 교조적으로 적용한 지점이 아들 부시, 노무현, 이명박 실패의 출발점이다. 이들의 눈에는 휴전선 이북의 분단 공간에서 굶주리는 북한 주민과 고립된 채 허세 부리는 한심한 독재자만이 포착되었다. 그 결과 은폐된 시간의 공진성이 구현하는 그 무엇, 핵 무력의 심층성, 즉 불가침의 국제 권력성을 읽지 못하고 말았다.

외눈박이와 그 동조자들은 스스로를 기망하고 말았다. 특히 핵은 빛의 속도와 양자 역학이 발명한 현대 과학기술의 총화이다. 뉴턴의 기계적 결정론을 폐기시킨, 현대 과학이 제시한 혁명적인 세계관과 전화된 시간 개념은 쉼 없이 창진하는 시간의 연결망이다. 뉴턴 역학은 공간성에 기반하고, 현대 과학은 시간 축을 붙잡고 있다. 북한과 핵, 한반도와 국제 관계는 시간을 중심축으로 번안翻案, self-translation해야 한다.

"시간은 누구의 편인가?"[1]

1993년 이후 20년 동안 한국과 미국을 옭아맨 화두이다. 2012년 12월, 북한 김정은 체제는 로켓 발사·위성 궤도 진입에 성공하고 2013년 2월, 제3차 핵 실험을 감행했다. 4개월 뒤인 7월, 필자의 박사학위 논문「북한 핵 무력의 동학과 네트워킹」이 통과되었다. 논문의 가설과 결론은 한마디로 일체화되어야 한다.[2]

---

1 참고로, 필자는 참여 정부 초기 경인일보 청와대 출입 기자로서 노무현 대통령의 2003년 5월 미국 방문, 6월 일본 방문, 7월 중국 방문에 동행 취재하고 연이어 8월 베이징에서 열린 제1차 6자회담을 관람했다. 이때 주된 관심은 '시간은 과연 누구의 편인가?'라는 질문으로 압축된다. 2008년 필자는 언론 생활을 정리하고 북한 핵 무력과 국제 관계 연구에 뛰어들었다.

2 박요한의 박사 학위 논문「북한 핵 무력의 동학과 네트워킹」주제이다. (서울: 숭실대학교 2013. 7.) 이정철 교수가 지도한 이 논문은 "북한 핵 무력은 폐기될 수 없다"고 논증한 최초의 국내 박사 학위 논문으로 2013년 7월 통과되었다.

"북한 핵 무력은 폐기될 수 없다."

북한 핵 무력은 이미 김일성 유일사상 체계 속에서 북한의 국가 운명 정체성과 일체화되었다. 2009년 제2차 핵 실험 이후부터는 국제 권력으로 진화·네트워크 되는 과정에 있다. 특히 김정은 정권 출범 이후 2012년 12월 12일 감행된 로켓 발사·인공위성 우주궤도 안착 성공, 2013년 2월 12일 제3차 핵 실험은 북한의 국가 운명 정체성이 핵 무력 아카데미 국가 단계로 진입하고 있음을 보여준다.[3]

핵 무력 아카데미 국가는 핵과 운반수단을 지구적 단위로 전이·확산·편재화시킬 수 있는 '실력을 자증시킨 핵 보유국가'를 의미한다. 2013년 이후 북한 핵 무력 딜레마는 한반도를 넘어서 세계무력이라는 새로운 차원과 단계로 전회되고 있다.

그 요지는 1993년 이후 쌓인 20년의 협상 과정을 실패로 번역하고, 북한 핵 무력의 정체성과 국제 관계를 '북한 핵 무력 아카데미 국가화와 한반도 영구 분단'으로 번안했다.

논문의 정합성과 예측력을 뒷받침하듯, 4개월 뒤 12월 중국의 시간을 대변하던 장성택과 그 파워 네트워크가 북한의 시간 축에서 사라졌다. 장성택 손목의 중국 주도 6자회담의 시계는 외세와 반역의 죄명으로 파쇄되었다.

2003년 8월 6자회담부터 2013년 말까지면 꼭 10년 만이었다. 불행

---

3 북한 김정은 체제는 이어 2013년 12월 15일 북한 내 중국 네트워크의 핵심인 장성택 등을 처형함으로써 중국 주도의 한반도 비핵화 공식 기구인 6자회담을 사실상 파기시켜 버렸다.

하게도 북한 핵은 지구적 차원의 안보 무력으로 진화했고, 중국이 주도하는 6자회담은 폐기되었다. '시간은 과연 누구의 편인가?'라던 의문은 '시간은 북한 편'으로 입증되었다.

2013년 이후 북한 국가 정체성은 핵 무력 체제로 전환되었다. 2년 뒤 2015년 평양 표준 시간 선언은 김정은 정권의 군선독재 권력이 체제차원으로 진화되었음을 반증한다. 이제 김정은의 생물학적 연령이 허락되는 시한까지 '수령의 영도력'은 항상성과 일관성을 유지하게 되었다. 우리로서는 북한 핵 무력 체제를 '40년 체제'로 규정할 수 있다. 이에 따라 1993년부터 2013년까지를 '지나간 20년', 2013년 이후 2033년까지를 '앞으로 20년'으로 구분한다.

2. 지나간 20년, 패배한 전쟁에 그 누구도 반성이 없다

1993년 이후 2013년까지 '지나간 20년'은, 전반기 10년간1993~2003의 북-미 직접 협상기 그리고 후반기 10년간2003~2013의 6자회담 시기로 나뉜다. 이 지나간 20년 동안 한국과 미국은 자가당착적인 자문자답의 메커니즘에 빠진다.

　① 북한 핵은 폐기될 수 있는가?: 폐기될 수 있다, 없다.
　② 미국은 북한 핵 시설을 타격할 수 있는가?: 있다, 없다.
　③ 김일성 유일사상 체계는 붕괴될 수 있는가?: 그렇다, 아니다.
　④ 중국은 북한 핵 폐기를 주도할 수 있는가?: 그렇다, 아니다.

2013년 이후 지금까지 이토록 궁핍한 질문과 모호한 답변이 되풀이될 수 있는가? 그럴 수밖에 없다. 그 이유는 한·미동맹에 내장된 태생적인 두 개의 불문율 때문이다. 그 하나는 한국 핵 무력 개발의 구조적 제한이고, 또 다른 하나는 분단 공간 외눈박이 관점의 제한이다.

핵 무력 개발의 구조적 제한은 한·미동맹의 존재 이유이자 운명이다. 한국이 독자적인 핵을 보유하는 날이 온다면, 한-미 관계는 그날로 끝 game-over이다. 앞을 다투어 일본과 대만의 핵 무장으로 전이되고, 미국 중심축의 태평양 안보 체제는 지각 변동을 초래한다. 미국은 북한 핵보다 한국 핵 보유 가능성을 더 경계한다. 한국의 핵 개발과 보유는 꿈조차 꿀 수 없는 이유이다.[4]

외눈박이 관점의 제한은 분단 체제를 공간성 안에서만 볼 수 있도록 강제화된, 인식의 틀을 의미한다.[5] 한국은 왜 분단과 북한의 시간성을 읽을 수 없는가? 한·미동맹의 시계는 한국의 시간을 미국 시간으로 강제화·일원화시킨 현실권력 메커니즘이다. 한국은 한·미동맹의 틀 속에서만 북한을 바라보아야 한다.

3. '앞으로 20년', 민족은 통일되는가? 영구 분단되는가?

앞으로 20년 시간 전쟁이 왜 중요한가? 2013년 이후 '앞으로 20년'의

---

4 박정희가 사망한 1979년경, 한국은 극비리에 핵 무력 개발을 진행했다. 당시 사실 여부와 관련 자료의 행방과 관련하여 전두환 등 신군부 핵심세력이 생존해 있을 때 재조사되어야 한다.

5 한쪽 눈의 실명을 극복하고 국가대표 축구선수로 나라를 빛낸 이태호, 정조국 선수 같은 육체적인 결함이 아닌, 국가 전략노선상 관점의 편향성과 결핍성을 뜻한다.

시간성이 축적되는 2033년경 "한반도의 미래; 영구 분단인가, 민족 통일인가?"가 판가름 난다. 앞으로 20년은 한국·한민족·한반도의 운명이 걸린, 지축의 전회적인 시간임에 틀림없다. '지나간 20년'이 북한에게 패배한 시간 전쟁이었다면, 앞으로 20년은 또 다른 차원의 신뢰 구축과 평화 통일 기반구축의 시간 전쟁이다.

앞으로 20년 시간 전쟁에서 승리하기 위해 우리는 무엇을, 어떻게 해야 하는가? 그 방법론의 지표적인 사례는 박정희-김일성의 7·4 공동성명을 계승한, 김대중과 클린턴, 김정일의 연합의 시간에 있다.

"북한의 친미국가화가 이뤄져야 남북 통일시대를 구현할 수 있다."

김대중 대북 포용 정책의 핵심 기초는 '민족과 시간' 철학에 입각한다. 북한 김정일 시간과 미국 클린턴의 시간을 합생合生시키자는 데 있었다. 김대중과 클린턴의 대북 전략의 철학적 기초와, 전략적 목표 그리고 방법론의 실체는 재조명 되어야 한다.

2001년 1월 출범한 부시 미 행정부는 한-미동맹의 전몰적, 외교적 자기 부정을 범했다. 외눈박이 부시는 2002년 말 이후 노골적으로 김대중-클린턴-김정일의 평화의 공동 시간 축을 뿌리째 뽑아버렸다. 노무현은 한반도 핵 주권 협상권의 중국 이양에 동의했고, 이명박은 5·24 조치를 통해 남북 교류 협력의 시간을 전면 중지시켰다.

그럼에도 김대중-클린턴-정주영-김정일이 구축한 세계와 시간의 연결망의 원형은 살아 있다. 바로 개성공단이다. 개성공단은 한반도의 시간을 1945년 해방의 시간 축으로 되돌려 군부대를 후퇴시키고, 무기를 녹여 기계를 만들며, 병사를 노동자로 변형시킨, 시간성이 평화적 물리적으로 구현된 연결망 세계이다. 행위자로서 개성공단은 스스로에게 묻는다.

나, 개성공단은 1945년 해방? 혹은 1950년 전쟁의 시간을 살고 있나?
나, 개성공단의 부모는 강대국인가?, 민족인가? 아니면 그 연합체인가?
나, 개성공단과 같은 시공간 연결망이 동·서독에 있었는가?

'앞으로 20년'의 전략적 선택지는 두 갈래로 나뉜다. 한국과 미국이 부시의 시계를 그대로 사용할 것인가? 박정희-김일성, 김대중-클린턴-정주영-김정일의 시간 노선을 계승할 것인가?

4. 왜 새로운 방법론이 요구되는가?

시간은 운명과 세계의 핵심이다. 시간 축을 놓친다면 분단과 북한 체제, 한반도와 국제 관계 접근은 '강시의 관'을 탐색하는 헛된 행동에 다름 아니다. 우리 분단 70년 인식의 외눈박이 관점의 오류가 이 지점에서 비롯된다. 시간을 중심축으로 북한과 김일성 유일사상 체계, 북한의 국가·핵 무력·영도자 운명 정체성과 그 벡터vector를 기술해야 한다.[6] 그 접근과 열람 과정에서 우리는 '축적된 오늘'로서 과거, '오래된 미래'로서 현재, '시간의 화살표벡터'로서 자증적 설명력과 미래 예측력을 획

---

6 벡터(vector)란 현대물리학에서 크기와 방향성을 가진 시간의 화살표이다.

득하게 된다.[7]

　　현대 과학은 혼돈 속의 질서chaosmos속에서 쉼 없고 끊임없는 현재 진행형going의 창진적 세계관과 시간 개념을 제시했다. 이와 같은 혼돈 속의 질서로서 세계관과 비가역 전방위적 창진의 시간은 일반 시스템 이론, 가이아 이론, 심층 생태학, 인지 과학산티아고 이론 등으로 다양하게 적용되어 발전하고 있다. 프리쵸프 카프라, 2004, p.244, p.255 이들 현대 과학 이론의 공통된 기반은 연결망으로서 유동하는 세계chaosmosing와 관계 생명의 창진 과정으로서 시간 개념에 있다. 시간은 숨은 행위자 hidden actor이다. 북한 체제는 현대 과학의 세계관과 시간 개념을 항일 빨치산 투쟁기부터 지금까지 그리고 앞으로 20년 동안 세계와 체제 내부에 적용한다.

　　필자는 현대 과학이 제시한 세계관과 시간 개념을 운명 정체성 이론으로 입론하여 한반도와 세계 관계를 기술한다.[8] 입론 과정에서 웬트의 국가 정체성은 '국가 운명 정체성'으로, 라투어 등의 행위자 연결망 이론Actor Network Theory는 '시간의 ANT'로 갱신하여 주요 원리로 수렴하였다. 시간이 없다면 생명도, 관계도, 자생적 조직화도, 정체성도 없다.

7　'축적된 오늘'은 하이데거, '오래된 미래'는 헬레나 노르베리-호지, 시간의 화살표는 열역학의 개념으로서 모두 프리고진의 세계관과 시간 개념에 포괄된다.

8　구조란 연결망의 총화이다. 연결망은 살아있기 때문에 그 결집체적 총화인 구조는 물렁물렁하다. 카프라는 생명의 그물망으로, 불교에서는 인드라망, 주역에서는 64괘의 전개 양상으로 표현된다.

5. 왜 주체 시간인가?

이순신 장군은 "죽고자 하면 살고, 살고자 하면 죽는다."고 역설했다. 목숨을 걸어 본 일이 있는가? 인간이 목숨을 결단할 국면은 타협과 협상을 초월한 때이다. 하물며 국가의 운명이 걸렸다면, 그 수준과 차원은 전혀 달라진다.

북한은 "우리가 핵을 포기하는 순간 이라크, 리비아, 이란과 같이 죽음과 패망의 꼴이 된다."고 강변한다. 그렇다면 그들의 자구적인 해결책은 무엇인가? "인간은 자기 운명의 주인이다."라는 주체사상의 근본 원리에서 시작한다. 운명은 생명과 시간성의 자주적인 총결집 과정이다. 북한 운명의 결정 주권은 자주적인 북한 인민에게 있다는 것. 이 인간의 자주성이 북한의 국가 정체성인 김일성 유일사상 체계 국가를 작동시키는 주체 시간의 발원이다.

주체 시간을 세계 시간의 표준으로 삼으면, ① 북한은 세계를 혼돈 속의 질서chaosmosing, 즉 전쟁과 혼돈의 연결망 구조로 본다.(관점) ② 따라서 체제 내부는 전쟁 수행을 위한 '질서 속의 혼돈cosmochaosing'이라는 통제와 조정의 강제화된 구조로 정립한다.(입장) ③ 그 총괄적인 연결망을 지휘·통제하는 사명을 부여받은 운명적인 지도자로서 수령이 존재한다. 그는 제국주의와 전쟁을 승리로 이끌 수 있는 전쟁의 화신化神이자, 공산사회를 실현할 수 있는 유일한 령도자이다.(방법론)

북한에게 세계의 시간은 미국과 중국의 국가 이익에 맞춰 강제화된 시계에 불과하다. '북조선'을 벗어난 외부 세계에서는 미 제국주의와당연히 중국이 포함된 외세의 적대적인 시간만이 존재할 뿐이다. 북한 체제에

선 외세와 전쟁의 세계관 속에서 북한의 국가 운명의 생존과 번영, 그 벡터를 실현하기 위해서 주체 시간만이 유일한 세계의 중심축이 된다.[9] 바로 김일성 유일사상 체계의 핵심적 요체이다.

주체 시간은 ① 불안정, 불확실성, 비평형의 전쟁 상황으로서 요동치는 세계 구조, ② 전쟁이 상시화된 체제를 보위하는 불가침의 절대 무력으로서 핵 무력, ③ 외세의 침략을 이겨내고 조국 해방 전쟁을 승리로 이끌기 위한 군선 독재가 령도하는 시간 개념을 의미한다. 주체 시간의 개념을 획득하면 항일 빨치산 투쟁기부터 항미, 핵 무력 투쟁기까지 북한의 모든 역사가 홀로그램화된다.

---

9 김정은의 경우에는 2011년 12월 17일 김정일 사망, 2011년 12월 24일 김정은 최고사령관 취임, 2012년 4월 제4차 당대표자회의, 제12기 5차 최고인민회의에서 당 제1비서, 당 정치국상무위원, 당 중앙군사위원장, 국방위 제1위원장직에 올랐다.
핵 무력의 경우에는 2014년 4월 13일 개정 헌법에 '핵보유국' 명시, 2013년 3월 13일 조선노동당 중앙위원회 전원 회의 '경제 건설과 핵 무력의 병진 노선' 채택, 2013년 4월 1일 최고인민회의 「자위적 핵보유국의 지위를 더욱 공고히 할 데 대하여」라는 법을 제정. 2013년 4월 2일 5MW 원자로를 재가동하여 기존의 북한 핵 관련 모든 협상과 합의를 법적으로, 실질적으로 폐기했다. 북한은 2013년 4월 1일 제12기 제7차 최고인민회의에서 조선민주주의 인민공화국의 핵 무력은 "세계가 비핵화될 때까지 우리 공화국에 대한 침략과 공격을 억제, 격퇴하고 침략의 본거지들에 대한 섬멸적인 보복 타격을 가하는 데 복무한다."라고 명시하여 영구 보유를 선언했다.
김정은은 전원 회의에서 "제국주의자들의 압력과 회유에 못 이겨 이미 있던 전쟁 억제력마저 포기했다가 종당에는 침략의 희생물이 되고 만 발칸반도와 중동 지역 나라들의 교훈을 절대로 잊지 말아야 한다."고 강조했다. 즉 우크라이나 사태, 리비아 가다피, 이라크 사담 후세인을 지칭하고 있다.
홍민 박사는 북한의 이와 같은 일련의 조처를 '핵보유국 패러다임의 전개'로 규정했다. 핵보유국 패러다임의 전개라는 용어는 처음 출현한 점에 주목한다. (「북한 핵무기체계의 정치경제」, 2015. 8. 26, 동국대 학술회의) 일련의 과정을 종합하면, 핵 무력은 북한의 국가 운명과 김일성 유일사상 체계와 법적, 정치적, 외교적, 제도적, 군사적으로 일체화되었음이 확인된다.

6. 핵 무력의 운명 정체성과 그 벡터는?

시간은 '지나간 20년'을 말해줬다. 우리가 담론화하고 요망했던 '북한의 급변 사태'는 없었다. 우리는 앞으로 20년 동안 북한 붕괴론을 주장할 수 있는 근거를 잃었다. 시간은 오히려 우리에게 되묻는다. 한국은 북한 핵 무력 정체성의 개념을 취득하고 있었는가? 그 질문은 "**핵은 곧 조선이다**"라는 김정일의 언명과 만나게 된다.

"핵은 곧 조선이다"라는 가설은 "핵은 곧 조선의 운명"이고 "조선의 운명은 영원 불멸"하므로 "핵은 폐기될 수 없다"는 삼단 논법으로 등식화된다.

① 핵 무력=전쟁 절대 무력=세계 대전 종식 절대 무력=패권 강국의 현상적 실체=미국 핵 무력, ② 핵 무력 정체성=북조선 자위 국방 절대 무력=김일성 유일사상 체계 운명 결정 권력 구현=북조선의 영구 평화 국가 운명 정체성 구축, ③ 핵 무력 운명 정체성=한반도 평화 강제 결정 무력=김일성 군선 독재 체제 영구화 권력=부강한 북조선의 운명적 전제 조건

결국 "북한 핵은 폐기될 수 없다"는 결론이 자증된다. 필자는 '역사의 신神'을 믿는 시간 철학자이다. 시간이 한반도 비핵화 실패를 자증했다면, '앞으로 20년'도 그 속에 담겨있다.

"김정은 체제, 어디로 가려고 하는가?"
"우리는 미래를 어떻게 만들 것인가?"

우리의 미래 전략은 김정은 체제 출구 전략, '핵 무력과 경제 병진 노선'과 만날 수밖에 없다. 그 지점이 '영구 분단인가? 통일의 시작인가?' 하는 사건의 지평선이다. 앞으로 20년, 시간의 획득 전쟁에서 승리하기 위한 방법론의 기초가 여기에 있다.

제1장은 운명 정체성 이론을 입론한다. 시간은 운명 정체성을 구축한다. 시간은 운명 정체성 생성 과정을 통괄하는 숨은 행위자이다. 숨은 행위자는 ① 함께with, ② 행위자actor, ③ 현재 진행형going, ④ 정체성identity이라는 4대 핵심 원리와 자생적 조직화의 축 속에서 관계 생명들의 운명선과 정체성을 형성한다.

제2장에서는 운명 정체성 이론을 핵 무력에 적용한다. 핵 무력의 기원과 성격, 진화 과정과 미국에 의한 지구적 안보 권력으로의 네트워킹 과정을 기술한다.

제3장에서는 미국 핵의 운명 정체성을 북한 핵에 대입한다. 미국 핵의 북한 핵 무력으로의 전이와 확산 과정, 북한 핵의 운명 정체성 형성 과정과 그 벡터를 파악한다.

제4장은 북한이 시간 중심의 영구 혁명 체제임을 밝힌다. 전쟁이 상시화된 군선 독재 체제가 자주적인 주체 시간을 생성시키고 폐쇄하는 메커니즘을 설명한다.

제5장에서는 김정은 정권의 국가 운명 정체성과 그 벡터를 제시한다. 핵 무력을 보유한 경제 강성 대국이란 북조선의 오래된 미래이자, 핵 무력이 강제하는 영세 중립국이라는 미래상 구축에 해당한다.

제6장은 결론과 예견의 장이다.

결론 I은 우리가 지나간 20년 시간 전쟁을 어떻게 패배했는지, 필자가 비전문가들을 위해 알기 쉽고 간략하게 재구성했다. 결론 II는 축적된 과거를 확인하고, 현재 진행형과 그 벡터를 모색하는 총람의 장이다. '앞으로 20년 전쟁 우리는 어떻게 승리하는가?'에 대한 노선을 제시한다.

시간은 자기 충분성 속에서 진리성을 자증한다. 김준엽 교수는 이 통괄적 시간의 행위 역량을 '역사의 신神'으로 역설했다.

물음: 왜 시간이 중심축인가?
현대 과학: 세계관의 혁명과 시간 개념의 전회
혁명과 전회: 나, 나와 너 그리고 '우리'의 세계
시간과 생명의 운명 노선 형성과정

> 제 1 장 <
시간의 운명
정체성 구현과정

> 1 <

물음
: 왜 시간이 중심축인가?

1) 지나간 20년 전쟁: "토끼의 뿔은 두 개다, 아니다. 세 개다?"

1993년으로부터 2013년에 이르기까지 20년간[10], 구체적으로는 2003
년부터 10년 동안 북한과 미국, 한국, 중국, 러시아, 일본 간에 진행되고
있는 "북한 핵 폐기 협상은 실패했다."는 결정론적 탄식과 침묵이 공존
한다. 북한 핵 무력은 한반도 핵 무장 체제를 현실화시키고 말았다. 나
아가 북한의 국가 정체성은 지구적 차원의 전이와 확산, 편재화를 네트워
킹할 수 있는 잠재력을 지닌 핵 무력 아카데미 국가의 지위로 비월했다.

2015년 말 현재, 한반도 비핵화라는 지구적 차원의 공동 목표는 실
종되고 북한 핵의 진화와 네트워킹만이 '인정할 수 없는 주인공'으로 부
각된 국면임에 틀림없다. 이 난국에서 북한 그리고 핵 무력을 바라보는

---

10 1993년 3월 2일 북한은 NPT 탈퇴를 선언하여 제1차 북핵 위기가 발발했다. 북한은 2012년 말
   로켓 발사에 이어 2013년 초 제3차 핵 실험을 감행했다.

우리에게는 "언제, 어떤 맥락 속에서, 무엇이 잘못되었는가?"라는 과정, '지나간 20년'을 냉엄하게 반성하지 않을 수 없다. 우리란 한국과 미국이다.[11]

"우리는 북한 핵 무력 체제를 연구를 함에 있어서 관점의 정합성, 입장의 균형성, 방법론의 실사구시를 갖추고 북한 핵 딜레마에 접근하고 있었는가?"

지나간 20년에 대한 냉엄한 반성 속에서 '앞으로 20년을 어떻게 할 것인가?'를 찾아낼 수 있다. 해답을 획득하는 실마리는 "시간은 우리 편이다"라는 언명에서 시작된다. 1993년부터 '한반도 비핵화'라는 대전제를 내걸고 협상을 벌인 직접 당사자인 미국, 북한, 한국은 서로 '시간은 우리 편'이라고 주장했다. 이 짧은 관념적인 수사 속에는 시간이 국제 관계의 행위자가 될 수 있다는 은유가 담겨있고, 지구적 차원의 핵 딜레마에 처한 각 국가들의 이해 관계와 전략이 함축되어 있다.G.레이코프 · M.존슨, 2002, pp.207-225

'시간 우리편론'은 김일성 북한 주석 사망 1년 뒤 1995년 독일 베를린을 방문한 김영삼 대통령이 '시간은 우리 편'이라면서 남북정상회담을 서두르지 않을 것이라고 행한 발언이 최초였다. 2004년 아들 부시 미 대통령은 "시간은 미국의 편이 아닐 수도 있다"라면서 북한에게 국제적, 제한적인 무력 제제를 가할 수도 있음을 시사했고, 2005년 김영남

---

11 이 책 전반에서 등장하는 우리는 한국과 미국을 의미한다. 중국이나 일본은 우리라는 용어의 범주에 있지 않다. 북한의 경우 모두에 복합된다. 우리라면 한국과 미국, 우리 모두라면 북한을 포함한다. 또 북한은 북쪽 대한민국, 남한은 남쪽 대한민국으로서 한국과 동일 개념이다.

북한 외상은 '시간은 북조선의 편'이라고 맞대응한 바 있다. 마이크 치노이,
2010, pp.358-359

20년간 진행된 북-미6자회담을 포함 간의 핵 협상 외교와 대결의 최전
선은 한마디로 로고스 게임logos game 양상으로 전개되는 시간의 쟁탈
전쟁에 다름 아니었다. 로고스 게임은 핵 체제 전쟁의 특수한 형태이
다. 핵 게임은 핵 물리력을 상대방에게 직접 사용할 수 없다. 따라서 도
전자와 방어자는 공포의 심리전을 동반한 말의 전쟁과 재래식 무기를
통한 도발을 함으로써 공포의 지수를 높이는 방식으로 핵 실력의 진정
성을 과시한다.

쉽게 말해 "우리는 핵 무력 개발과 보유의 실력이 있다."라고 주장하
는 도전자 북한과 "아니다, 저쪽의 말은 공갈이다."라는 방어자 미국 쪽
이 서로 '누가 옳으냐.'를 두고 벌이는 일종의 진실성 입증 게임이다.

1945년 8월, 일본의 히로시마와 나가사키 괴멸의 경험을 하고 난 뒤
양자 간에는 서로 절대적 파멸성을 지닌 핵 무력을 사용하지 못한다.
따라서 말과 제한된 재래식 물리적 도발을 통해 공포의 심리전burnes
fear을 주고받는 핵 무력 체제 전쟁의 특수한 형태를 보일 수밖에 없다.
천안함 피침 사태, 연평도 포격 사태가 여기에 해당한다.

결국 승패는 어느 한쪽이 핵폭발 실험을 감행하여 성공하여 그 실력
을 입증하면, 다른 한쪽은 침묵할 수밖에 없는 결과를 낳는다. 실례는
많다. 1949년 구소련의 핵폭발 실험 성공은 스탈린과 김일성의 남침 전
쟁 결정에 자신감을 주었고, 1964년 중국의 핵 실험 성공은 베트남진에
서 미국의 핵 억제를 불러왔다. 또 한국전쟁에서 맥아더 사령관의 압록

강 이북핵 투하 위협 앞에서 중공군과 인민군이 공포감 속에 휘말렸고, 최근에는 세칭 살라미 전술, 벼랑 끝 전술로 비유되는 북한의 6자회담과 핵 개발 추진이라는 대화와 심리전의 공진 전쟁도 여기에 해당된다.

2000년 11월, 미국 대선에서 공화당의 조지 W. 부시이하 아들 부시가 대통령으로 당선되었다. 아들 부시의 미 행정부가 출범하면서 클린턴 행정부가 펼쳐왔던 대북한 전략과 정책 기조를 모두 180° 뒤바꾸어 버린다. 세칭 ABCAnything But Clinton이다. 클린턴과 김정일 간 예정되었던 북·미 정상회담은 취소되었다.

아들 부시는 취임하자마자 2001년 연두교서에서 북한을 이란, 이라크와 함께 악의 축axis of evil로 지목한 뒤 9·11테러를 당하고, 이후 테러의 악한 행동의 책임성과 이미지를 북한에 덧씌운다. 나아가 2003년에는 당사국인 한국에 있던 절반의 북한 핵 중재권을 빼앗아 중국 후진타오 정권에게 넘겨버렸다. 취임 초 야당의 대북 송금 특검을 수용했던 노무현 정권은 부시의 완력에 속수무책으로 당했다. 협상 중재 주도권은 중국에게 위탁되었고, 중국 주도 6자회담이라는 한반도 비핵화를 위한 5개국 연합 기구, 즉 '뿔 달린 토끼'를 가둘 집이 만들어졌다.

아들 부시의 미 행정부는 2003년 이후 이라크 전쟁을 수행하는 동시에, 북한에 대해 경제 제재와 봉쇄 정책으로 일관하며 북한 체제 붕괴의 시간을 기다렸다. 북한은 굴복하지 않고 그들 나름대로 공포의 심리전과 국지적인 무력 도발로 미국과 맞짱tit·for·tat을 떠가며, 핵 무력 개발과 진화를 위한 자신들만의 시간을 비축했다. 북·미 양자 간에 말 대 말, 행동 대 행동을 주고받는 동안 10년이라는 시간이 쌓였다.

북한 핵 실력이 판가름 난 필수 통과 지점Obligatorial passage Point은 김정일 정권이 행한 2009년 제2차 핵 실험이다. 김정은 정권이 행한 2012년 말 로켓 발사 성공, 2013년 초 제3차 핵 실험 그리고 2013년 말 장성택과 친중국 파워 엘리트 소거 사건은 그 결정판이다. 북한의 입장에서는 국가 운명을 건 시간 획득 전쟁에서 승리했고, 시간은 북한 편이었음이 입증되었다.

사실 2007년에 이미 찰스 프리처드는 부시 미 행정부의 대북한 외교전략인 6자회담을 실패한 외교로 규정했고, 2008년 마이크 치노이는 오바마 미 행정부의 대북 외교를 어느 면에서 보더라도 미국 외교의 대실패라고 주장했다. 2014년 말에 이르자 우리나라의 대표적 보수 논객인 조갑제마저 "시간은 북한 편이다"라면서 평화적인 방법으로 붕괴시켜야 한다고 주장하기에 이르렀다.[12]

국가 존망이 걸린 외교에서 이와 같은 실패가 어떻게 20년 동안 반복·누적될 수 있는가? 1993년부터 2003년 전반기 10년 동안 북·미 관계의 목표는 북한 핵 개발의 원천적인 봉쇄였다. 2003년부터 2013년까지 후반기 10년 동안 전개된 6자회담의 목표는 미국과 중국 연합이 주도한 북한 김정일 체제 붕괴 유도 기간에 해당한다. 기묘하게도 전반기는 아버지인 조지 H. 부시 미 행정부로부터 시작됐고, 후반기는 아들인 조지 W. 부시 미 행정부로부터 시작되었다.

---

12 조갑제, "시간은 북한 편이다. 한국이 살고 싶다면 붕괴시켜야…", New Daily(2014년 11월 14일자) 이 밖에도 한국일보 장학만 "남북 관계 시간은 우리 편일까"(2011년 4월 4일지), 서울 경제 이병관 "북핵 문제, 시간이 우리 편이라고?"(2011년 4월 5일자) 등이 모두 당시 이명박 정부의 김성환 외교부 장관이 주장한 '시간 우리편론'은 공허하다고 평가했다.

우리 모두 앞에는 '앞으로 20년'이라는 새로운 차원의 전쟁이 기다리고 있다. 앞으로 20년 전쟁에서 우리가 승리한다면 북한 핵은 연착륙할 것이고, 한반도는 실질적인 평화 통일의 시간으로 접어든다. 그러나 우리가 패배한다면, 북한 핵은 한반도 영구 분단 체제의 국제 패권 무력으로 네트워킹된다.

당사자인 우리, 한국과 미국이 패배한 시원은 어디인가? 그 출발점은 다름 아닌 시간 개념이다. 한국은 패권 강국 미국의 시간을 무의식적으로 20년 협상 전쟁에 통용했다. 강대국 외교 시간은 자국의 이익을 목표로 강제화된 시간이다. 따라서 전반기 북-미 10년간, 후반기 6자회담 10년간의 시간은 미국의 국가 이익과 외교 시간 속에 한국의 다양성과 자율성이 강제적으로 수렴되어버린 획일화된 시간 체제에 불과하다. 표면적으로는 미국의 외교 시간에 따르는 것처럼 보이지만 중국, 러시아, 일본 등은 제각각 자신들만의 조립된 시계를 표준 시간으로 열람하고 있었다. 적대적 협상 당사자인 북한은 두말할 나위가 없다.

그 시간의 다중성 속에서 6자회담은 형식적으로는 중국이 주도하지만 실질 결정 주권은 미국이 행사한다. 6자회담은 그 누구도 책임지지 않는 허약한 안보 기구였다. '뿔 달린 토끼를 유인하여 가둘 집'이라는 허구적인 공간 속에 한반도 비핵화라는 거대한 목표를 꾸겨 넣고 도식화했다. 그 결과 북한을 유인할 수 있는 청사진은 말할 것도 없고, 실행 로드맵조차 생산하지 못한 채 제1, 2차 핵 실험과 미사일 발사 국면을 초래했다. 미국과 한국 등 5개국이 '배고픈 독재 국가 북한 붕괴론'에 기대어 시간만 축내고 있는 동안, 북한은 핵 무력 체제 구축을 위한 실효적 시간을 축적했다.

굳이 일반 국제관계이론을 적용한다면, 미국과 중국, 러시아와 일본 등 강대국이 힘의 논리인 신현실주의와 신자유주의 이론을 북한 핵과 한반도 관계에 들이대는 시늉만 했다. 그 과정에서 한반도 휴전선 이북의 은폐된 공간에서 작동되는 특정한 시간의 생성과 행위 역량의 축적성을 소홀히 취급하고 말았다.

한국과 미국은 스스로 외눈박이를 자초했다. 앞으로도 강조하겠지만 한반도 비핵화는 지구적 차원의 공동 목표인 핵 군축과 비핵화의 핵심적 허브hub이자 축axis이다. 한반도 비핵화의 실패는 북한이 친미 국가로 전환되지 않는 한 핵 무력의 전 지구적 편재화의 미래를 예고하는 점에서 그 심각성이 더해진다.

북한은 외교 협상에 강대국 중심의 시간 적용을 결코 허용하지 않는다. 주체 시간이 아니면 미국과 중국, 한국 등의 이익으로 수렴될 뿐이라는 것.

어린아이가 책상 위에 지구본을 놓고 이리저리 돌려가면서 시간과 지리 공부를 하듯이, 북한의 역대 지도자들은 주체 시간으로 지구적 시간을 재단하고 요리making & cooking한다. 북한 체제의 특성은 정태적인 공간성이 아니라 동적인 시간 중심축의 세계관과 주체 시간 틀 속에서 운영된다. 한국과 미국은 북한 체제가 주체 시간을 기축基軸축으로 '질서와 카오스가 공진하는 세계'라는 엄연한 사실을 읽지 못했다. 지나간 20년 시간의 획득 전쟁의 패인이 여기에 있다.

실례로 북한은 오로지 핵 개발을 위한 시간을 비축하기 위하여 말 대말, 행동 대 행동의 대화와 도발의 공진 전략으로 일관했다. 그러나 우리는 '벼랑 끝 전술brinkmanship'이니, 살라미 전술이니 논하며 서구 중심의 잣대를 들이댔다.

우화처럼 "토끼의 뿔이 몇 개인가?"하면서 서로 치열하게 다투는 형국이다. 한반도를 분단과 한국전쟁, 정전과 군사적 대치 상태의 공간으로만 보면 일리가 있는 듯 보인다. 그러나 진리성과 설명력은 확보하지 못한다.

외눈박이 원인은 시간 개념 인식의 부재에 있다. 휴전선 이북의 공간만 뚫어져라 쳐다보면 시간을 잃게 된다. 시간을 중심축으로 잡으면 벼랑 끝 전술은 공동의 시간을 깨자는 공갈 협박이고, 살라미 전술은 통괄적 시간을 부분의 시간으로 나누는 눈속임의 변용술에 불과하다.

뉴턴의 공간을 잣대 삼아 프리고진의 시간을 측정하려는 태도는 이차방정식 공식으로 통계 열역학의 세계를 계량화하려는 수준과 같다. 실제로 2008년 8월 이후 부시 미 행정부와 이명박 정권에서는 공히 "김정일의 건강에 이상 징후가 나타났고, 북한은 곧 붕괴될 것"이라는 급변 사태에 준비해야 한다는 전망과 분석이 기정사실처럼 팽배했다. 그러나 2011년 12월 김정일의 사망과 함께 27세의 그 아들이 태연하게 권력을 승계했다. 빗나간 예측의 입증 사례로 이 '김정일 사망 시 급변사태 대비' 사건보다 더 명증한 자증력을 가진 사례도 드물겠다.

그렇다면 앞으로의 20년을 위해 지금부터라도 우리는 시간 중심축 hub & axis을 꽉 붙잡고 발걸음을 옮겨야 한다. 그 첫걸음은 일제 강점기, 분단, 전쟁, 정전협정 체제, 대립과 대화, 개성공단, 북한 핵 무력에 이르는 역사적 과정, 나아가 한반도와 국제 관계에 대한 인식의 갱신과 평가의 교정이 이뤄져야 한다. 그리고 '세계 속의 우리', '우리 속의 세계'라는 공진의 관계성 속에서 번역과 번안의 균형 잡힌 자세를 견지해야 한다.

필자는 지금 북한 핵 무력, 나아가 한반도와 국제 관계의 실체를 구명하기 위해 시간 중심축의 고리를 잡아야 한다고 주장하고 있다. 물론 그 고리가 정합성, 균형성, 실사구시에 해당하는지 철저하게 검증되어야 한다. 그 전형으로 분단과 한국전쟁의 기원, 그리고 민족에 관한 대표적인 선행 연구들을 열람하여 보자.

2) 분단의 시각화: 외눈박이 한반도 연구의 모태(母胎)

브루스 커밍스Bruce Cummings는 한국전쟁의 기원을 1945년 8월 해방의 시공간, 그 동인은 일제 강점기로 소급하여 올라가 '좌절된 해방'으로 규정하여 한국전쟁 기원의 선구적인 기준점을 정초하였다. 그는 1945년 8월부터 3년간 이미 한국전쟁은 사건과 싸움의 연결망의 교와 직으로 조직되고 1950년 6월은 그 귀결점이라고 기술하고 있다.브루스 커밍스, 1986, pp.16-18

그러나 브루스 커밍스는 본인 스스로 시간을 중심축으로 분단과 한국전쟁을 분석하고 있다는 사실을 통찰하지 못했던 듯하다. 시간 중심축의 관점을 확보했다면, 한국전쟁의 기원은 북한의 주장처럼 1866년 최초의 외세 침략에 해당하는 미국 상선 제너럴셔먼호의 대동강 침탈 사건으로까지 이른다. 북한은 이 사건을 '조미전쟁의 기원'으로 삼고 있다.김일성 지각집22, p.427

백낙청은 진보 진영의 대표적인 학자로서 '흔들리는 분단 체제'와

'한반도식 통일 현재 진행형'이란 개념을 제시했다.백낙청, 2006, pp.45-48 그러나 그의 분단 체제는 한국전쟁이 교착 상태로 끝남으로써 비로소 그 기반이 마련된다. 분단 체제의 기원에 관한 핵심적 인과 관계, 즉 '누가, 언제, 왜 분단하였고, 그 양상과 벡터vector가 어떻게 전개되었는가?'라는 사건을 주도한 행위자들의 상관관계와 그 역할 그리고 전개 과정에 대한 설명이 결여된다. 마치 인간의 생일을 꼽을 때 어머니 뱃속에서 태아 상태로 성장하던 열 달간의 시간을 무시하고, 이 세상에 태어난 이후부터 꼽는 것과 같다.

　분단에 있어 한국전쟁이라는 공간적 사태를 분석 틀로 적용하면 이와 똑같은 오류를 범한다. 분단은 현상화 된 1950년 6월, 한국전쟁이 발발한 한반도 공간의 동족상잔의 비극적 사태로 착지화·평면화되어 버린다. 사건과 사태의 동인과 순차적 행동에 따른 인과 관계성이 망실된다. 그 결과 1945년부터 1950년까지의 해방과 건국 이후 5년, 나아가 1910년 이후 36년간 일제 강점기의 성격을 어떻게 규정해야 할 것인가?하는 난점이 풀리지 않는다.[13]

　그러나 시간 축 선상에서 보면 간단하게 드러난다. 한국전쟁은 분단 심화의 한 양상일 뿐이다. 1950년 6월, 동족 대량 살상이 훤히 보이는데도 남침을 강행한 김일성과 스탈린의 연합군이 결정하여 일으킨 사태가 한국전쟁이고, 그 남침의 반작용으로 동족상잔의 비극이 전개된다. 통일을 이루지 못한 상태에서 체결된 정전협정으로 인해 분단은 질

13　현대 과학의 기반 원리인 관계적 존재론의 세계에서는 독립적인 '주인' 혹은 '주체'란 있을 수 없다. 마치 원자의 세계가 양성자, 중성자, 전자가 운동의 관계성 속에서 자기 조직화되듯이 행위자는 오직 주도자, 반려자, 매개자의 상호 관계성 속에서 서로의 지위와 역할과 기능을 바꿔가면서 주도하고, 합력하고, 매개할 뿐이다.

적 차원에서 복잡화된 비극적 양상으로 심화되었다.

백낙청의 분단론은 감성적 관념론이라는 비판을 받을 수 있다. 사람이 왜 죽었는지 그 원인을 찾아내 제시하지 않고, 내가 페니실린을 주사했으니 앞으로 시체가 살아날 수 있는지 지켜보자며 격려하는 행위와 같다. 한국전쟁은 미국과 소련의 분단 그리고 그 분단개념은 광기어린 청년 공산주의자 집단에 의해 조국 해방 전쟁 깃발을 세우고 동족을 침략한 명분이다.

역사는 말이 없이 원인과 과정과 결과를 보여준다. 우리 민족에게 일제 강점기는 광복을 위한 투쟁기이자 분단의 배태기임에 틀림없다. 백낙청을 순전히 따르면 해방 이후 한국전쟁까지 5년간이 실종된다. 태아 상태와 같은 5년의 시간은 분단과 미·소 점령군의 주둔 그리고 군정 실시와 남과 북 두 개의 정부 수립과 대립이라는 기형적이고 복합적인, 난산의 과도기적 과정이다.

난산難産이란 하나의 운명선을 가진 태아民族를 둘로 갈라내어 쌍둥이 신생아國家로 둔갑시킨 역사적 마술 사건을 의미한다. 과도기란, 그 충격과 혼란이 뒤엉킨 채 동족상잔의 전쟁으로 치달아 가는 비극적 과정이다. 백낙청의 분단 기원의 난점은 홍민의 '분단의 수행성 연구'를 근본적으로 가로막는 요인으로 작용한다.

홍민은 일상화되고 표상화된 분단의 기호와 담론들이 남북한 도시 공간 곳곳을 배회하며 새로운 분단 문화를 다량 출산하여 블랙박스로 현실화시키는 과정, 즉 분단을 헤테로토피아의 모태로서 다루고자 한다.홍민, 2014, 추계 동국대 학술회의 그러나 그 또한 분단의 기원에서 출발하지 않는다. 홍민은 푸코 Michel Foucault[14]가 제시한 '공간 특수성의 시간 생성론'을 바탕으로 입론된 라투르 등 행위자 연결망 이론ANT[15]을 여과 없이 우리의 분단에 적용한다. 그 결과 행위자로서 시간의 선행성과 주도적인 행위 역량이 배제되고Michel Serres, 2009, pp.66-71, 백낙청이 밟아간 '행위자 배제의 오류'를 되밟게 된다.

'살아있는 분단'이란 분단의 당사자들이 모두 시간성 안에서 살아 변역하는 현재 진행형의 상관관계의 현실을 의미한다. 따라서 한반도라는 공간의 분단은 한韓민족의 역사 운명선, 미·소 양대 강국, 패전 일본, 중공 등의 행위자들이 분단, 정부 수립, 한국전쟁, 정전협정에 이르

---

14 행위자 연결망 이론(Actor·Network Theory)은 시간의 가역성과 불가역성의 딜레마를 해결해야 한다. 푸코는 분할된 각자의 공간의 특성들이 공시성의 다양한 시간을 생성한다고 역설하면서 미래를 공간의 시대로 규정하고 있다. 푸코는 그의 역저 『사물들의 질서The Order of Things』의 표제와 함께 나란히 스페인 궁정화가였던 벨라스케스Diego Velazquez의 명작 라스 메니나스'Las Meninas'를 배치하고 있다. 이 그림 속에는 화가 자신은 물론이요, 시간의 흐름이 이질적인 복수의 인물과 사물들이 모두 한 공간 속에 배치되어 있다. 푸코는 이 그림을 헤테로토피아의 전형으로 여기고, 그 책 전체를 환유하여 제시하고 있다. 그러나 푸코는 공간성의 패턴에 매혹된 나머지 그 패턴 속에 숨겨진 벨라스케스의 눈빛의 의도, 즉 관통하는 빛이 개별적 공간들을 한줄기로 엮어가는 은닉된 시간성을 통찰하지는 못했던 것 같다. 빛은 아인슈타인이 현대 과학의 대전회를 가능케 한 속도 30만km per/sec로써 시간 측정의 기준 단위이다.

15 푸코는 공간의 행위 역량이 인간과 기술 사회에 미치는 효과에 집중하고 있다. 라투르는 한 걸음 더 나아가 기술에 행위자의 지위와 역할과 기능을 부여하고 있다. 그러나 가장 주요한 숨은 행위자인 시간의 역량을 기껏해야 인간과 사물, 기술의 동맹의 기술적 매개 정도로 간주한다. 인간도 자연의 일부라는 점에서 기술이란 지속성과 보편성 그리고 진리성을 보유하지 못한다. 라투르는 "파스퇴르의 실험실이라는 개체적인 행위자-연결망이 통괄적인 거대 연결망을 환유할 수 있는가?"라는 질문에 직면하곤 한다. 이 질문에는 시간성을 포함한 인지 과학적인 해명이 포함되어 있다. 인지 과학은 전체는 부분의 총합, 환원될 수 없는 그 이상의 무엇이라는 입장에 있다. 그 핵심은 시간의 비가역성과 우주의 창조적 진화이다.

는 사태 전반에 있어 엮는 시간의 선후차성과 다양성과 복잡성 그리고 상관관계가 펼치는 과정의 국면과 맥락에 동승해야 한다.

시간 중심축의 개념은 아무리 강조해도 지나치지 않는다. 분단을 한반도 지리적 공간 분단으로만 보는 외눈박이가 되면, 분단의 시간이 함유하고 있는 복잡성과 심층적 지층에 천착할 수 없다. 그 결과 현재 진행형의 오늘을 핍진하지도 못하게 될 뿐만 아니라 민족과 한반도의 통일이라는 미래 노선vector을 예측할 수 없게 된다.[16]

분단, 민족, 한국전쟁, 통일을 논의할 때 '핍진성'이 핵심이다. 김우창 교수는 한용운의 시 〈님의 침묵〉을 해제하면서 '님'을 민족으로 번역하고, 한용운의 운명을 민족과 일체화된 핍진성의 삶으로 번안한다. 핍진성이란 "목숨을 걸어 본 적이 있는가?"라는 질문과 공명한다.

분단은 일제 강점기까지도 하나의 생명 시간으로 엮이어 온 ① 한민족의 ② 하나의 역사현재 진행형를 두 가닥으로 분리시켜, ③ 냉전 체제의 미·소 양국의 시간성 속에 남과 북의 공간을 강제적으로 접합·편입시켜 버린, ④ 미·소 전승 강대국의 카이로스적인 헤테로 타임hetero-time, 폭력적이고 몰인류적인 조작 행위의 결과로 태어난 괴물이다.

다시 말해, 분단에는 미·소 양대 강국이 한민족의 하나의 시간 축을 강제적으로 갈라 떼어내고 제각각 자국의 시간선으로 결합시킨 운명선의 이식 수술 사건이 선행된다. 그 과정에서 한반도라는 공간은 38°선 이남과 이북으로 분할되고, 각각 점령군이 주둔하면서 합법화된 군정의 시간 속에서 공간 분단을 강제화한다.

---

16 실례로 북한의 경제력 때문에 붕괴된다고 주장하는 이들이 있다. 한반도의 역사뿐만 아니라 전 세계 단일 역사 민족 가운데 못살아서 망한 나라는 찾아볼 수 없다.

거꾸로, 통일적이고 자주적인 공진의 시간을 망실한 한 개의 민족과 민중들은 변증법적 충돌과 자폭적인 혼란 과정을 고스란히 감당한다. 강제화된 분단 체제를 명분삼아 한반도는 세계 역사상에도 드문 동족 대량 살상이라는 비극의 혈전장으로 변모하고 만다. 미국과 소련의 반인류적 조작 행위는 난산 끝에 실패를 불러왔고 광기의 청년 공산주의자 집단은 한반도 공간을 피로 물들였고, 시간을 신석기 시대로 되돌려 놓고 말았다.

한민족의 시간 분할은 역사적으로 일체화된 생명의 터전, 고향 땅인 공간을 지구 역사상 가장 비참한 동족 대량 참상의 장으로 물들였다. 동족상잔同族相殘이라는 용어는 정말이지 조심해서 사용해야 한다. 동족상잔은 상호 충돌의 결과이다. 상호 충돌 이전에 동족 대량 학살을 전제로 한 김일성과 스탈린의 요동과 충동성의 작용이 있었고, 그에 따른 반작용으로서 충돌의 전쟁이 전개된다. 공간 한반도라는 외눈박이 관점에 매몰되면, 행위자로서 시간의 선후차성을 전몰시키는 우를 범하게 된다. 어찌되었든 우리는 동족 대량 학살이라는 아마겟돈의 카오스를 겪은 지구상에서 가장 비극적인 민족임엔 틀림없다.

필자의 관점과 입장은 브루킹스와 홍익표가 제시한 1945년 8월 38선 분단과 군정 그리고 그해 12월 모스크바 3상회의까지 6개월여 간의 해방시간이 한국전쟁의 기원 형성 과정이라는 통찰에 부합된다.

1945년 8월 해방과 그해 12월 모스크바 3상회의까지 불과 4개월의 시간성 속에는 미국과 소련 등 전승 강국들의 주도성과 강제성이 선행되고,[17] 그에 따라 북한 김일성과 남한 이승만 정권의 반려성과 이행성이 수행된다. 한국전쟁에서는 정전 협상 당사자로서 소련을 대체한 중국의 매개성과 수행성의 행위 역량지위와 역할과 기능이 동행되면서 분단 체제의 날 것과 그 내용들이 확정된다.

이제 필자가 추구하는 의도와 목적 그리고 방법론은 분명한 모습을 드러냈다. 필자는 휴전선 이북의 북한 체제가 미·중 강대국 중심의 국제 관계의 시간성 속에서 어떻게 전상 군선 독재戰常 軍先 獨裁체제와 전체주의 유일사상 체계를 구축하고, 주체 시간과 핵 무력을 진화과정·네트워킹하며패턴, 살아있는 외교 시스템구조로 구축하여 가는가하는 과정과 그 벡터를 구명한다.

3) 오직 민족 뿐: '청바지를 핫바지에 들이대나?'

한반도, 북한, 남한, 국가 운명, 정체성에 접근할 때 유념해야 할 대목이 있다. 바로 민족民族이다. 시간을 중심축으로 따라갈 때 민족은 필연적인 핵심 주제어로 동반된다. 민족은 시간을 인식하고 사건을 축적하며 문화와 문명을 형성하는 주요 행위자이다. 민족은 운명공동체 의식의 역사적인 전개 과정이고 결집 양상의 총화이자 구현체이다.[18] 따라

---

17 백낙청의 설명에는 행위자-네트워크들의 선행성, 이행성, 수행성의 시간 질서와 구현된 분단이라는 공간 질서가 제시되지 않았다. 분단의 기원은 모스크바 3국 외상 회담이고, 분단 체세의 주도자는 미국과 소련, 반려자는 남북한 두 개의 정부가 된다. 한국전쟁의 기원은 자연스럽게 분단과 맞물리며, 한국전쟁의 주도사는 김일성과 소련이고, 반려자는 미국(UN 포함)과 남한정부, 매개자는 중국으로 정리된다.

18 박현채, 강만길, 신용하, 백낙청, 송두율, 신기욱 등이 모두 역사(시간), 운명 공동체, 문화라

서 동양사에서는 서구식 개념 체계로서는 설명이 불가능한 아시아 역사 정체성의 구축과정, 즉 운명 공동체적 성격이 내재하여 있다.

"아직도 민족인가?"라는 주장을 펼치는 일군의 학자들이 있다.곽준혁 · 조홍식, 2012, pp.8-12 이들이 내놓은 민족은 동양이 아닌 서구 유럽의 민족 개념이다. 서양의 청바지를 우리의 핫바지와 비교하여 그 차이나 가치를 논할 수는 없는 것이다. 핫바지는 바지라는 점에서는 청바지와 동일하지만, 그 기능면에서는 양쪽 모두를 사용할 수 있는 한민족 특유의 실사구시와 실용성을 갖추고 있다. 역사의 시간성 속에서 구축된 그 무엇, 그것이 민족이다. 따라서 동양의 민족과 국가개념은 서양의 그것과는 다를 수밖에 없다.

*"전근대의 원형 민족인 종족과 근대민족 정체성의 결합이다*스미스 *(Smith). 인쇄 자본주의 문화 발달에 따른 상상의 정치적 공동체이다*엔더슨*(Enderson), 정치적 신화인 민족주의가 민족을 만들었다. 민족은 근대 이후 정치적 · 민족적 단위가 일치하여 국가의 출현 이후에 존재한다*어네스트 겔러*(Ernest Gellner)."*

서구가 입론한 민족 개념은 모두 유럽 무대라는 공간성 속에서 종족, 문화, 정치, 산업화가 결합되는 과정이다. 이 개념들을 시간 중심의 동양 사회에 적용하면, 근대화 이후에 전개된 민족 개념의 제한된 일면만을 설명하게 된다.

동양의 관점에서는 국가의 역사는 곧 민족의 역사이고, 민족의 역사

는 공통된 맥락에 기반한다.

는 곧 종족의 역사가 통괄되어 있다. 동양에서 민족이라는 용어가 출현하지 않는 이유는, 구체적으로는 세계 2차 대전과 제국주의적 외세의 침범이 있기 전까지는 구태여 민족이라고 구별되어야 할 개념의 필요성이 없었기 때문이다.

공간성의 잣대를 시간 개념에 들이대면 낭패 본다. 서양에서 민족의 원형이라고 지칭하는 그 종족이나 정치적 상상의 공동체는 공간성에서 발원되는 개념이다. 동양 쪽의 역사에서는 고대사회로부터 엮이어 온 종족, 생활 문화 공동체, 민족, 국가가 시간 축상에 있다. 박현채·신용하·백낙청·송두율·신기욱 교수 등은 동양에서는 민족이 먼저 형성되고 민족주의가 나타난 역사적 운명공동체 의식이 구현된 집단이라고 규정한다. 시간성 집단이다.

한반도의 한국과 북한은 한민족 운명 공동체라는 역사 문화적 생존의 공유 의식이 지층화되어 있다. 신기욱의 민족 개념에 따르면 박정희와 김일성 간의 7·4 남북공동성명의 우리 민족이라는 공통 의식은 '단군 종족 민족주의'에 기반한다. 6·15 남북공동성명을 이끌어낸 김대중과 김정일에 이르러선 역사와 한반도, 이념 지향적인 한반도 통일 민족국가 공동체 차원으로 통괄 역사적인 민족의 개념이 확장된다. 이 모든 현재 진행형going의 과정이 시간을 중심축으로 엮여진 역사 정체성이다.

어디 우리 한韓민족뿐이겠는가? 중국, 한국, 일본 등 동양 문화권 대부분 국가들은 민족의 역사 문화 운명 공동체이다. 특히 중국사는 곧 다민족 전쟁의 역사이다. 중국이야말로 수십 개의 민족 역사 문화권이 한漢족 중심으로 복잡화된 '한족 패권 다민족 연합 국가'이다. 중국은 국제사회이며, 중국의 통일의 역사는 곧 국제 전쟁의 역사라는 관점의

래원이 여기에 있다. 서진영, 2008, p.30

인도, 몽골, 일본 등은 제각각 민족 역사 문화 운동 공동체를 형성하고 있다. 서양의 민족의 개념을 동양 국가들에게 적용할 때 반드시 난점딜레마이 야기된다.

그 이유는 서유럽과는 달리 종족의 역사 문명의 총괄태가 민족이고, 그 민족을 담는 물렁물렁한 그릇이 국가이기 때문이다. 동양 사회에는 종족이 없는 민족도, 민족이 없는 국가도, 국가가 없는 역사도 없다. 역으로 곧 역사는 곧 국가이고, 국가는 민족 사회이며, 민족 사회는 곧 종족 사회라는 운명 공동체적 역사 문화적 인식이 공유되어 있다. 백낙청, 2000, pp.68-71 오직 시간성과 민족이 있을 뿐이다.

> 2 <
현대 과학
: 세계관의 혁명과 시간 개념의 전회

1) 개념과 기원: 절대적인 시간 · 공간이 어디 있으랴

우리는 시계가 알려주는 시간 개념 속에 살고 있다. 시계는 처음과 끝, 탄생과 죽음이 있는 것처럼 보여주고 말해준다. 그 시계의 제작과 작동 원리는 유클리드 기하학과 데카르트의 정신과 물질의 이분법, 뉴턴의 보편 절대 법칙이 결정했다. 세칭 근대와 근대 정신은 마치 성경 속에서 카인이 아벨을 죽인 사건처럼, 공간의 시간 살해와 함께 시작되었다. 공간을 절대화하면 결정적이고 물질적인 세계, 인간의 창조와 조작이 가능한 직선의 기계적인 시간, 관 속에 누운 시신의 질서만 남게 된다.

[그림 1-1] 데카르트 · 뉴턴의 세계관과 시간의 벡터 도해

과거	현재	미래

$$\longleftarrow$$

그렇게 300년이 흘렀다. 착각이었다. 절대 시간을 수렴한 절대 공간은 어디에도 없었다. 그들의 세계관과 시간 개념 속에 함장되고 complicate, 숨겨진hidden 질서는 없다. 우리는 드러난 공간은 보면서 감춰진 시간을 보지 못하는 외눈박이였다. 변함없는 일상日常의 공간 속에 나타나고 경험되는 사물과 질서는 언어로 규정하면서도, 무상無常의 시간성 속에 함장된 관계와 질서complicate relation & order는 구명하지 못했다. 관계와 질서는 숨겨진 시간이고, 숨겨진 시간은 권력을 생성한다.

　시간 속에는 영원과 순간이 '함께coherent' 있다. 순간now 속에 영원성eternal이 담겨있고, 영원 속에 순간성이 공진한다. 한 올 먼지 속에 우주의 역사가 감춰지고, 우주는 한 올 먼지 속에 내재되어 있다. 우리가 살고 있는 세계는 무수한 한 올 먼지들의 연결망이자 현재 진행형 과정이다. 시간이 주도한 관계성과 다차원적인 연결망 과정의 총화가 공간이라면, 공간이란 기껏해야 시간이 엮어낸 연결망의 구조, 시간이 조직화한 패턴의 양상에 불과하다. 공간은 시간의 얼굴이라는 얘기다. 우주의 역사는 공간이 아니라 시간의 역사이다.

　팽창하는 우주론은 우리 세계가 시간의 역사라는 진실을 입증했다. 이런 혁명적인 세계관과 전회된 시간 개념을 베르그송은 창진적 세계와 순수지속, 화이트헤드는 유기체적 관계망의 세계와 과정, 프리고진은 비평형 무산 구조의 세계관과 시간의 화살, 김충열 교수는 생명의 연환 고리, 김상일 교수는 영원한 현재eternal now, 고규태 시인은 헬레나 노즈베리 호즈의 명저『오래된 미래』로 인용했다. 필자는 여기에 '현재 진행형'을 덧붙인다.

우리는 지금 어떤 문 앞에 서 있다. 그 문은 데카르트·뉴턴이 지배한 300년간 누적된 인식론의 실패를 인정하고 시간과 공간, 세계관과 시공간의 개념을 갱신할 수 있는 기회이다. 그 문고리를 잡으면 갱신된 세계관이 시간 개념을 교정하고, 교정된 시간이 세계관을 갱신한다.

2) 시간, 공간, 시·공간이란

시간은 사건과 사건 사이의 간격, 어느 시점에서 시점까지의 운동의 간격을 측정하여 계량화한 형태를 의미한다. Sean Carrol, 2010a, p.10 시간은 인간의 시야에 포착되거나 감촉되지 않기 때문에 사실상 관측이나 계량이 불가능하다.

고대로부터 시간은 전쟁과 생산, 노동력 동원을 위한 통치 권력의 핵심적인 기준이자 도구였다. 근대 이전까지는 태양의 운동, 달의 변화 등을 관찰하거나 진자의 운동 등을 개발하여 측정과 계량화의 대략적인 기준으로 삼았다.

산업화와 근대 이후부터 보편적인 시간의 개념이 본격적으로 정의되고 강제화된 측정 방법이 출현한다. 산업 혁명과 함께 시간이 노동과 생산력, 시장과 교역의 발달과 맞물렸다. 시간은 개인과 집단과 국가의 이익과 경쟁력이라는 인식이 확산되면서 객관적이고 정확하고 통일된 시간의 측정과 계량화가 요구되었다. 비로소 시간의 단위는 사건과 사건들 사이의 간격과 그 지속기간에 대한 양으로 단위화된다.

뉴턴은 보편 절대적인 자연법칙의 결정론적 세계관에 따른 가역적이고 대칭적인 선형의 시간 개념을 제시했다. 뉴턴의 시간 개념은 아인 슈타인의 4차원 시·공간 연속체로서의 우주와 상대성의 시간, 나아가 현대 과학과 프리고진이 제시한 복잡계의 세계관과 불가역적 시간에 이르기까지 그 세계관과 시간 개념의 지평과 차원이 확장·전회된다.

공간은 사물과 사물 사이의 간격이다.Sean Carrol, 2010a, p.11 공간은 인간의 눈으로 볼 수 있고 거리로 계량화되어 단위로 환산된다. 공간은 인간이 관측하여 거리적으로 계량화가 가능한 지구적, 우주적 차원의 생명 활동의 현장을 통칭한다. 지구적 차원의 공간은 거리미터법로 환산 되고 대기권을 벗어난 우주적 차원의 거리는 빛의 속도시간에 의해 계 량화된다. 물리학에서는 분리된 물체 사이의 지리적 관계의 집합으로 정의되는 구조와 다양체의 좌표계를 의미한다.

뉴턴은 3개의 좌표축에 의해 고정된 유클리드 공간 속에서 전개되는 힘과 가속도의 관계를 증명했다. 모든 운동 관계와 질서는 공간 속에서 일어나는 기계적인 법칙 속에 있고, 일직선으로 흘러가는 시간에 무슨 특별한 의미가 있겠는가? 뉴턴의 절대 법칙 전통을 지키고자 한 아인 슈타인은 4차원적인 시공 연속체의 곡률을 제시하면서 시간을 아예 공 간성 속에 통합시키려 했으나 실패했다.[19]

그러나 프리고진은 뉴턴의 가역적이고 대칭적인 시간 개념은 아인 슈타인의 상대성 원리와 우주 상수, 양자 역학에서 슈뢰딩거 방정식에 잔존되어 있다고 입증하였다.Ilya Prigogine, 1997, pp.9-13

---

19 천문학에서는 천체의 대기권을 벗어난 부분, 즉 우주 공간을 말한다. 지구의 대기권과 우주 공간 사이의 경계를 공제선(카르만선)이라 부른다.

시공간time space, 時空間은 사건과 사건들이 발생하고 진행되는 생성 관계의 총부總府로서의 터전, 즉 세계를 의미한다. 사건이란 인간과 인간, 인간과 사물, 사물과 인간, 사물과 사물 간의 만남과 결합 그리고 그 연결망을 짓는 과정이다.

아인슈타인은 일반 상대성 이론에서 우주의 시공간을 최소 4차원의 시공 연속체로 기술했다. 그러나 양자 역학 이후 이 세계는 관계들의 연결망이고, 비평형계에서는 시간이 비가역적인 화살표를 갖는다는 사실이 입증되었다.Sean Carrol, 2010, p.9

핵심은 살아 움직이는 시공간인 팽창하는 우주, 즉 관계적 존재들의 통괄적 연결망과 그 벡터에 있다. 우리는 생명의 터전인 공간이 없는 시간을 상상할 수 없듯이, 시간이 결여된 공간이란 없다.

사실 공간이 만유가 생명의 창조적 진화 과정을 누리는 터전이라면 그 생명체의 시작과 끝, 생명 생성의 질서와 방향성, 그리고 전개 양상을 결정하는 현재 진행형적 행위자는 시간이다. 시간은 생명 탄생의 아버지요, 공간은 생명 보호의 어머니이다. 시간은 알파요, 오메가이다. 과거는 우주 만유가 스스로 '축적한 오늘'이다. 오늘은 '오래된 미래'이다. 미래는 '시간의 화살표'이다.

3) 시간 의식의 출현과 그 개념

우리는 언제부터 시간을 깨닫고 어떻게 활용하였을까? 시간 의식의 기원에 해당하는 이 질문의 해답은 인류 문명의 원형인 고대 희랍 신화 속에 집약되어 있다. 희랍 신화에서 나타난 시간 개념은 이상하게도 현대 과학이 내놓은 시간 개념과 유사하다. 물론, 신화와 종교의 세계관과 시간 개념은 데카르트와 뉴턴의 근대정신이 전복시켰음을 주지할 필요가 있다.

크로노스Chronos의 시간은 제우스신의 시간과 권력을 상징하고 결정론적 세계관을 제시한다. 크로노스는 과거와 미래의 두 점을 이어 균일하게 흐르는 기계론적 자연과학의 시간이다. 확실성의 세계관이자, 가역적이고 대칭적인 시간이다. 데카르트와 뉴턴의 시간 개념은 발명품이 아닌 고대로부터 물려받은 유산이었음을 알 수 있다.

카이로스Kairos 시간은 크로노스 구조 속에서 주어진 상대적인 비결정론의 시간, 즉 인간이 창진하는 세계관과 인간 중심의 권력을 상징한다. 카이로스의 시간은 주인인 인간이 얼마든지 늘이고, 줄여갈 수 있는 인간 주도의 화학적인 시간이다. 열역학 법칙이 제시하고, 프리고진이 교정한 현대 과학의 시간 개념 또한 고대 신화의 유산에 해당한다.

아이온Ion의 시간은 크로노스나 카이로스와는 차원이 다른 세계관과 시간 개념이다. 사실상 우리의 인지의 공제선 밖의 메타 우주로서 세계관이다. 아이온의 시간은 혼돈 미분의 비평형 무산구조와 전일성의 시간 체계이다. 인간의 인지 차원을 넘어선 메타 우주의 시간으로, 우리는 이를 카오스chaos, 혼돈 미분, '무어라 말할 수 없음의 상태'로 일컫는다.

근대 이후 시간 개념은 전통적으로는 '물리학적 시간'과 '인간 인식의 시간' 그리고 '사건으로서의 시간' 등 크게 3갈래로 구분되었다. 김용운,

1988, pp.15-22.[20] 현대 과학에 들어와서 미셸 세르는 열역학의 세계를 기준으로 하여 가역적인 시간, 비가역적인 시간, 부負엔트로피의 시간으로 나눈다.세르, 2008, p.50

현대 과학은 복잡계와 다양성, 열린 시스템 이론, 심층 생태학, 인지 과학이 공통적으로 제시하는 사건의 연결망으로서의 시간 개념, 나아가 고전 물리학과 신화의 시간까지도 수렴하여 포괄한다. 현대 과학의 세계관과 시간 개념은 한마디로 가능성과 경향성을 가진 확률로서의 세계이자 비가역적이면서 전방위적인 시간이다.

필자는 현대 과학이 제시한 시간 개념을 ① 운동으로서의 시간 ② 생명 과정으로서의 시간 ③ 사건으로서의 시간 ④ 연결망으로서의 시간으로 구분한다. 마치 손과 발이 한 몸인 것처럼 시간 개념은 동서양이 같다. 그러나 그 전개 양상은 다르다.

4) 시간의 역할과 기능

시간의 화살arrow of time은 세계관과 시간 개념 전회의 핵심 개념이다. 프리고진은 시간을 우리 존재의 핵심적인 차원으로 규정하고, 시간 패러독스time paradox를 풀면서 양자 패러독스quantum paradox를 해소했다. 진화하는 우주의 비가역성은 시간의 화살을 만들고, 시간의 화살은 엔

---

20 김용운은 시간을 고전 물리학의 시간, 상대성 이론에서의 시간, 생물학적인 시간, 심리적인 시간, 문화적인 시간, 한국인의 시간관으로 나눈다.

트로피를 만들었다. 엔트로피는 창조적인 진화를 의미한다. 시간의 화살표 속에서 파동과 입자는 함께 공진하며 관계를 생성하는 새로운 차원의 존재가 된다.[21]

시간은 오직 현재 진행형going일 뿐이다. 시간의 화살은 에너지의 전방위적이고 자유로운 운동이동양상, 전이성과 확산성에 의한 사건의 결합으로 전개된다. 비평형 상태에서 '- 음'과 '+ 양'이 한 번씩 번갈아 가며 만날 때 상호 작용과 공명, 교직과 융합이 일어나 관계를 생성, 연결, 확장, 소멸한다. 상호 작용과 공명은 빛의 속도로 일어난다. 운동이란 주어가 동사로 치환되고 동사가 주어로 역전될 수 있는 가능성의 융합 세계이다. 시간의 화살은 비가역적이며 현재 진행형이다. 현재 진행형이란 통괄성 속의 공진성이다. 과거는 '오래된 미래'인 오늘의 현재 진행형 속에 축적되어 있고, 미래는 시간의 화살표벡터로서 존재한다.

시간은 공간을 번역하고 사건을 축적한다. 뉴턴의 기계적 자연법칙이 제시하는 공간은 죽어있는靜的 구조에 불과하다. 시간의 화살표와 함께 공진할 때 공간은 비로소 생명력과 질서 있는 양상을 구비하게 된다. 시간은 쉼 없고 끝없이 유동한다. 시간은 관계성의 시작점이자 관계 세계의 터전이다. 관계는 모든 행위자의 결합 과정이자 창조적인 진화이다.

---

21 뉴턴의 시간 가역적인 세계에서 어떻게 시간의 화살이 가능한가? 하는 질문이 시간 패러독스의 요체이다. 클라우지스는 우주 에너지의 총화는 일정하고 엔트로피는 증가한다는 열역학의 법칙을 발표했다. 제2법칙인 엔트로피 법칙이 비가역성이며, 비가역성이 바로 시간의 화살표에 해당한다. 베르그송, 화이트헤드, 칼 포퍼, 프리고진의 시간 개념은 모두 여기에서 출발한다.

시간은 존재의 이동 양식을 결정한다. 시간이 주도하는 관계들은 존재들의 이동 또는 방랑의 양식들이다.미셸 세르, 1992, pp.120-124 관계의 속도는 생각의 속도이고 생각의 속도는 빛의 속도이다. 다양하고 개별적인 인간과 비인간들은 복합적 중층적인 관계성들로 창조되고 엮이어 간다.

시간은 에너지의 이동이며, 에너지는 곧 엔트로피를 생산한다리프킨, 1983, pp.24-25. 엔트로피는 곧 시간의 화살표이자 비평형 복잡계의 시공간이다. 시간은 권력과 질서를 생성·배분하고, 관계 속 사건의 선후성과 인과 관계를 통제하고 결정한다. 시계는 시간과 인간의 결합이자, 권력 질서의 배분이자 묶음을 표준화한다. 시지프스의 신화는 시계의 기계적 질서의 근원에 비유된다세르, 1977, p.171, p.331.

시간은 문명의 초기부터 인간 사회 집단에 권력으로 작용했다. 시간은 통치자 집단과 노동 집단의 계급 질서를 배분한다. 고대 희랍 신화의 시간의 신들이나 로마의 황제력, 중세기 교황력, 뉴턴의 절대 보편의 시간이든 현대 물리학의 시간이든 그 시대의 정치 현실과 권력 관계와 본질적으로 엮여 있다던컨, 1999, pp.24-25. 시계의 소유자는 곧 권력 통치 계급을 의미한다뤼프케, 2011. 시계는 곧 인간 집단의 통치 질서를 그려놓은 강령적 지도code roadmap에 해당한다. 시간은 곧 질서를 강제하는 권력이다.

137억 년 전, '우리 우주'가 탄생한 빅뱅의 사건이 있기 전에 메타 우주의 시간이 있었다.Ilya Prigogine, 1997, pp.163-164 시간은 분명히 공간에 앞서고선행성, 공간의 변화를 주도하고주도성, 공간과 공간을 재단연결하고, 분할하고, 중층화한다. 시간이 없는 공간이란 죽어있는 상태에 불과하다. 시간은 관계 생명 생성의 알파이자 오메가이다. 관계 생명의 총집결적 형태가 바로 우주 공간이다. 오직 시간 집결망의 총화가 있을 뿐이다. 그 현상이 공간이다.

> 3 <
혁명과 전회
: 나, 나와 너 그리고 '우리'의 세계

1) 혁명과 전회는 실천 과정이다

우리는 상대성 이론과 양자 역학은 현대 과학 혁명이고, 근대 과학과 구별되는 기준으로 삼는다. 과연 그런가? 아인슈타인과 슈뢰딩거 방정식은 뉴턴 역학으로부터 자유로운가? 그렇지 않다. 자유는 공짜로 주어지지 않는 법이다. 이 두 이론은 혁명의 발화점은 될 수 있었지만, 혁명의 완성은 아니다.

시간을 중심축으로 본다면, 아인슈타인은 상대성 이론 속에서도 우주를 통일하는 상수를 부여한 뒤 공식 철회하는 오류를 범한다. 슈뢰딩거 파동 함수 방정식은 시간 가역적이고 대칭적이며, 스티븐 호킹의 우주는 공간 결정론의 한계를 극복하기 위해 허수의 시간까지도 덧붙인다. 이들의 공통점은 뉴턴 역학의 절대 법칙의 전통과 유혹 앞에 시간을 소홀히 여겼다는 데 있다.

혁명이란 실천의 전개 과정이다. 그 실천에는 반드시 인식의 전회가 전제된다. 실행의 혁명과 인식의 전회는 뗄 수 없는 한 몸이다. 현대 과학 혁명은 시간 개념 인식의 전회와 함께 진행되었다. 세계관이 시간 개념의 전회를, 시간 개념의 전회가 세계관의 혁명을 야기한다. 그 틀은 상호 작용과 공명, 교직과 융합이다. 혁명의 발화점은 상대성 이론과 양자 역학에서 비롯되었고 혁명 과정은 베르그송, 화이트헤드, 프리고진에 의해 계속 진행되고 있다.

근대 이후 세계관과 시간 개념은 세 번의 변곡점을 맞는다. ① 17세기 데카르트 · 뉴턴 이후, ② 1905년 이후 상대성 이론과 양자 역학, ③ 1950년대 이후 베르그송, 화이트헤드, 프리고진이다. 이 세 갈래 변곡점은 근대에서 현대 과학 문명, 산업 혁명에서 세계 2차 대전, 나아가 현대 우주 시대에 이르는 인류 문명사 전반을 포괄한다. 세계 제1, 2차 대전, 핵 무력 전쟁 체제 구축과 우주 개발 시대에 이르는 시대의 과학과 기술의 혁명 그리고 인식론의 전회과정이다.

2) 프리고진, 비평형 · 불안정한 세계, 화살표와 전방위성의 시간

현대 과학의 시간 개념은 프리고진 이전과 이후로 나뉜다. 프리고진은 시간을 이 세계 번역의 중심축으로 잡고, 베르그송과 화이트헤드의 이론을 사실로 입증했다. 프리고진에 와서 뉴턴적 세계관과 시간 개념은 뒤집히고, 상상 불가능했던 새로운 세계관과 시간관이 정립된다. 프랑스 과학철학자 미셸 세르Michel Serres의 세계관과 시간 개념은 프리고진을 쉽게 설명한다미셸 세르, 1977, p.171.

태초에 혼돈이 있었다. 혼돈은 무질서이다. 무질서에서 시간의 개념이 출현했다. 시간은 질서와 결합하여 체계를 낳고, 체계는 권력을 낳는다. 권력은 질서를 원하고 지식은 권력에 질서를 제공한다. 권력은 바로 이 순서 배치이자, 순서 관계의 구조, 곧 질서이다. 그러나 시간이 체계에 의해 산출되는 것이 아니라 체계가 시간에 의해 산출된다.

사실 카오스Chaos를 우리말로 '혼돈'이나 '무질서'로 번역한다면 옳지 않다. 카오스가 혼돈이나 무질서로 번역된다면 이미 '그 무엇인가가 있음being'의 차원이 전제된다. 따라서 정확하게 번역하자면 카오스는 노자가 말한 '지자불언·불립문자知者不言·不立文字', 즉 '무엇이라 말할 수 없음의 상태'이다.[22] 카오스란 프리고진이 주장한 비평형 무산 구조를 의미한다. 이 카오스적 세계에서 질서가 출현했다. 질서는 시간의 화살이다.

"시간은 타오르는 불처럼 다양하며, 역동적이고, 가변적이며, 불가역적이다."

이보다 더 명증할 수 없을 것 같은, 세르의 언명은 베르그송과 화이트헤드의 시간 개념을 열역학 제2법칙적 차원으로 변용시켰다. 열역학의 제2법칙엔트로피 법칙은 프리고진 시간 개념의 출발점이자 핵심 기준이다. 세르의 시간은 비평형 열역학에서 창발되는 화학적인 시간으로

---

22 동양 도가, 『도덕경』 첫머리에 도가도비상도, 명가명비상명(道可道 非常道 名可名 非常名)이라고 적시한다. 양자 역학에서 입자와 파동을 구분하여 이것이라고 말할 수 없는 것과 같다.

프리고진의 시간에서 만난다.

프리고진Ilya Prigogine은 복잡성과 다양성의 연결망으로서 세계관을 혁명시키고 비가역성과 가역성, 시간의 화살표를 모두 지닌 공진의 시간개념으로 전회시켰다. 그 과정에서 상대성 이론, 양자 역학의 슈뢰딩거 방정식, 대폭발 이론의 시간 개념은 상호 작용과 공명, 확률과 비가역성, 요동과 분기에 의해 교정되어 카오스와 비평형 무산구조의 복잡계 이론에 수렴된다.

비로소 현대 과학은 프리고진을 분기점으로 하여 데카르트-뉴턴의 '죽어있는' 공간의 세계관을 완전히 깨뜨리고 '살아 약동하는' 시간 중심축의 연결망의 세계관으로 전회하게 되었다.

프리고진의 시간은 비가역적이고, 크기와 방향성을 가진 화살표vector를 가지며, 복잡하고 다양한 양상으로 사건을 주도하는 우주의 중심축이 된다. 그 출발점은 엔트로피 법칙이다. 1865년 클라우지스Rudolf Clausius의 열역학의 제2법칙의 비가역 과정 때문에 일어나는 엔트로피를 근거로 하여 우주의 진화론을 정립했다.[23]

"우주의 엔트로피는 증가한다."
"비평형 무산구조chaos로부터 질서cosmos가 생성becoming된다."

질서는 비가역 과정이다. 이로써 시간의 화살표가 생겼고 세계관과

---

23 중력장이 에너지로 변환되기 때문에 우주의 에너지의 총화는 변화한다.

시간 개념은 전회된다. 생물학과 물리학의 대립이기도 한, 가역적인 시간과 비가역적인 시간의 모순된 전통의 대립은 19세기에 물려받은 모순된 유산이다. 프리고진은 이 모순을 해결하면서 질서와 무질서가 모두 비가역 과정에서 비롯됨을 입증하여 세계관과 시간 개념의 새로운 지평을 확장한다. [24]

3) 생명은 혼돈 속의 질서(Chaosmosing) 속에 합생(合生)한다

프리고진이 이룩한 현대 과학의 혁명은 시간 개념의 혁명이다. 현대 표준 물리학이 제시한 세계는 팽창하는 우주이고, 시간은 빅뱅과 함께 비롯되었다. 공간성이 시간을 수렴하는 뉴턴, 아인슈타인, 스티븐 호킹의 세계와 시간 개념도 마찬가지다.

그러나 프리고진에 따르면, 우리 우주의 탄생Bigbang 이전에 메타 우주의 시간이 엄연히 존재했다. 메타 우주의 경향성이 특이점을 낳고 빅뱅이란 그 특이점의 사건에 불과하다. 우리 우주 137억 년의 과정은 시간이 주도한 물리적 구현체일 뿐이다. 시간이 없으면 공간은 아무런 의미가 없다. 우리는 지금까지 시간이 없는 것이나 마찬가지인 공간 중심의 세계를 살아왔다.

시간 개념이 공간성 구조를 뒤엎고, 절대 공간이나 절대 시간이란 모

---

24 프리고진은 '평형 상태에서 멀리 떨어짐'과 '비선형성의 무산 구조' 사이의 상호 관계 속에서 자기 조직화가 일어난다는 사실을 통찰했다.(그에 앞서 1950년대 포에스터는 자기 조직하는 시스템은 에너지가 풍부한 물질을 취해서 그것을 그 자체의 구소 속으로 통합시킨 다음 그 내적 질서를 증가시킨다는 것을 나타내기 위해 '잡음 속에서의 질서'(order from noise)라는 신조어를 만들었다. 이를 미셀 세르는 밑바탕으로부터의 소음이라고 표현했다.

두 복잡성과 다양성의 연결망으로 바뀐다. 우리 눈앞에 펼쳐지는 세상은 시간의 얼굴이다. 세상에 고정된 것은 없고 관계성에 의해 연결된다. 그 연결과정은 변역變易이다. 그 변역의 양상이 우리 앞에 현상화된 광경이 우주 자연이고, 그 본질에는 숨은 행위자complicate & hidden actor로서 시간이 존재한다.

[그림 1-2]의 다중의 원형 도해는 현대 과학이 제시한 시간 개념의 구현이다. 결론적으로, 우리는 뉴턴과 프리고진이 통괄하여 제시한 가역성과 비가역성의 시간성과 세계를 함께 살고 있음을 보여준다Ilya Prigogine, 1997, p.43, pp.158-159.

시간의 화살이 바로 질서를 가져온다. 엔트로피가 열의 흐름을 고려하지 않고서는 생각할 수 없는 질서를 만들어 낸다. 질서와 무질서가 모두 비가역성에서 비롯될 수 있다. 자연의 구조가 고도로 정교하고 복잡한 것은 시간의 화살과 관련된 비가역 과정 때문이다. 생명현상은 비평형의 우주에서만 가능하다. 자생적 조직화와 무산구조도 비가역 과정 때문에 나타나게 된다. 존재에서 생성으로, 동력학은 비가역성 때문에 확장되어야 한다.

이 사고의 대전환에 대한 상세한 분석을, 흩어지는 구조가 외부로부터 에너지를 받지만 불안정성을 가짐과 동시에 새로운 조직 형태로 도약하는 것은 양의 피드백 루프에 의해 증폭된 요동의 결과임을 푸앵카레의 공명으로 입증했다.Ilya Prigogine, 1997, p.26[25]

---

25 프리고진은 베나르 전도에서와 마찬가지로 자신이 행한 화학 시계 실험에서도 일관된 진동, 즉 실험 조건에 따라 여러 가지 화학 반응의 질서(degree of order)있는 파동이 평형과는 거리가 먼 불안정성의 임계점에서 자연발생적으로 창발된다는 사실을 발견했다.

[그림 1-2] 동서양 세계관과 시간 개념의 벡터 도해 [26]

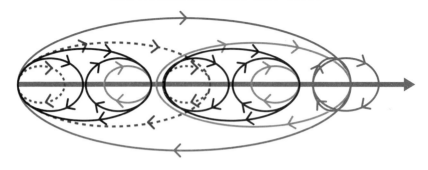

∵ : 주도자, 양(+)의 개별적인 나선형 벡터이다.

〉: 반려자, 음(-)의 개별적인 나선형 벡터이다.

〉: 주도, 반려자가 시간의 매개로 음과 양의 융합벡터이다.

〉: 총괄적 세계이자 시간의 가역적 비가역적 융합벡터이다.

　카오스에서 질서가 생성된다chaosmosing는 열역학에서의 또 하나의
관점을 전환하는 복잡계의 혁명적인 세계상이다. 열역학의 제2법칙은
평형 구조로부터 카오스가 창발되고, 그 엔트로피는 증가한다는 것이
었다. 그러나 프리고진은 이와 함께 비평형 무산구조로부터 질서가 생

---

26 필자가 이 그림을 완성하는 데 거의 4년이 쌓였다. **김충열 교수의 생명 계통 원환 고리의 순
　간성과 영원성의 세계와 시간 개념의 관계를 고뇌하고 있을 때**, 불교인이자 사상가이고, 사
　회 변혁 실천가인 고규태 시인이 이 그림의 원시태를 손수 그려가며 나의 상상력을 자극시
　켰다. 원시태는 그 제자이자 동료 이아라 박사(당시 석사 과정)의 논문에 실려 있었다. 그
　원형을 살려 필자의 박사 학위 논문 취지에 맞게 인용·게재했으나 아쉬움을 떨치지 못했
　다. 2013년 7월 학위 논문이 통과된 뒤 충분한 시간과 함께 양자 역학으로부터 베르그송, 화
　이트헤드, 프리고진의 현대 물리학, 나아가 불교 연기론, 김상일 교수의 의상의 화엄일승법
　계도, 승랑의 이체합명설의 수레에 가승하고 김충열 교수의 역경 철학 해설에 천착한 뒤, 비
　로소 옛것을 바탕으로 하여 진일보한 새로운 그림을 도출하여 낼 수 있었다. 이 생신된 형
　상마저도 현재 진행형에 불과하지만, 선학들이 구명하려 한 세계관과 시간의 지도 개념에
　좀 더 접근한 모습이 아닌가 한다.

성된다는 혁명적인 세계관과 시간 개념을 제시했고, 따라서 시간의 벡터화살표는 반전이 가능하게 되었다. 이제 시간은 가역적이면서도 비가역성이 나타난다.Ilya Prigogine, 1997, p.106 그리고 시간은 주어지는 것이 아니라 만들어지는 진화 과정의 개념으로 통괄된다. 우리는 시간을 만들면서 동시에 그 시간성, 질서와 무질서의 공진성 속에서 살아간다.

필자는 현대 과학, 곧 상대성 이론, 양자 역학, 복잡계 이론, 일반 시스템 이론, 심층 생태학, 심리학, 인지과학, '시간의' ANT, 웬트의 구성주의 이론 등이 통괄적이고 공통적으로 착근해 있는 일관된 개념이 무엇인지 추적했다. 그 결과 시간은 행위자임을 찾아냈다.

숨은 행위자인 시간은 자기 충분성의 세계이자 연결망의 총화로서, 스스로의 운명 노선을 생성하고 정체성을 발현한다. 여기까지는 현대 과학이다. 그 자생적 조직화의 과정, 즉 운명 정체성의 자기 조직화 과정에서 명백히 나타나는 공통된 4가지의 개념 축이 있다. 4가지 개념을 만남과 결합with, 현재 진행형going, 행위자actor, 정체성identity을 준거의 축으로 심고, 그 총괄적인 결합 과정을 운명 정체성 이론으로 입론하여 세계를 번역·번안코자 한다.[27]

---

27 상호 작용과 공명, 교직과 융합은 생명 과정의 메커니즘이고, 요동과 분기, 전이와 확산은 그 전개 과정의 양상이다.

4) 갱신된 시간 개념: 숨은 행위자, 관계 생명, 연결망 주도자

시간 전개 양상, 즉 통괄적인 시간과 공시적인 시간의 연결망 과정은 신, 인간, 사물, 우주자연의 결합 과정이다. 이 과정을 운명 정체성으로 입론한다.[28]

현대 과학은 시간 개념을 전회시켰다. 시간은 혼돈 속의 질서 속에서 생동하는 연결망 시스템으로 조직되며, 다양성과 복잡성의 양상을 띤다. 연결망은 무궁무진한 관계적 생명들의 탄생과정이다. 따라서 다양성과 복잡성은 관계 생명 생성의 현재 진행형적 시간 양상이다.

시간은 인간의 시야에 포착되거나 손으로 감촉할 수도 없고, 기준점이 없기 때문에 보편적인 측량도 불가능하다. 그러나 관계망의 세계에서는 막강한 조직 역량을 지닌 행위자로서 활약한다. 시간은 눈에 보이지 않는 관계의 육신화패턴과 구조의 자기 조직화 과정이다. 시간은 공간에 선행하면서 질서를 짓고 벡터를 결정하며 공간은 시간에 따른 질서를 담아내고 보호하며 성장시키는 현장으로 정립된다.[29]

---

28 시간의 양상이 진리성을 갖고 있다면, 동양과 서양의 시간의 본질적 양상이 달리 전개될 수 없다. 사실 시간의 양상은 살아있는 시스템 이론의 과학적 검증을 위한 핵심적 요건이다. 카프라가 그의 저서 『생명의 그물』에서 생명 과정은 곧 시간인데 이를 포착하여 정리하지 않은 점을 본 연구는 카프라의 난점이다. 한편, 통시성 속에서 시간의 양상에는 동서양이 다를 수 없다는 관점에서 볼 때, 동양의 시간에서는 불교, 도교뿐만 아니라 중용과 주역에 나타난 법자연의 인성론이 매우 중요한데, 이 지점이 문제였던 듯하다. 한마디로 시간의 양상을 제시하지 않는 카프라의 방법론에 따르면 그가 명저 『Turning Point』(새로운 과학과 문명의 전환: 이성범·구윤서 옮김, 범양사, 1978)에서 강조한 동서양의 융합 의도가 허무하여질 수 있다.

29 물론, 시간과 공간은 분리가 불가능하고, 통시성과 공시성 속에서, 교호작용과 공명 속에서 융합 교직한다.

필자는 시간을 '숨은 행위자'로 칭하고, 생명 생성 과정은 '관계 생명'으로 번안하고, 관계망은 '연결망'으로 일관되게 기술키로 한다. 시간은 ① 운동으로서의 시간, ② 생명으로서의 시간, ③ 사건으로서의 시간 그리고 ④ 연결망으로서의 시간으로 나눈다.

① 운동으로서의 시간은 지구적 단위의 시간과 우주적 단위의 시간으로 나누어진다. 지구적 단위의 시간이란 데카르트의 기계론적 세계관과 뉴턴적 보편 절대적인 자연법칙, 자신의 이론과는 반한 것이었지만 아인슈타인의 시간관, 슈뢰딩거 방정식, 스티븐 호킹의 시간관으로서 모두 '죽어 있는' 선형적·정태적 공간 중심이다. 우주적 단위의 시간관이란 비평형 무산 구조 속에서 현대 과학이 제시한 연결망의 세계로서 살아 있는 전방위성과 화살표가 공진하는 나선형적 시간관을 의미한다.

② 생명 과정으로서의 시간은 최초, 최소 단위의 미생물 생명체인 박테리아로부터 인간, 소립자에서부터 메타 우주에 이르기까지 다양하고 복잡한 그리고 무질서하면서도 질서가 있는 생명선으로 연결되어 있다는 생명의 자기 생성 과정autopoeisis: 자생적 조직화[30]의 세계관과 그 연결망으로서의 생명 과정으로서의 시간을 의미한다.

③ 사건으로서의 시간은 개별적인 국면에서부터 전체적 사태에 이

---

30 마투라나와 바넬라가 처음 제시한 사용한 개념으로서 우리말로는 '자기 제작'으로 번역되어 있으나 본 연구는 기술·기계적 느낌이 강하여 자기 생성으로 번역한다. 베르그송의 창조적 진화와 지속이라는 개념과 화이트헤드의 유기체적 생성 과정, 프리고진의 비평형 소산 구조 속의 자생적 조직화, 그 외에 자기 형성, 자기 조절, 네트워킹 등 분야에 따라 다양한 언어로 표현되고 있으나 동일한 의미를 갖는 개념이라고 할 수 있다.

르기까지 인간과 비인간 그리고 시간과 공간의 공시적 관계들을 집약한, 조직의 패턴화 과정에 해당한다. 사건으로서의 시간은 결합 연결망 세계에서 일어나는 사건의 맨 앞에 개입하여 조직 패턴의 질서를 생장·소멸시켜 가며, 개별자와의 관계에서 숨은 행위자로서 개입한다.

④ 연결망으로서의 시간은 운동, 생명, 사건으로서의 시간들의 공통항들을 묶어 통괄적 시간 개념이자 본 연구가 제안한 시간 개념이다.

통괄적 맥락과 개별적 국면에서 바라본다면, 연결망으로서의 세계는 팽창하는 우주로부터 움직이는 소립자에 이르기까지 쉼 없이 약동하며 진화하는 하나의 통괄적 체계이다. 그 통괄적 체계는 개별로 환원될 수 없고, 그 중심축을 비가역의 시간성이 생명 노선을 구축하면서 벡터화한다. 따라서 세계는 통괄적이고 전체로서의 총화적 집결체이며, 시간은 개별을 전체 그물망에 연결시켜가는 비가역적 관계 생명의 생성 과정이다. 요컨대, 운동으로서의 시간의 물리적 구현이 구조라면, 생명으로서의 시간은 생성 과정에 해당하고 사건으로서의 시간은 조직 패턴에 해당된다.[31]

필자가 갱신한 세계관 속에서 제시된 연결망으로서의 시간은 과거라는 개념은 '실현된 오늘의 축적'이고, 현재란 '오래된 미래의 구현'이며, 미래란 벡터시간의 화살표. 그 지향성이다. 이들 모두는 분리할 수 없고

---

31 관계의 세계로서 구조는 살아있는 시스템으로서 물렁물렁한 가변성의 구조이다. 패턴은 살아 진화하면서도 되먹임의 기능을 가진 조직의 전개 양상이다. 시간으로서의 시간은 시간의 불가역적 화살을 의미하면서도 시간 양상의 전방위성, 다양성, 복합적 전개 과정과 그 벡터를 의미한다.

통괄체로서 엮이어 현재 진행형으로 약동한다. 연결망으로서의 시간은 과거, 현재, 미래가 불가분의 한 묶음으로서 생명선의 화살표를 지향하는 현재 진행형이다. 즉 관계로서의 시간은 운동_{공간}, 생명, 사건을 모두 통괄하여 살아있는 연결망, 관계성의 세계를 환유한다.

> 4 <
시간의 운명 노선 형성과정

현대 과학 혁명은 근대의 인식론을 송두리째 뒤엎었다. 세계관은 결정론에서 요동치는 혼돈으로, 보편 자연 절대 법칙은 다양성과 복잡성, 가능성과 확률로, 정신과 물질의 이분법은 통괄적 연결망으로 바뀌었다. 시간 개념은 가역적, 대칭적 일직선의 개념에서 비가역적, 전방위적, 나선형적 시간의 화살표로 전회되었다.

서양 근대는 시간이 없는 공간 세계에서 살아왔다. 우주는 더 이상 고정 불변의 절대적 공간이 아니었다. 우리 우주 이전에 엄연히 존재하는 메타 우주의 시간성 속에서 경향성이 만들어낸 특이점이 대폭발 bigbang이다. 우리 우주는 시간과 함께 형성되고 팽창하고 진화하는 우주이다. 시간이 없다면 우주도 생명도 없다.

프리고진은 '혼돈 속의 질서'로서 우주chaosmosing를 제시했다. 'chaosmosing카오스모싱, 혼돈 속의 질서'는 chaos+cosmos+going의 합성어이다. 카오스모싱은 비평형 무산구조이다. 비평형 무산구조 속에서 질서가 생성된다. 그 생성원리가 자생적 조직화self-organization이다. 비가역성은 비평형 속에서 자생적 조직화=질서를 이끌어내는 메커니즘이다. 우리의 세계에는 가역성과 비가역성의 시간이 공진한다. 이제 인간은 더 이상 우주 자연의 지배자와 정복자가 아니다. 참여자이자 일원일 뿐이다.

동양의 우주는 있는 그대로, 서양의 신神과 같은 자기 충분성의 세계이다. 따라서 동양인들은 우주의 섭리를 본받으려고만 했다. 그 섭리는 오직 시간의 변역 속에서 생명의 자기 생성·통제·조직·완결성과 자주성·자생성·자족성을 지닌 완전구족한 세계의 질서이다.

서양에 신神이 존재한다면, 동양사회에는 화신化神이 있다. 불교의 부처, 유가의 성인 등이 모두 화신의 범주에 해당한다. 동양은 시간을 중심축으로 잡고 사고하고 삶을 엮어온 역사 체계이다. 중국 역경에는 서양의 형이상학이 없고, 인도 불교의 관념 세계는 서양의 형이상학과는 다르다. 중국, 인도, 한국, 일본 할 것 없이 동양은 오직 생명과 시간의 변역 질서를 통해 영원성을 획득했다.

동양 김충열 교수는 통괄적인 시간과 개별적인 시간이 공진하는 변역의 시간관과 세계관을 제시하여 주역과 중용의 법자연적 인성론을 해제했다. 그의 생명 생성의 원환 고리는 생명과 시간 생성의 영원무궁한 메커니즘이다. 인간은 우주의 변역의 섭리인 간역을 획득하고, 우주 자연 속에서 창진적 행위 역량지위·역할·기능을 지니고, 인문 세계를 창진하게 된다.

카프라는 생명 창진 과정을 조직의 패턴, 구조, 생명 과정의 3대 핵심 기준으로 정리했다. 이 3대 핵심 기준은 프리고진과 김충열의 관통이며 그 통로는 되먹임 구조feedback loop라는 생명생성의 메커니즘mechanism에 다름 아니다.

프리고진의 비평형 무산 구조, 김충열의 생명 생성의 원환 고리, 카프라의 3대 핵심 기준은 되먹임 구조라는 생명 생성의 메커니즘에서 만난다. 그 메커니즘은 상호 작용과 공명, 융합과 교직이고, 그 전개 양상은 요동과 분기, 전이와 확산이다.

필자는 시간과 생명 생성의 메커니즘을 4대 핵심 주제어로 묶어 설명한다. '함께with', '현재 진행형going', '행위자actor', '정체성identity'은 입론의 축軸, axis이다.[32] 4대 핵심 주제어는 시간과 생명을 생성하는 관계 생명들이 교작하는 틀paradigm이다. 이 틀 속에서 행위자로 일컫는 모든 생명들은 주어이자, 동사이고, 전치사이다.[33] 우주 자연의 모든 생명 생성과정은 반드시 이 4대 핵심 주제어를 융합·통과한다.

1) '함께'(with): 상호 작용 · 공명, 융합, 교직 관계 생명 생성 패턴

'함께with'는 '만남·연결'의 동의어다.[34] 이 세상 모든 생명은 복수가 만나 탄생시킨 생성물로서 복수의 융합 연결망의 구현체이다.[35] 만남

---

32 물리학, 심층 생태학, 열역학, 생명 공학, 일반 시스템 이론, 산티아고 이론, 시간의 ANT, 중국의 도가와 주역의 세계관과 시간관, 불교의 무진연기론이 제시한 시간 전개 양상의 원리가 모두 여기에 해당된다.

33 집합은 ANT를 선도하고 있는 라투르 등이 인간 중심의 공동체 개념을 인간과 사물의 결합으로 대체하기 위한 수단으로 제시하였다.

34 만남, 연결망, 그물망, 집결망, 관계망은 동의어이다. 망(網)이란 정태적으로는 체계, 구조의 개념이 된다.

35 멀리 갈 것도 없이 원자의 세계까지도 양성자와 중성자 그리고 전자의 운동 결합 관계임이 증명되었다.

은 행위자들이 수평적 관계 속에서 행하는 연결, 매듭, 해체의 행위로서 순간적이고 공시적이다. 연결망은 관계의 엮임과 분기와 확장 과정으로서 통시적이고 무궁무진한 양상으로 영원성의 세계로 이어진다. 현대 과학의 세계관과 시간 개념, 카프라의 핵심기준, 주역의 8괘에서 64괘의 변역으로의 확장 양상에 따르면 모든 생명은 신진대사 속에 물질을 흡수하며 함께with 상호 작용과 공명, 융합과 교직의 관계를 맺으며 연결된다.

요약하면, 생명은 시간의 비가역적 창진 과정이자 너와 나 그리고 우리의 만남과 연결망에서 생성된다. 이 연결망이 직조되는 과정에서 발현되는 생명의 경향성, 즉 생명노선vector이 조직의 패턴으로 전개되고,[36] 그 물리적 구현이 구조이다. 생명 과정, 즉 시간의 축적 과정은 운명 노선화되고,[37] 그 구조는 생명체 자신 스스로만의 유일하고 독특한 진면목얼굴, 참모습, 정체성으로 구현된다.

따라서 이 세상에 어떤 생명체도 동일한 모습은 없다. 그 살아있는 운명선의 총집결적 구조가 운명 정체성이다. 이 과정은 너와 내가 우리 안에, 우리가 너와 나의 안에서, 전방위적인 상호 작용과 공명, 교직과 융합을 통해 새로운 관계생명과 새로운 운명노선을 창진하고 너와 나 그리고 우리 스스로의 차원 높은 운명 정체성을 구축하여 가는 과정이다.

---

36 조직의 패턴에 간직된 생명의 경향성과 충동이 바로 생명체의 특성(생명 노선)을 창발한다. 지구상 모든 쌍둥이들의 얼굴이 조금씩 다른 이유이다.

37 생명 과정과 시간의 축적 과정의 관계는 등가성을 갖는다.

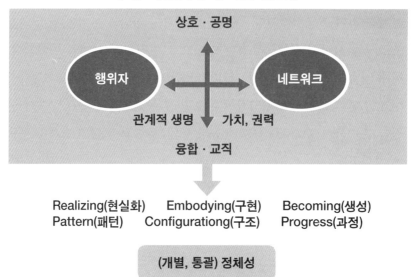

[그림 1-3] 행위자 네트워크 상호 작용 도해 [38]

이제 우리는 '언제 어디로부터 왔는가?'라는 또 다른 질문을 던지고, 가능한 해답부터 찾아보자. 현대 과학이 밝힌 바 137억 년 전 대폭발 사건으로 우리 우주가 탄생했다. 45억 년 전 지구의 형성, 35억 년 전 최초의 생명체인 박테리아 세포의 탄생, 22억 년 전 진핵세포의 탄생, 18억 년 전 산소 호흡 생명체의 생성 과정, 15억 년 전 현재 상태의 지표면과 대기의 완성의 역사적 과정historical streamings은 모두 통괄적으로 하나로 연결융합 · 교직되어 있다.

호흡을 좀 더 길게 하고 역산逆算하여 본다면 체감지수가 전혀 달라진다.

---

38 박요한, 『북한 핵 무력의 동학과 네트워킹』; 서울: 숭실대학원, 박사 학위 논문, 2013, p.82(재구성)

① 대폭발 이후 지구의 모형이 형성되는데 92억 년이 엮이고, ② 그로부터 10억 년이 더 쌓인 다음에야 최초의 생명체인 박테리아가 탄생했다.102억 살 ③ 나아가 13억 년이 더 누적된 다음에 진핵세포가 탄생했고115억 살, ④ 그로부터 4억 년이 더 축적된 다음에 산소로 호흡하는 생명체가 생성되었으며119억 살, ⑤ 그로부터 3억 년이 더 엮인 다음에야 현재 상태의 우주·자연의 원형이 완성되었다.122억 살

시간의 우주 자연 안에서 우리 인간이라는 생명 집결체의 탄생과 진화과정을 보자.

직립 보행하는 오스트랄로피테쿠스에게 인류의 먼 조상의 지위를 부여해도 인간의 출현은 고작 400만 년 전이다. 더욱이 현생 인류인 호모사피엔스·사피엔스의 출현은 고작해야 10만 년에서 4만 년 전의 사건 과정이다.[39]

영원무궁한 메타 우주의 시간성 속에서 우리 우주 137억 년을 비교하면 손바닥 길이만큼 짧다. 하물며 137억 년의 시간성 속에서 우리의 조상 10만 년을 비교하면, 손톱만큼의 길이도 되지 않는다. 한걸음 더 나아가 우리 인간에게 주어진 수명을 길게 잡아 130년이라면 한 올 먼지와 같다.

그러나 뒤집어 보면, 우리 인간은 최소한도 우리 우주 137억 년의 통괄적 시간성을 집약한 창진적인 운명 노선을 고스란히 농축한 우주적인 존재이다. 한마디로 우리 인간은 '137억 년+α'의 존재이다. 동양에서는 이 무궁무진하고 무시무시한 경계와 그물망을 깨닫고 완성된 인

---

39 James H Breastead, Maps of Time, Ginn and Company, Boston, U.S.A, 1935, p.16, p.126, p.138; Richard E Leakey & Roger Lewin, Origins, E.P. Dutton, New York, 1977, pp.12-13, p.84

격체가 바로 우주 경영의 참여자이자 인문 세계의 창시자가 된다.[40]

이와 같은 137억년이 엮인 생명 생성 과정의 연환 고리는 모두 비평형 무산구조와 비가역성의 시간의 화살표와 연관되어 있어 창진의 역사 그 자체이다. 우리 우주 안에서 인간의 출현 이전에 사물과 자연이 먼저 연결망의 당당한 시민으로서 자리를 잡고 있었다는 점이 중요하다. 생명 기원과 진화 면에서 다윈의 기계론적 진화론의 관점을 엄밀하게 원용한다면, 인간 생명의 기원은 박테리아이고 그로부터 선택과 변이를 통해 창조적인 진화를 거듭하였을 따름이다.

다시 말해서 박테리아로부터 인간에 이르기까지 최소한 35억 년 동안 무수한 생명 창진 행위자들이 존재하여 왔다. 알고 보면, 인문 세계의 창진의 역사는 비인간과 인간, 자연 환경과 사물과 인간, 과학 기술과 인간 등의 관계적 시간을 모두 인간이 주도하여 성취한 시간의 문명화 과정이다. 문명화 과정의 전개 양상은 다양성과 복잡성, 비가역적 자생적 조직화 안에서 연결되고 묶이어 함께with 공진共進하는 역사적·통괄적·일원적인 존재연결망이다.

2) 행위자(actor): 조직 패턴의 물리적 구현으로서 구조

관계망의 세계 속에서는 우주의 모든 존재는 행위자로서 동등한 시민권자격을 획득한다. 관계망 생명 생성의 연결 과정 속에서는 살아 있는 모든 생명체뿐만 아니라, 화학적 물질들까지도 행위자이자 네트워

---

40 김충열 교수가 집약하여 제시한 동양적 이상적인 인간상이다.

크로서 행위역량기능, 역할, 지위을 발휘하여 자생적 직화한다. 그야말로 행위자는 인간뿐만 아니라 비인간으로 통칭되는 모든 요소들이 모두 관계연결망의 연결 과정 속에서 나름대로 특성 있고, 개별적이며, 결정적인 행위역량을 발휘한다.

　자생적 조직화의 주인공들인 행위자는 주도자, 반려자, 중매자의 기능적 결합으로 나뉘고 이들은 행위 역량 즉, 그 기능과 역할과 지위관계를 자유자재로 交涉한다. 연결망 속에서는 10^{23}이라는 아보가드로 수의 분자집합에 이르는 모든 다양한 행위소들은 관계적 결합networking과 동시에 행위자로서 자격을 획득한다. 너와 나의 만남에서 시간이라는 제3의 행위자촉매자는 드러나지 않는다는 점에서 숨은 행위자hidden actor로 명명했다.

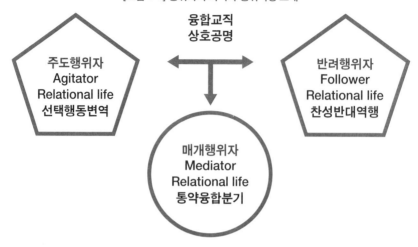

[그림 1-4] 행위자의 자격과 행위역량 도해 [41]

융합교직
상호공명

주도행위자
Agitator
Relational life
선택행동변역

매개행위자
Mediator
Relational life
통약융합분기

반려행위자
Follower
Relational life
찬성반대역행

주도자: 창발자, 선동자, 주체자, 원인자, 원인자 등

반려자: 대응자, 추종자, 협력자, 대상자, 결과자 등

중매자: 촉매자, 중매자, 전달자, 제3의 행위자 등

관계란, 데카르트-뉴턴의 세계에서는 나라는 유일자와 종속자라는 수직적인 만남을 의미하고, 상대성 이론에서는 너와 나라는 주체와 대상 그리고 양자 이론에서는 기껏해야 관찰자라는 만남이 더해진다.

그러나 현대 과학이 제시한 'chaosmosing'의 관계성 세계 속에서는 나, 너, 이, 그, 저, 우리의 인간과 비인간 모두의 다양성과 복잡성을 함유한 나와 나, 너, 이, 그, 저, 우리를 함유한 너의 만남의 집합, 즉 '일즉다, 다즉일一卽多, 多卽一'의 전향적이고 조화적인 연결망의 결합을 의미한다. 부

---

41 박요한, 『북한 핵 무력의 동학과 네트워킹』; 서울:숭실대학원, 박사 학위 논문, 2013, p.81(재구성) 본 도해는 복잡계 이론의 자기 조직화 과정의 행위성과 ANT에서의 행위자-네트워크의 actor의 개념을 총괄한다.

분인 나는 전일한 전체 속의 한 올이 됨으로써 세계가 지수 함수적으로 확장되고, 전체는 나를 연결함으로써 또한 창진된다. 이 개별과 부분과 전체의 전일하고 전방위적인 만남의 주도자와 반려자 그리고 중매자의 신분과 지위가 인간과 사물을 구별하지 않고 동등하게 관계망 속에서 자리를 잡는다.

행위자들은 모두 개별적·집합적이면서도 특성을 갖춘 관계망의 구조이다. 박테리아로부터 인간에 이르기까지 가정, 공동체, 기구, 사회, 국가, 세계 모두가 관계적 생명의 연결망 구조이다. 이제 뉴턴의 보편적 결정적 확실성의 화석화된 구조는 살아 있는 가장 유연하고 다양성과 복잡성을 지닌 진화 중인 관계 생명 연결망의 패턴으로 전환된다.

인간의 씨앗에 해당하는 정자와 모태를 환유성과 제유성의 예로 들어보자.

현미경이 아니면 관측이 불가능한 한 올 인간의 정자는 애초부터 인간 형태의 미생물적 축쇄판이 아니다. 우리가 상상할 수 있는 한, 생물학적으로 가장 미세하고 연약한 인간의 정자는 모태 안에서 10개월 동안 인간의 패턴으로 구현되는 역사적 진화 국면과 맥락의 과정historical dimension & streaming들을 겪는다. 가장 물렁물렁한 모태라는 혼돈의 세계 안에서, 한 올 미생물은 인간 패턴으로의 진화를 향한 질서 있는 과정, 즉 시간이 주도하는 로드맵을 충실하게 이행한다. 곧 이론적으로는 이 과정이 혼돈 속의 질서chaosmosings라는 10개월간의 머나먼 여정historical streaming이다.

한 올 미생물에게 10개월은 너무나 길고 힘든 여정에 해당할 것이다. 아직 눈을 뜨지 못한 한 올 미생물에게 모태는 혼돈 그 자체이다. 오직 어머니의 숨결과 맥동 그리고 들려오는 다정한 목소리, 배를 쓰다듬는 손길이 순간의 평안질서와 안식을 선물한다. 이 길고도 먼 여정에서 진화는 불가역적이며, 창조적 진화의 과정으로서 전체는 부분으로 환원될 수도 없다. 인간의 모습으로 진화하여 탄생한 갓난아기는 다시 정자로 되돌아 갈 수 없으나, 그 몸속에 부모님으로부터 물려받은 유전자 정보 DNA를 오롯이 간직한다.

환유하면, 한 올 정자는 137억 년 우주 자연과 생명체의 역사성을 통괄하는 시간 관계의 물리적·조직적인 경향성의 구현패턴과 구조를 고스란히 담고 있다. 우리 인간은 137억 년 우주의 숨결이 축적되고 환유된 '우주적인 존재'이다. 하물며, 어떻게 137억 년 역사적 생명 집결체로서 존귀하고 고결한 나인간의 몸을 함부로 취급할 수 있겠는가?

3) 현재 진행형 going: becoming, embodying, realizing

모든 시간은 현재 진행형[42]이고, 생명의 창발 과정이다.[43] 모든 생명은 연결 과정이고, 연결 과정은 인지이고, 인지는 과정이며, 인지정신, 의

---

42 데카르트 뉴튼의 시간은 현재를 중심으로 한 고정적이고 대칭적인 시간을 의미한다. 그 벡터(화살)은 과거에서 미래를 향해 나아가는 일방적 시간의 운동을 의미한다.

43 Henry Bergson, Creative Evolution, Henry Holt and Company Camelot Press, New York, 1911, pp. 92-93. Alfred North Whitehead, Process and Reality, The Free Press New york, 1978, pp. 211-212. 김충렬, 『중국철학산고』, 서울:온누리, 1988, pp. 106-126. 장회익, 『삶과 온생명』, 서울:솔, 1998, pp. 42-48. 김상일, 『현대물리학과 한국철학』, 서울:고려원, p. 147, pp. 158-161.

식, 무의식계 과정은 생명의 생성 과정, 즉 관계 생명의 생성 과정이다.[44] 관계 생명의 생성 과정이 시간이다. 인지 언어학에서는 은유metaphor로 시간을 개념화하고 있다.[45]

시간은 우주적인 비밀이자, 침묵의 언어이며, 진리의 정체성이다. 시간은 통괄적eternal 시간과 개별적now 시간이 함께 공진한다. 우리가 볼 수도 만질 수도 측량할 수도 없는 다양하고 복잡성을 지닌 시간 hidden actor과 벡터vector는 우주 자연의 거시와 미시적인 모든 관계 생성에 개입한다. 관계들은 시간의 이동 또는 방랑의 양식이다. 관계가 지속되는 동안 동작을 취해야 하고, 계속해야 하고, 시작도 끝도 없다. 일종의 벡터만이 있을 뿐이다.[46]

44 G. 레이코프 · M. 존슨, 『몸의 철학』, 임지룡 · 윤희수 · 노양진 · 나익주 옮김, 서울:도서출판 박이정, 2002, p. 25, pp. 226-232. G. 레이코프 · M. 존슨, 『삶으로서의 은유』, 서울:도서출판 박이정, 2006, p. 123. ILYA PRIGOGINE, FROM BEING TO BECOMING, W. H. FREEMAN COMPANY, New York, 1980, p. 4.

45 베르그송, 화이트헤드의 창진적 과정 철학은 그 분야를 확장하여 인지 과학으로까지 발전하고, 국내에서는 김충열, 장회익, 김상일 등이 동일한 개념으로 기술하고 있다. G. 레이코프 · M. 존슨, 위의 책, 『몸의 철학』, 임지룡 · 윤희수 · 노양진 · 나익주 옮김, 서울: 도서출판 박이정, 2002, p. 25, pp. 226-232.

46 미셸세르, 『해명』, 서울:솔, 1994, p. 195.

[그림 1-5] 관계적 생명, 가치, 권력 생성 기초원리[47]

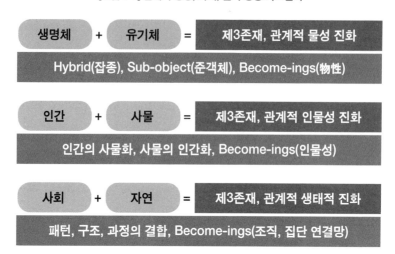

| 생명체 | + | 유기체 | = | 제3존재, 관계적 물성 진화 |
| Hybrid(잡종), Sub-object(준객체), Become-ings(物性) |||||

| 인간 | + | 사물 | = | 제3존재, 관계적 인물성 진화 |
| 인간의 사물화, 사물의 인간화, Become-ings(인물성) |||||

| 사회 | + | 자연 | = | 제3존재, 관계적 생태적 진화 |
| 패턴, 구조, 과정의 결합, Become-ings(조직, 집단 연결망) |||||

　존재는 '이다be'가 아니라 '살아있음being'이고, 시간은 쉼 없고 끝없이 유동going한다. 개별 생명의 시간은 전체통괄성가 되고 싶은 전방위적 지향성과 한자리에 머물고 싶어 하는 이중적 경향성을 띤다. 통괄성으로서 시간의 화살은 다양성과 복잡성 세계의 생성, 구현, 현실화 과정이다.

　기계와 같은 평형의 세계에서는 질서 속에서 혼돈이 창발된다. 극도의 평형 상태는 관 속에 누운 사체死體상태이다. 비평형의 무산 구조 dissipative structure 속에서는 혼돈에서 질서가 창발된다. 프리고진은 클라우지스 열역학 제2법칙의 '엔프로피는 증가한다'에서 시간의 화살표 the arrow of time을 찾아내어 다양성과 복잡성의 연결망 세계로 번역

---

47 이 연결망의 생성 구조인 카오스모싱(chaosmosing)으로서의 세계관과 시간 개념은 창조적 진화의 지속, 유기체적 과정 철학, 복잡계 이론, 심층 생태학, 일반 시스템 이론, 산티아고 이론, STS와 ANT의 공통항이다. 부르노 라투르는 이를 관계적 존재론으로 명명했고, 프리쵸프 카프라는 이들 관계적 존재론의 세계를 구조, 패턴, 과정의 통합으로 묶어, 생명 생성의 주도자로 제시했다.

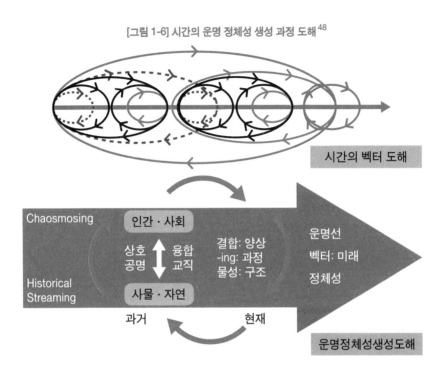

[그림 1-6] 시간의 운명 정체성 생성 과정 도해[48]

시간의 벡터 도해

Chaosmosing
인간 · 사회
상호   융합
공명   교직
Historical
Streaming
사물 · 자연

결합: 양상
-ing: 과정
물성: 구조

운명선
벡터: 미래
정체성

과거   현재

운명정체성생성도해

한다. 프리고진에 와서야 시간에는 불가역성과 가역성이 공존하게 되
었다.

관계적 존재론이 함유하고 있는 다양성과 복잡성의 세계는 현재 진
행형의 시간 개념을 변역한다. 과거라는 개념은 '축적된 현재'일 뿐이
고, 현재는 '오래된 미래의 구현'이며, 미래는 '시간의 벡터화살표'를 의미
할 뿐이다.[49]

---

48 슈레딩거의 『생명이란 무엇인가』, (조진남 옮김), 서울:동서문화사, 2012, p. 224-228, 박요
    한 박사 학위 논문 「북한 핵 무력의 동학과 네트워크」, 서울: 숭실대학교 대학원, p. 84, 라투
    르의 Latour. Pandora's Hope. Essays on the Reality of Science Studies. Cambridge, Mass.
    Harvard University Press, 1999, p. 187, p. 195, p. 199, p. 201, p. 213를 참조하여 재구성함

49 이는 중국 철학의 주역과 도가가 내세운 무위로부터 64괘의 양상 과정, 불교의 무진연기
    론과 그 원리가 일란성 세쌍둥이처럼 일치하는 부분이다. 김경탁 역저, 『주역』, 서울:명문

[그림 1-6]에는 필자의 핵심 주제가 모두 포함되어 있다. 프리고진과 현대 과학이 기반한 비평형 무산 구조chaosmosing와 자기 조직화, 비가역성과 시간의 화살표, 가능성과 확률을 가진 자기 충분성의 세계관 그리고 김충열의 상호 작용과 공명, 주역의 8상과 64괘의 지수 함수적인 전개 과정인 생명 생성 연환 고리, 카프라의 핵심 기준조직 패턴, 구조, 생명 과정과 되먹임 구조feedback loop가 망라되어 있다.

요컨대, 현대 과학이 제시한 숨은 행위자hidden actor로서 시간은 관계적 연결망의 세계에 중매자로서 개입하여 생명체로 구현emboding되고 관계의 세계로 현실화realizing되고 통괄적 주도자로서 그 지위가 격상된다. 물론 행위자들은 주도자, 반려자, 촉매자의 행위 역량지위, 역할, 기능을 서로 바꾸며 공진한다.

관계 생명의 행진going은 순행성과 역진성을 전방위적으로 포괄하고, 따라서 존재being는 삶과 죽음이 함께 공진하게 되어, 개별적이고 부분적인 시공간의 통합성을 확보하게 된다.

이와 같이 관계적 존재론의 세계에서 볼 때, 총체적 연결망 네트워킹 과정에서 생성되는 생명들의 축적이 시간화되고 운명선화된다. 생명이란 반드시 호흡의 처음과 끝을 가진 유기체적 패턴이자 구조이다. 즉 생명은 모두가 쉼 없는 생성과 소멸의 과정적 존재이다. 운명이란 관계 생명들의 시간 축적 과정, 즉 운명이란 관계적 생명들의 총 집결적 양태이다. 운명은 '살고자 하는 傾向性 혹은 衝動' 속에서 무궁무진한 시간의 연환 고리를 엮어가며 영구성을 획득하려는 노선, 벡터vector를 창

당, 2011. 조애너 매거시, 『불교와 일반 시스템 이론』, 이중표 역, 서울:불교시대사, 2004, pp. 115-121

진 한다. 이름 하여 운명 노선이다.

4) 정체성(identity): 패턴, 구조, 과정의 총괄적 양태로서 운명

(1) 관계 생명과 운명 그리고 정체성

정체성identity은, 살아 있는 구조와 조직 패턴 그리고 결합 과정의 통괄적 양태이다. 관계적 생명의 역동 과정의 양상들, 즉 네트워킹의 조직적 패턴의 구현 과정과 그 패턴 과정을 담아내는 물렁물렁한 구조의 양상, 그 형태가 정체성의 참 모습眞面目. 얼굴으로 나타난다.

관계의 세계에서 정체성이란 연결망의 패턴화 과정에서 발견, 집약, 규정된다. 관계 생명은 운명으로 축적되고, 운명이란 생명 결집체의 탄생부터 죽음까지의 지속 과정, 즉 개체의 알파와 오메가의 전 과정에 해당한다. 즉 운명의 시간적 전개 양상은 관찰자에 의해 정체성이라는 언어적 기호와 은유로 구성figuration된다.

[그림 1-7] 정체성: 구조, 패턴, 과정 결합도해

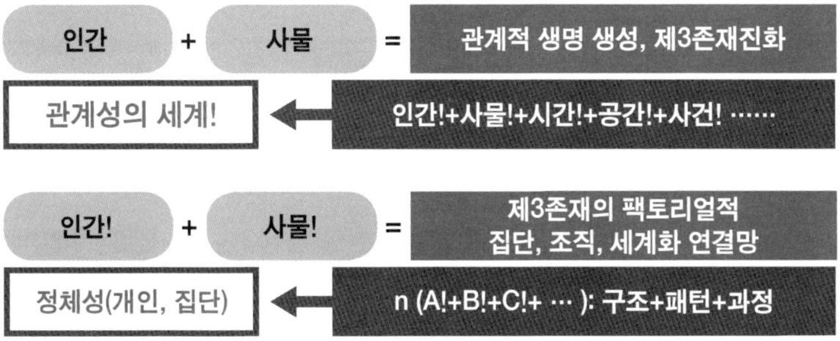

관계 생명의 시간적 축적 과정historical streaming은 운명 정체성의 구

축과 양가성을 갖는다. 이는 상대성 이론과 프리고진의 비평형 무산구조chaos 속에서 일어나는 질서cosmos 그리고 시간의 비가역성과 열역학 제2의 법칙엔트로피의 법칙에도 부합한다.

운명 정체성은 쉼 없이 생성becoming, 구현emboding, 현실화realizing 된다. 심리학에서는 칼 융이 제시한 느낌, 정신, 의식, 무의식 관계망이 모두 발현되어 진면목 眞面目참모습이라는 이름으로 현상화된 것이다.[50] 따라서 정체성의 개념은 살아있기 때문에 그의 생물학적 생명태가 중단되지 않는 한 항상성을 갖지 못하고 연결망 속에서 지속적으로 변화하기 마련이다.

예를 들어 알렉산더 웬트가 케네시 월츠의 신현실주의 이론을 비판하는 과정에서 제시한 사회 구성주의적 관점의 정체성 개념에는, 반드시 운명이라는 시간성과 생명관계를 개입·보충시켜야 한다. 그렇지 않으면, 강제된 평형상태인 조지오웰의 「1984」의 사회관계 속에서의 인간의 핏기 없는 얼굴처럼 죽어 있는 삶의 형상에 불과하게 된다.[51] 구갑우는 그의 역저 『국제 관계학 비판』에서 구세주의적 시간의 동질적

---

50 캘빈S홀·버논 J.노드비, 『융 심리학 입문』, 김형섭 옮김, 서울: 문예출판사, 2004, pp. 83-86

51 알렉산더 웬트의 구성주의에서의 정체성이란, 사회적 구성관계의 양태로서 정체성을 의미하며 시간성을 본질로 하는 생명력을 결여하고 있다. 시간성을 제외하면 관계적 생명이 생성될 수 없다. A+B=C가 될 수 있는 것은 +라는 숨은 행위자가 지수 함수적으로 개입(역할과 기능)하고 있고, 따라서 생성된 관계적 생명인 C 속에는 숨은 행위자의 속성이 암호화되어 포함되어 있다.

시간성을 배제한 사회성이란 공간만을 절대, 보편적인 법칙의 장소(기본 틀)로 배치하게 되고, 그 장소는 결국 데카르트-뉴턴의 기계적 보편불변의 절대법칙의 세계관으로 환원된다. 웬트가 현대 양자물리학의 원리를 도입하면서도 징체성의 실체저 개념에 대한 해답을 찾지 못한 이유는 관계 생명으로서의 시간성을 배제한 오류에 기인한다. 이와 같은 오류를 푸코 또한 절반쯤 범한다. 푸코의 난점은 ANT의 브루노 라투르에게 이양되고, 우리나라에서는 박순성과 홍민의 분단연구에서 발견될 조짐이 있다.

이고 공허한 시간으로서 변형을 수반한, 공간혁명은 정치공간이 초시간적일 수 없음을 보여준다고 지적한다.[52]

살아 있는 시스템적 사고 속에서, 정체성identity은 나와 너의 만남이 제3의 관계망으로 탄생되거나 그 관계망이 다른 행위자연결망과 네트워킹할 때 상호 작용과 공명, 교직과 융합의 메커니즘 속에서 자기 조직화self-organization와 자기 제작autopoeisis하는 조직의 패턴 과정이자, 패턴의 물리적 구현인 구조의 얼굴을 한다. 부분과 전체 간에 상호 작용과 공명이 일어나야 정체성이 규정된다.

숨은 행위자인 시간과 함께 관계들의 생명 생성 메커니즘 속에서 조직이 패턴화되는 과정에서 그 생명의 특성이 발현되고, 날것의 모습이 구조화·표상화된다. 행위자 자신이 '나의 진면목은 이것이다' 혹은 '나는 누구이다'라고 콕 집어 규정한다고 하여도 너이, 그, 저, 우리 : 공동체가 인정하지 않으면 정체성은 정립되지 않는다.[53]

히틀러를 예를 들어보자. 히틀러 본인 스스로가 "나는 독일의 총통이다"라고 주장한다고 해도, 전후 연결망의 공동체독일 국민들가 역사적 과정historical streaming 속에서 "그는 유태인 600만 명의 학살자일 뿐이다."라고 규정한다면 히틀러의 정체성은 '인종 대량 학살자'에 불과하다. 집단 연결망독일 국민과 개체 히틀러 간에 생성된 관계적 생명이 없기 때문에, 함께 상호 작용과 공명할 수 있는 의미와 가치 있는 관계의

52 구갑우,『국제 관계학 비판: 국제 관계의 민주화와 평등』, 서울: 후마니타스, 2008, p.122

53 신약 성경 속에서 예수가 베드로에게 세 번 묻고 베드로가 세 번 답한다. "너는 나를 누구라고 하느냐?: 하나님의 아들 그리스도입니다" 그리고 예수는 시간의 승계권(교회권)을 베드로에게 준다. 성경 출처

시간성이 소멸되었기 때문이다.

이와 같이 숨은 행위자로서 시간은 운명의 패턴을 축적하여 정체성의 구조로 형성하여 간다. 관계적 세계 안에서는 운명 정체성은 관계 생명력을 생성하여 가는 과정이다. 예를 들면 예수의 죽음은 크리스천에게는 부활의 권력으로, 이순신 장군의 죽음은 한민족에게서는 역사를 구한 전쟁의 화신으로서의 생명력이 현실적인 힘으로 구현된다. 즉, 그 관계적 생명력은 사회적 집합 속에서는 조직의 패턴과 구조의 에너지와 정보 그리고 사회적 가치와 정치적 권력의 형태로 현실화된다.[54]

시간이란 관계적 생명을 생성하는 관계의 양식이다. 따라서 관계적 생명선이 단절될 때 운명선이 끝나며 생명체는 호흡을 멈추고 죽는 순간이 된다. 시작과 끝이 있는 관계적 생명의 생성과정의 벡터, 즉 생명의 자기 조직화 과정의 구조 패턴 과정이 결집된 모습양상이 곧 운명선이자 정체성이다. 우리가 사용하는 정체성의 개념은 시간성과 관계 생명이 하나로 융합되어 신체화로 구현된 운명의 정체성을 의미한다. 그 것이 생물학적이든, 사회적이든, 종교적 분야이든지 간에 시간과 함께 공진하는 생명의 유한성, 즉 시작과 끝, 알파요 오메가라는 생명의 한계를 지닌 운명 정체성을 의미한다.[55]

---

54 국가와 기업들이 이익이란 가치의 실현태를, 물리적 권력은 폭력인데 국가권력을 합법적 권력으로 정의한다. ANT에서 부르노 라투르의 경우에 공동체는 '인간'만을 상징하여 인간과 비인간을 모두 포함한 새로운 개념으로 집합을 제시했고, 사회적이라는 개념도 재조립되어야 한다고 역설하며, 국가는 집합들의 연결망 덩어리라고 기술한다. 그러나 본 연구가 제시하는 시간을 중심축으로 본다면, 개인과 공동체의 상호 관계와 상호 작용과 공명, 융합과 교직 속에서 관계적 생명이 생성된다. 사회라는 관계적 생명의 패턴이 정권이라면, 패턴을 담아내는 물렁물렁한 그릇이 국가라는 구조에 해당하고, 그 국가는 또 세계라는 관계망과 연동되어 그 부분이 된다. 따라서 국가라는 개념을 버릴 필요가 없게 된다.

55 출신 학교, 사춘기(시기) 혹은 사건, 직업 등등에 대한 명명naming은 그 지시 대상 스스로의

핵심적인 사실은 인간과 사물이 결합하면 인간은 사물화되고 사물은 인간화된다는 점이다. 즉 인성은 물성화되고 물성은 인성화되는 人物性化hetrogenesis, hybrid, human-things가 이뤄진다. 문제는 인성화를 강조하면 인간중심주의 근대성으로 회귀하고, 물성을 강조하면 유물론이라는 데카르트의 이분법에 빠지는 오류를 범하게 되는 지점에 주의를 기울여야 한다. 모든 존재는 연결망 속에서 복잡하고 생장소멸의 관계적 생명의 화살표運命線,vector를 유동하며 존속한다.

물리적 존속이란 여러 시간을 역사적 경로를 통하여 전달되는 어떤 동일할 특성을 계속적으로 이어받는 과정이다.[56] 화이트헤드의 이 물리적 존속을 위한 시간의 역사적 경로의 개념을 본 연구는 운명 정체성의 벡터, 즉 운명의 화살표가 그리는 운명선과 동일한 개념으로 도해하였다. 한 올 생명일지라도 운명선의 시작과 끝을 모두 엮어 우주로 연결된다. 인간의 운명 정체성은 기본적으로 우주적 차원과 연결된다.

정리하자면, 생명이란 반드시 호흡의 처음과 끝을 가진, 쉼 없는 생성과 소멸의 과정적 존재로서 유기체적 양상을 띤다. 운명이란 관계적 생명들의 총 집결적 양태이고 쉼 없이 변화한다. 정체성正體性이란 운명의 참모습이다.[57]

순간적인 페르소나이기는 하지만 정체성identity이라고 할 수 없다. 시간성 속에서의 운명화, 즉 관계적 생명을 생성시킨 사건과 패턴과 구조화의 결집된 양상이 곧 운명 정체성이기 때문이다. 박테리아에서부터 인간에 이르기까지 모든 생명체는 그 호흡의 알파와 오메가 속에 있다. 식물, 동물, 인간, 공동체, 기업, 민족, 사회, 국가, 국제기구 등등 모든 사회적, 생태적, 집합적 네트워크는 가릴 것 없이 유기체적 생명체로서 소멸의 시간을 맞게 된다.

56 A.N.화이트헤드, 『과학과 근대세계』, 오영환 옮김, 서울: 서광사, 2008, p.191

57 양승태, 「국가 정체성 문제와 정치학 연구: 무엇을, 어떻게 -하나의 거대 연구 기획을 위한

"나는 누구인가"라는 물음과 "너는 누구인가" 그리고 "우리는 누구인가"라는 물음에 대한 대답이다. 엄밀하게 말하자면, "나는 네 안에서 어떤 의미와 가치를 지니며, 너는 내 안에서 어떤 의미와 가치를 지니며 너와 나는 그리고 우리는 서로에게 누구인가?"라는 물음에 대한 답변이다.

[그림 1-8] 운명 정체성 형성 도해

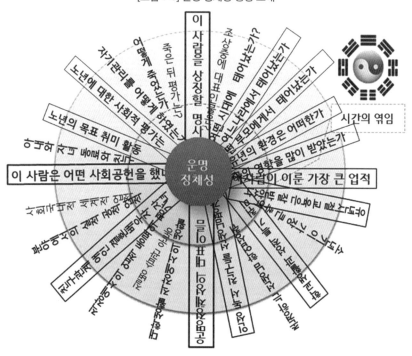

따라서 정체성이란 물질과 정신의 역사적 차원의 총괄적 결집체의 정화精華이다. 정체성은 이 땅에 태어날 때부터 주어진 고정적인 생래적 정체성과거로부터 현재까지이 있고, 역동적인 후천적 정체성현재에서 미래

방법론적 시론」, 「한국정치학회보」 제40집 제 5호, 2006 겨울, pp.65-66

로 창조해 나갈 역사이 있다. 이 둘이 만나는 지점에서 핍진스런 현실적 삶이 이뤄진다.

나의 운명은 부모와 그 환경구조를 바꿀 수 없으나 성장과정에서 나는 운명을 극복하고 개척하여 정체성 또한 변화한다. 통괄적 운명이 축적된 오늘, 구현되는 오래된 미래가 만나 끊임없는 전일적인 대화를 하는 현재 진행형 속에서 가장 핵심적인 운명선의 벡터를 놓치지 않는 것이 핍진성이다.

따라서 정체성은 나와 너 그리고 우리의 관계 속에 축적된 내용, 의미와 가치이자 관계 생명의 표상이다. 정체성은 나와 너에서 우리라는 공동체로 확장된다. 공동체 내 존재로서의 의미와 가치이다. 국가 정체성이란 국가 간의 관계의 표상이다.

(2) 성격과 벡터

어려운 일이지만, 정체성의 성격을 정리하자면 대략 다음과 같다. 정체성의 중층적 구조와 혼합적 성격은 운명의 힘과 벡터를 생성하며, 비가역적이다.

정체성은 통시성역사성과 공시성현재성, 상대적 속지성과 편재성을 갖는다.

정체성은 특수성과 보편성, 일원성과 다양성을 모두 지닌다.

정체성의 행위 역량은 지위, 역할, 기능이다.

정체성의 역할은 주도자, 반려자, 촉매자이다.

정체성은 목표와 벡터: 경향성, 지향성, 목적성을 지닌다.

경향성은 자기 보존, 자기 구현발현. 실현. 현현, 자기 확장성을 지닌다 자생적 조직화.

지향성은 일관성, 지속, 요동, 분기, 전이, 확장, 축적성을 지닌다.

목적성은 초월성, 창조성, 균형과 조화를 추구한다.

(3) 메커니즘: 상호구성과 공명(共鳴), 교직과 융합, 되먹임구조, 자기조직화.

정체성은 나_{주도자}의 과거의 모습_{원형}을 설명하고, 현실적 삶_{현재}을 이해하게 하고 그리고 미래의 모습_{미래상}을 예측케 한다. 그 정체성의 주도자가 운명運命이며, 정체성의 동력은 삶이며, 그 삶의 내용은 벡터로 끊임없이 생성된다. 주체란 고정적인 자아가 아니다.[58] 자증적인 운명의 주인이다.[59] 운명적인 만남이란 정체성의 동일성이며, 벡터의 일치를 의미한다.

정체성은 현실적 삶에서 주체의 지위와 역할을 결정하며 관계에 끊임없는 상호 작용과 상호구성, 생성의 연결망을 구성해 가는 동력을 부여한다. 정체성의 주어적 표상은 운명이며, 그 동사적 양태는 삶이자 벡터이다. 삶이란 끊임없는 벡터의 생성과정이며 운명이란 곧 삶의 총합이다. 정체성은 운명을 주어로, 삶을 동사로 표상화하여 벡터의 방향성을 갖는다. 정체성은 중층적 구조와 혼합적 성격을 띠며, 무상의 역사성을 갖고 생기적 세계관 속에서 끊임없이 가치를 생성한다.

상호 작용은 상호 인정의 관점과 입장이며, 공명은 상호 간에 실천의

---

58 ① 자신이 누구인지를 자신에게 말해주고, ② 자신이 누구인지를 타자에게 말해주고, ③ 타자가 누구인지를 자신에게 말해준다. 그 결과 구성주의에서 국가 이익은 국가 정체성과 국제 문화적 환경에 의해 재생산된다. Henri Tajfel, Human Groups and Social Categories: Studies in Social Psychology(Cambridge, U.K; Cambridge University Press, 1981), p.255

59 서구적인 의미로는 노예가 있어야 주인이 있다. 그러나 동양의 주체는 내재적, 독립적, 자증적이다.

시간이 축적되어야 한다. 상호 인정은 신뢰가 구축되어야 가능하다. 러시아가 개혁 개방을 선언하는 순간, 미국은 러시아의 핵 무력에 대한 걱정 근심을 풀어버린다. 미국은 영국 핵 100개보다도 북한 핵 5개를 더 위험하게 생각한다는 것은 믿음이 없다는 것이다.

생명 생성 전개 과정의 메커니즘, 즉 되먹임 구조feedback loop는 상호 작용과 공명, 교직과 융합의 연결 과정은 서로를 인정하며 서로 믿고 상생을 위해 서로 실천해가는 메커니즘이다. 위에서 본 바와 같이 예수와 요한, 예수와 베드로의 관계가 공명의 관계라 할 수 있다. 공명은 운명적인 만남을 통해 과거를 정리하고, 현재적 삶을 전환하여 미래상을 향해 실천해 나가는 벡터의 형성을 의미한다.

핵 무력은 어떻게 출현했는가?
핵 무력 자기 충분성의 세계 구현 과정
핵 무력의 운명 정체성과 그 벡터
미국 핵 무력의 운명 정체성과 그 벡터

> 제 **2** 장 <

핵 무력의 운명
정체성과 그 벡터

> 1 <
핵 무력은
어떻게 출현했는가?

1) 개념과 기원: 핵의 원리, 인간, 무력, 핵무기, 핵 무력

핵核, nuclear이란 미소하게는 물리학적으로 '원자 핵'을 의미하고, 거대하게는 원자력 발전소와 핵무기와 미사일, 인공위성 등 운반 수단을 포함하는 '핵 무력nuclear dynamics'의 총체적인 범주까지를 통칭한다. 그러나 핵과 핵무기는 전혀 다른 개념이다. 핵核이란 우주 생성 원리 그 자체에 해당한다. 러더포드의 원자 모형, 닐스 보어의 상보성 원리, 하이젠베르크의 불확정성의 원리, 아인슈타인의 상대성 원리가 적용되는 우주와 자연의 물리적 생성과 구현 원리에 해당한다. 즉 인간이 개입되지 않는 순전하고 전일한 우주 자연의 세계에 해당한다.

핵물리학의 세계란, 순전한 우주 자연의 원리와 법칙의 일부를 발견한 몇몇 과학자들이 인산사회의 존재론과 인식론의 기초로 적용하고, 기술의 진보와 함께 원리들을 응용하여 제3의 잡종hybrid, 人物性을 생성·축적시키고, 네트워킹하는 것이다.

'핵 무력Nuclear Dynamics'은 전쟁구조, 전쟁 종식의 명분과 담론, 지도자의 결단, 자본력, 과학 기술자들, 우라늄 등 핵심적인 물질 등이 전방위적으로 결합·네트워킹하여 탄생한 인물성人物性, human-things이다. 통상적으로 '핵 무력'에 핵무기Nuclear weapons의 개념을 적용하고 있는데, 이 책에서는 핵, 핵무기, 핵 무력을 모두 같은 뜻의 개념으로 사용한다.[60]

무기weapon는 인간의 조립과 통제가 가능한 쇳덩어리 사물의 세계에 해당한다. '핵 무력'은 인간의 관찰과 실험 그리고 조작과 통제가 불가능하거나 제한적인 '우주 동학cosmos dynamics'으로부터 출발한다. 핵 무력은 프로그램 입안과 계획 단계에서부터 동학dynamics의 개념이 적용된다.

핵 무력은 우주의 생성 원리, 인간과 기술, 물질 그리고 정치가 결합하여 탄생시켰으나 일단 실험실을 나와서 출현한 핵은 인간을 배신한다. 마치 홉스가 발견한 인간의 가공물인 '국가'라는 리바이어던이 그러하였듯이, 핵이라는 물질계의 리바이어던은 인간계를 초월하여 자주적이고 독립적인 지위와 역할을 확보한다. 그리고 자기충분적인 원리 속에서 진화의 과정을 거듭한 뒤 전쟁의 절대 무력을 지닌 파멸의 화신化神의 지위에 오른다. 따라서 핵 무력은 '인간의 손을 벗어나 있다'는 점에서 핵무기와는 다른 차원이다.곽영직, 2010; 김명자, 2011, pp.17-25 핵 무력의 탄생 과정 관계를 공식화한다면 다음과 같다.

---

60 행위자로서의 핵무기의 구체성을 강조할 때는 '핵무기'로 기술하지만 핵, 핵 무력 등과 구분이 꼭 필요할 때에 한하여 활용키로 한다. 핵무기와 핵 무력의 개념은 엄연히 다르다.

우주 생성 원리 + 전쟁 종식의 명분과 담론 + 미국이라는 공간 + 지도자의 정치적 결단 + 정부 행정 + 자본 역량 + 과학 기술자들 + 우라늄 + 흑연 등 핵심 물질 + 운반 수단 + 군산 복합체 + ……

통괄하자면, 핵 무력은 우주 원리 + 인간 + 국가 + 물질 + 전쟁 상황 + 시공간 등 인간과 국가와 과학 기술과 물자 등의 무수한 행위자들의 부단한 팩토리얼적 네트워킹의 총화 끝에 생성김명자. 1992, p.75-77된 인물성人物性. human-things이자 결합 과정historical streaming의 '무력', 즉 집합 네트워킹의 물리적 권력에 해당한다.

특히 인간이 발견하여 폭탄 제조에 적용한 핵 프로그램의 핵심 원리는 우주의 생성 원리이다. 핵폭발의 원리는 빅뱅 원리와 동일하고, 그 폭발 과정의 절대성은 인간 세계를 초월한 또 다른 차원의 우주 동학 차원임이 입증되었다. 인간은 핵 무력을 창조한 것이 아니다. 우주 생성 원리를 발견하여 물질 관계로 조립했을 뿐이다.James Gleick, 1987, pp.149-153; Thomas P Huges. 2004, p.30 우주 동학으로부터 발원한 핵 무력의 물성은 우주적인 자기 충분성을 함유하고 있기 때문에, 인간의 힘으로는 통제할 수 없는 한계점이 존재한다.

2) 러더포드 원자모형과 양자 역학 도해

핵은 입자물질. things이자 파동원리. becoming이 공진하는 무궁무진한 생성 과정이다. 생성은 관계의 지속성과 축적성, 연속성의 통일적인 융합 과정이다.

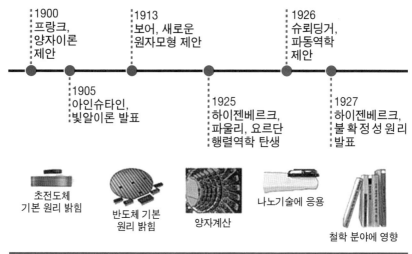

[그림 2-1] 핵 원리 발견의 사회 기술 구성 과정

1900
프랑크,
양자이론
제안

1905
아인슈타인,
빛알이론 발표

1913
보어, 새로운
원자모형 제안

1925
하이젠베르크,
파울리, 요르단
행렬역학 탄생

1926
슈뢰딩거,
파동역학
제안

1927
하이젠베르크,
불확정성 원리
발표

초전도체
기본 원리 밝힘

반도체 기본
원리 밝힘

양자계산

나노기술에 응용

철학 분야에 영향

양자역학이 탄생하기까지의 역사와 양자역학이 응용된 사례들

　융합은 생명의 벡터vector, 삶의 중심 축, 운명의 지향 노선의 쉼 없는 현실
화Realizing, 구현Embodying, 생성Becoming과정이고, 영어로는 되어감
become과 현재 진행형인going, 그리고 물질things이 융합되고 교직된다.
그 공식은 다음과 같다. 벡터는 물리학에서 크기와 방향성을 가진 화살
표이다.

　　생성生成: *현실화Realizing* + *구현Embodying* + *생성Becoming*
　　인물성人物性: *human* + *things것* + *현재 진행형going* + *vector*

　인물성은 생성 관계의 융합과 교직, 상호 작용과 공명 과정이다. '생
성'은 이와 같이 인물성인 핵核의 쉼이 없고 끝없는 사회 기술적이고 진
화적인 총화를 이끌어 가는 핵분열 연쇄 반응이자 자생적 조직화 과정

이다. 인물성을 정신이라고 하면 관념론이 되고, 물성이라고 하면 유물론이 된다. 공식에 인성이 들어간 때문에 마치 인간의 관리가 가능한 '것things'으로 착각한다.

3) 핵분열, 핵융합 원리

[그림 2-2] 핵분열, 핵융합 원리

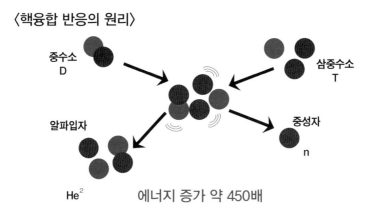

〈핵융합 반응의 원리〉

중수소
D

삼중수소
T

알파입자

중성자
n

He²   에너지 증가 약 450배

핵분열과 핵융합의 원리는 인간이 발견한 우주 생성의 핵심 원리이다. 프리슈는 특정한 조건에서 원자핵이 두 개로 분열할 수 있다는 사실을 밝혀내고 이를 핵분열이라고 불렀다. 원자 폭탄의 이론적 근거가 되는 핵분열 반응은 핵 물질이 중성자 1개를 흡수하여 2개의 핵분열 생성 물질로 쪼개지면서 2~3개의 중성자를 방출해 에너지를 발산하는 물리적 과정을 일컫는다정욱식, 2012, pp.31-33; 이순영, 1995, p.156; 함형필, 2009, pp.18-32.

핵분열이 일어날 때 3가지의 현상이 나타난다. 첫째, 중성자를 흡수한 우라늄 원자핵물질가 두 개로 분열될 수 있다. 둘째, 우라늄 원자를 두 개 이상으로 분열시킨 중성자가 또다시 생성되어 우라늄 원자를 계속 분열시켜 하나의 원자핵이 기하급수적으로 분열하는 '핵분열 연쇄 반응'이 나타난다. 여기에서 핵분열 연쇄 반응이 지속되는, 즉 임계 상태臨界常態를 유지하기 위해 일정량의 핵분열 물질이 필요한데 이를 '임계량'이라고 한다. 셋째, 이러한 핵분열 반응 시 아인슈타인 공식, 즉 $E=mc^2$E 에너지, m 질량, c 속도에 따라 강력한 에너지가 발생한다. 이런 원리에 따라 핵분열 반응은 동일한 질량의 다이너마이트보다 1만 배의 폭발력을 갖고 있다는 것이 입증되었다.

우라늄은 자연에 존재하는 가장 무거운 원소이다. 천연 우라늄의 99% 이상을 차지하는 우라늄 238U238은 핵분열 물질이 아닌 반면, 핵분열 물질인 우라늄235U235는 0.7%만 존재한다. 이에 따라 원자 폭탄을 만들기 위해서는 우라늄을 농축하여 우라늄235의 농도를 높이는 과정이 수반된다. 우라늄 농축이란 질량이 작은 우라늄235를 우라늄 238로부터 분리해 우라늄235의 농도를 높이는 작업을 의미한다. 대개 3~5%의 우라늄235는 핵연료로, 90% 이상은 무기급으로 분류된다.

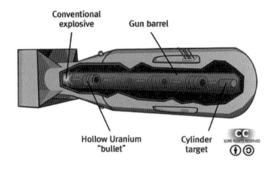

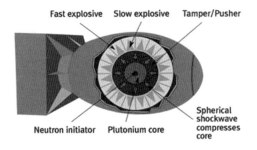

맨해튼 프로젝트로 만들어진 원자폭탄의 구조, 원료를 2개로 나누어 두었다가 합치는 단순한 형태와 원료를 사방에서 압축하는 발전된 형태가 있다. 전자는 우라늄 235폭탄에, 후자는 플루토늄 폭탄에 적용되었다. 〈출처: (CC) Dake at wikipedia/Fastfission at Wikipedia〉

U235와 함께 또 하나의 핵분열 물질은 플루토늄이다. U235가 자연에 존재하는 우라늄 동위원소인 데 비해, 플루토늄은 인간의 발명품에 해당한다. 1940년 버클리 대학의 과학자들은 우라늄238U238이 중성자 한 개를 흡수하면 새로운 원소로 변형된다는 사실을 알아내고 이를 플루토늄이라고 명명했다.

플루토늄의 추출은 사용 후 언료봉에 남아 있는 핵물질로부터 플루토늄을 분리해내는 작업에 의해 이뤄지는데 이를 '재처리 프로그램'이라고 한다. 플루토늄을 통해 우라늄보다 적은 양으로 핵분열 연쇄 반응을 일으킬 수 있음이 입증되었다.

　미국의 맨해튼 프로젝트 팀은 우라늄 프로그램과 함께 플루토늄 프로그램도 본격 가동하여 1945년 2월 로스 엘라모스 연구소에서 무기급 우라늄과 플루토늄을 확보한다.

　핵물질핵분열 물질, U235, 플루토늄을 확보하고 나면, 핵분열 물질이 연쇄 반응을 지속적으로 일으키게 할 수 있는 폭발장치기폭장치가 필요하게 된다. 핵분열 연쇄 반응은 불과 100만 분의 1초 사이에 이루어지기 때문에 고성능 기폭 장치가 없으면 핵분열 반응을 유도, 통제하기가 대단히 어려워진다. 이에 따라 미국은 총류형gun-type과 내폭형implosion을 개발하여 1945년 초여름 3기의 핵무기를 만드는 데 성공한다. 플루토늄탄 2개를 가제트Gadget와 뚱보fat man, 우라늄 핵폭탄을 꼬마little boy 라고 이름을 붙였다.

　1945년 7월 16일 새벽 5시 30분, 뉴멕시코의 사막에서 '트리니티' trinity: 성부, 성자, 성령의 삼위일체라는 이름으로 인류 최초의 핵 실험이 단행되었다. 30미터 높이의 탑에 선 가제트는 엄청난 폭발음과 햇빛보다 강렬한 섬광을 내뿜으며 '핵 체제 전쟁 시대'의 개막을 알렸다. 이때의 실험 책임자인 케네스 베인브리지 박사는 오펜하이머에게 "이제 우리는 모두 개자식이다Now we are all sons of bitches."라고 탄식했고, 역시 핵 실험을 지켜본 오펜하이머는 힌두교의 한 경구를 인용하여 "나는 죽음, 세계의 파괴자가 되었다"라고 자책했다.

　그날 새벽으로부터 불과 3주21일 만인 8월 7일 일본의 히로시마, 일주일 뒤 8월 14일 나가사키에선 어머니 뱃속의 태아로부터 80세 노인, 군인에서 일반 시민들에 이르기까지 통괄적인 한 묶음으로 시간을 초월하여 지구상에서 궤멸되었다. 일본뿐만 아니라 세계의 시간은 정지되었고, 일본 왕은 무조건 항복을 선언했으며, 세계 2차 대전은 종식되었다이순영, 1995, p.91-92, pp156-164; Heis Werner enberg, 1958, p.293.

핵은 이후 원자력 발전소와 핵무기라는 양 갈래로 나뉘어 진화하고, 실험실을 뛰쳐나온 핵무기는 다시 거대 집단 연결망인 국제 네트워크와 결합하여 핵 위협 역량, 즉 국제 무력 체제로 진화한다황상규, 1991, pp.165-168. 이와 같이 핵 무력은 우주 생성의 근본 원리자연법와 물질우라늄 그리고 인간기술과 정치적 사건들이 이종 교배하여 생성된 '불가역적' 인물성人物性, human-things에 해당한다융크, 1993, pp.21-23; 1992, pp.75-77; 김승국, 1991, pp.27-29.

정욱식은 핵무기를 과학과 정치와의 만남으로 만들어진 대표적인 무기로 규정하면서 핵무기의 아버지로 '핵분열 연쇄 반응'을 발견한 과학자 집단과 제2차 대전이라는 정치적 사건을 규정한다정욱식, 2012, p.31.
그러나 실험실 밖으로 뛰쳐나와 존재를 입증한 뒤부터 핵무기는 더 이상 무기weapon가 아닌 무력 체제이자, 국제기구로 전화된다. 일본에 투하된 '꼬마'와 '뚱보'는 두 개의 도시를 시공과 인간과 자연을 초월하여 궤멸시킨다. 궤멸이란 폭력에 의해 시공간과 인간의 역사를 송두리째 지워버린다는 뜻이다. 핵은 일본의 두 도시를 본보기로 삼아 공포의 궤멸력이라는 설대 무력을 지닌 신神이 딘생했음을 인류에게 각성시켰다이순영, 1995, pp.93-95; Werner Heisenberg, 1958, p.292; Michel Serres, 1994, p.52.

필자는 원자 폭탄이 히로시마에 투하된 1945년 8월 7일을 기점으로 하여 전쟁의 시기를 재래식 무기 체제를 의미하는 철제 전쟁鐵制戰爭 체제와 핵 무력 체제核 武力體制 전쟁으로 구분한다.

> 2 <
핵 무력 자기 충분성의
세계 구현 과정

1) 인간, 우주 원리를 훔치더니 자멸하더라.

미래에 핵전쟁으로 지구와 인류가 멸망한 뒤 어느 살아 있는 우주적 존재는 이렇게 기록할지 모른다. "지구에 인간이라는 하루살이 같은 생명체들이 있었는데, 관리 능력도 없이 우주 생성의 원리를 훔치더니 1만 년도 채 못 가서 자멸했다."

우주 자연은 인간이라는 존재와는 전혀 상관없이 영원불멸한 자기 충분성의 세계 속에서 스스로 조직화되며 공명, 완결, 증명되는 생성과 네트워킹 과정을 영속한다.

인간이 발견한 핵의 원리는 무궁무진한 우주 생성 원리 가운데 하나이다. 인간의 존재가 있든지 없든지, 핵과 우주 생성 원리는 전일한 우주 시공간과 자연 생태계의 차원에 속한다Werner Heisenberg, 1958, pp.294-298, 285-291. 우주와 자연의 유동 원리는 '홀론적인 자기 충분성의 세계'일 뿐이다Michel Serres, 1994, p.219.

핵의 원리는 혼돈 속의 질서 속에서 발생하는 역사적 자기 충분성의 과정이다. 그 양상은 자기 생성성, 자기완결성, 자기 증명성, 자기공명성, 자기조직화이다. 우리 인간에게 포착된 법칙으로서는 ① 자기 보존의 법칙, ② 자기 생성의 법칙, ③ 자기 조직화의 법칙, ④ 핵 무력 상호 불가침의 법칙이고, 핵분열과 핵융합의 물리적 특성을 띤다.

러더포드의 원자 모형, 닐스 보어의 상보성 원리, 하이젠베르크의 불확정성 원리, 아인슈타인의 상대성 원리와 $E=mc^2$의 공식은 모두 위와 같은 우주·자연의 자기 충분성의 일부분을 통찰한 내용들이다.

알고 보면 인간이 발견한 핵의 원리는 스스로 생성되고, 조직되고, 증명되고, 완결되고, 공명하는 영원불멸하는 자기 충분성의 세계의 유동과정에 대한 존재론적 기술이다. 따라서 인간이 발견하고 물질과 기술로서 조립하여 낸 핵무기의 성격과 양상도 이와 같은 우주 자연의 성격과 동일한 양상으로 발현된다.

"우주 생성 원리 + 전시 체제 상황 + 전쟁 주도 국가 정부와 지도자의 결단 + 과학 기술·사람의 총화 + 막대한 투자 비용 + 연관 군산학 기구 + 자연 물질과 기술, 장소와 생산 공장+모든 노동인력들 + 핵 실험opp 장소와 날씨 + 운반수단 + ……."

'핵 무력N-Dynamics'은 우주 자연의 생성 원리와 인간의 과학 기술의 거대한 집합 연결망의 지수 함수적인 상호 작용과 공명, 융합과 교직의 메커니즘에 의해 생성된 인물성 네트워크의 총화이다.

2) 절대 무력 인물성(人物性)의 자기 충분성: 자생, 자기완결, 자기 조직

핵과 인간은 역설적인 물성-네트워크의 관계에 있다. '핵 무력의 역설' 은 이론과 시뮬레이션에 의한 실험검증이 사실상 불가능하고, 반드시 폭발 시험이라는 의무 통과점Obligatorial Passage Point을 거쳐야만 한다. 1945년 미국 뉴멕시코의 한 사막에서 opp를 통과한 '가제트'의 위력은 일본 히로시마와 나가사키1945.8에서 출현하여 그 절대 무력을 과시한 뒤, 구소련 체르노빌 원자력 발전소 사고1986.4, 일본 후쿠시마 원전 사고2011.3를 통해 괴멸 역량의 무한정성과 영원 불멸성을 환유시켰다.

[그림 2-4] 체르노빌 원전 참상[61]

61 http://blog.naver.com/ycy824?Redirect=Log&logNo=80126264398⟨검색일 2013. 3. 22.⟩

핵의 절대 무력적 성격은 연쇄 반응에 의한 환유성, 관념성, 전이성, 확산성, 전방위성, 상대적 속지성에 있다. 1945년 8월 일본에 투하된 '뚱보'와 '꼬마'라는 이름의 핵무기는 '핵 무력'이 우주체계 속에서 지구의 운명을 결정하는 괴멸 능력을 갖고 있음을 환유적으로 입증했다환유성. 그 결과 세계 안보 질서는 미국을 중심축으로 편성되었고제유성, 상대적으로 전 세계는 핵 무력의 절대 괴멸적 성격과 능력을 학습한다관념성.

미국 핵은 소련의 핵 보유1949년, 프랑스1953, 영국1960, 중국1964, 인도의 핵 보유1988로 전이되었다전이성. 나아가 파키스탄, 이스라엘의 핵 보유로 확산되었다확산성. 그리고 북한2006이 핵 실험을 강행하고, 이란이 핵 보유를 선언2005함으로써 전 세계로의 전방위적 확산, 즉 보통 국가의 핵 무력 보유 가능성이라는 핵 편재성의 문이 열렸음을 의미한다전방위성.

이 모든 과정이 핵무기의 사회 기술적 구성과정이자 국제 권력 네트워킹 과정이다. 버나드 로윈Bernard Lown, M.D.은 핵 무력의 성격과 특성을 지구를 파괴할 무력으로 규정한다황상규, 1987, pp.39-48; Michel Serres, 1992, p.51, p.219; 정욱식, 2012, pp.78-81. 특히 구소련 체르노빌 원자력 발전소의 사건1986.4.26과 일본 후쿠시마 원전사고2011.3.11는 핵의 속지주의성을 드러냈다.

[그림 2-5] 후쿠시마원전 폭발 직후

미국의 과학국제안보연구소(ISIS)가 14일 촬영해 공개한 후쿠시마 제1원전 위성사진(@ISIS)

'두 원전의 사고의 원인이 어디에 있는가?'라는 물음이 중요하다. 체르노빌 사건은 행위자가 인간인 인간 재앙에 해당하고, 후쿠시마 사건은 행위자가 자연인 자연 재앙에 해당한다황상규, 1991, pp.13-23.

전 세계에 건설된 모든 원자력발전소는 이동이 불가능한 '속지주의'적 성격을 띤다. 물론 전쟁이 발발할 경우 재래식 폭탄으로도 공격이 가능한 최우선 타격의 대상으로 돌변한다. 그 타격이 성공하면 재래식 무기는 핵 무력으로 진화된다.

원전이 폭발하면 최소한 반경 30㎞는 그 피해 상황을 떠나서 아예 접근 금지 지역으로 변한다. 그 실례가 체르노빌과 후쿠시마 원전 사고이다. 체르노빌은 한 사람의 실수가 연쇄 반응의 원리에 의해 거대한 사고로 확장되어 일어난 사고다. 구소련의 붕괴에 영향을 미쳤다는 주장이 제기될 정도로 피해가 크고 아직도 치유를 기대하지 못하고 있다. 후쿠시마의 경우에는 행위자가 자연이다. 일본 해역에서 일어난 지진

자연으로 인해 거대한 해일자연이 형성되었으며 이는 후쿠시마 원전人物性을 덮쳤다. 후쿠시마는 2014년까지 사실상 연쇄 폭발을 진화통제, 조정, 관리하지 못한 채 방치되어 있다. 체르노빌 원전이나 후쿠시마 원전에서 나타나듯이 그 핵분열의 연쇄 반응의 지속성과 크기는 인류로선 불가측성과 관리 불가능성의 세계라는 사실을 명증하게 보여준다.

핵의 원리와 핵 무력의 절대 무력적 성격, 법칙성과 인간 사회의 관계를 정리하여 보자. 행위자로서 핵 무력은 ① 자기 보존의 법칙, ② 자기 생성의 법칙, ③ 자기 조직화의 법칙, ④ 핵 무력 간 상호 불가침 법칙을 따른다. 자기 보존 법칙이란, 핵 무력은 인류가 존재하고 전쟁이 종식되지 않는 한 스스로를 보존하고, 인간을 원격 조정하여 충성 경쟁을 받으면서 스스로를 진화시켜 나간다는 것이다. 자기 생성의 법칙이란, 핵분열 연쇄 반응과 같이 인간의 통제와 조정, 관리 역량을 초월한다는 것이다. 자기 조직화의 법칙이란, 핵의 전이성, 확산성에 해당하며, 오펜하이머, 조지 오웰 등의 지성들은 뒤에 보통 국가들이 핵을 보유하는 핵의 편재성의 시대가 올 것임을 예고한 바 있다정욱식, 앞의 책, 2012, p.64. 핵 상호 불가침 법칙은 핵보유국 간에 공도동망이 두려운 나머지 전면전이 억제된다는 것이다.[62]

---

62 단적으로 2013년 북한의 제3차 핵 실험은 전 지구적 차원에서 경각심을 가져야 할 일대 사건에 해당한다. '세계 최빈곤 국가', '정전 상황인 분단 국가', '고립된 반미 국가'인 북한이 핵무기를 진화시키고 국제 무력으로 네트워킹하고 있다는 것은 전 지구적인 차원에서 핵 편재성의 문이 열렸음을 예고하고 있다.

> 3 <
핵 무력의
운명 정체성과 그 벡터

1) 행위 역량: 절대 무력의 탄생과 전쟁 양상의 전회

– 전쟁 화신의 탄생과 로고스 게임 –

현대 과학은 혼돈 속의 질서chaosmosing로서의 세계관과 시간 개념을 제시했고, 핵 무력은 혼돈 속에서 탄생한 우주 생성 원리의 물리적 구현체이다. 핵 무력은 전쟁이라는 혼돈의 세계를 종식시키고 평화라는 질서를 구현하기 위한 명분과 목적 속에서 탄생한 돌이킬 수 없는 지구적 파괴력을 가진 무력 체제이자 전쟁 화신의 출현이다. 핵 무력은 지구적이고 인류적인 시간을 천지 창조 이전으로 무화無化시켜버릴 파괴의 화신에 해당한다.

1945년 8월 이전, 지구와 인류를 대량 살상과 총력 전쟁의 도가니로 몰아넣었던 제2차 대전은 일본의 무조건 항복과 함께 끝났다. 그 전쟁을 종식시킨 주도자는 두 개의 원자 폭탄 '뚱보fat man'와 '꼬마little boy'

이다. 이 인물성의 행위자는 일본 열도의 유서 깊은 두 도시 히로시마와 나가사키를 괴멸壞滅, death zone시켰다.

이후, 승전국인 미국은 태평양 안보 패권을 확보하고 경제의 핵 무력인 기축통화달러국으로서 세계 중심축으로 등극했다. 미국의 힘은 2차 대전이라는 재래식 무기체제의 철제전쟁이 갖는 대량살상과 총력전쟁의 성격과 양상을 뒤엎어버린 '찰나적' 대량 괴멸역량과 그 피폭 범위의 불가측성에 있었다.

시간의 ANT에 입각하면, 미국이 전 세계의 중심 축 국가로서 우뚝 서는 순간, 핵무기는 '핵 무력'으로 진화하여 인간과 국가의 통제의 손을 벗어나 절대 무력 행위자로 등극했다. 잇따라 소련, 영국, 프랑스, 중국, 인도 등 강국들은 앞을 다투어 핵무기로 무장했다. 이와 함께 미국과 소련의 주도로 UN 안보리 상임이사국, 국제원자력기구IAEA, 핵확산금지조약NPT 등의 국제 체제상의 제도와 기구를 갖추면서 핵 프로그램 개발 억제 구조화를 강화한다황영채, 1995, pp.15-19; 김승국, 1991, pp.25-27, pp.74-76. 역설적으로, 핵 무력은 세계 체제이자 기구로 실체화되었다.

핵무기는 처음에는 인간과 국가가 주도하여 발명하였으나, 인간화된 절대 무력人物性은 거대 연결망 덩어리인 물질계의 리바이어던으로 재탄생하여 국제 체제의 전쟁 무력을 결정하는 역전현상이 일어났다. 즉, "국제 관계는 무정부 상태다"라고 말한 케네시 월츠Kenneth Waltz의 명제를 역설적으로 원용한다면, 국제 관계는 핵 체제이다. 즉 인간과 국가 그리고 전쟁이 계속되는 한 핵 무력 운명은 유일한 국제 체제로서 영생불멸하게 된다. 국가들로서는 핵 무력을 보유하는 한 외세의 안보 위협으로부터 안전해질 수 있다는 역설에 도달한다.

핵 무력은 사실상의 국제 체제이자 안보 무력 기구로서 집단 연결망 체제를 통해 '나름의 방식대로' 강대국·약소국가들과 상호 작용, 공명하여, 충성 경쟁을 유도하고, 안보를 관리한다.

UN 최상위 핵클럽 안전보장이사회 상임이사국 5개국미국, 러시아, 영국, 프랑스, 중국은 모두 핵 무력을 등에 업고 UN과 IAEA와 NPT를 통해 핵 무력 세계 안보 권력을 행사하고 있다. 그러나 '핵 무력'을 행위자의 지위로 귀환시켜 놓고 본다면, 이들 국가와 정부 결정자들은 모두 핵 무력의 대리행위자agent에 해당하는 '발칙한' 권한 과점 그룹이다 Latour, Bruno, 1997, p.390.

핵무기라는 용어는 인간이나 국가의 통제와 관리가 가능한 절반의 용어이다. '핵 무력'은 인간의 통제가 사실상 불가능하고, 오히려 인간이 원격 조정을 당하는 전쟁 무력의 화신化神이다. 1945년 선별적 타격이 불가능했던 히로시마, 나가사키의 괴멸적 참상, 체르노빌과 후쿠시마 사태는 인간 전지전능 신화의 몰락을 의미하고, 행위자로서 핵 무력의 절대적인 존재를 인정하지 않을 수 없다.

인간과 국가가 인정하든 안하든 핵 무력은 절대 무력으로서 국가를 상위하는 국제 체제이자 기구에 해당한다. 우리나라 최영 교수는 1970년대 조반에 이미 핵은 "국제 체제이자 국제기구"임을 갈파했다.[63]

---

63 최영은 한국 최초의 핵전략 이론가라고 할 수 있다. 그는 70년대 후반에 이미 미래 한반도

"핵核이라는 인간이 만든 거대한 기구機構는 인간과 인간 사회 집단
들의 조건을 평준화한다."

모두가 케네시 월츠의 '국제 관계는 무정부 상태' 개념을 영원 불멸
성을 가진 이론으로 여기고 있을 때, 한국의 한 학자가 '세계 체제이자
기구로서 핵'을 주장했다는 점은 놀랍기만 하다. 핵과 국가가 결합하여
절대 무력성을 확보하게 되는 순간, 핵은 국가 운명의 결정 시스템으로
자리 잡고, 전통적인 재래식 철제 무력 체제의 국가 안보 개념은 폐기
된다. 핵 무력 국가정부와 비핵 국가 정부의 외교 역량의 차이는 비교
조차 할 수 없다김승국, 1991, pp.27-29.

2) 전쟁양상의 전회: 재래식 철제 전쟁과 핵 무력 전쟁 체제 양상

전쟁은 1945년 8월 이전과 이후로 재래식 무기 체제의 개념인 철제
전쟁과 핵 무력 체제 전쟁으로 구분된다피터 헤이즈 · 류바 자르스키 · 월든 벨
로, 1988, pp.110-115. 이제 핵무기와 핵 무력의 개념을 확실히 규정하자.
핵무기는 미소 양극 체제 이후부터 핵무기 개발과 군비 경쟁이 본격화
되면서 부터는 '공포의 파괴력'을 의미하는 'big power'로 확장하여 적
용하고 있다. 이러한 용어의 개념과 용법은 모두 뉴턴적 세계관에 입각
한 관념적인 번역 방식이다최영(崔榮), 1977, p.3.

의 핵 딜레마를 통찰하여 철학적 · 이론적 기초를 제시했다.

사실, 핵은 아인슈타인 이후 현대 물리학의 성과로 세계 제2차 대전, 즉 1945년 이후 출현했다. 재래식 철제 체제하의 무력의 개념에서 볼 때, 재래식 폭탄과 핵폭탄은 'small power'와 'big power'라는 파괴력의 양적 규모의 차이가 존재할 뿐이다. 우리는 핵이라는 현대적인 존재에 근대적 개념을 적용하는 오류를 범한다.

반면, '무력武力'은 총체적 군사 역량의 개념이다. 세계 1차 대전부터 전쟁의 전개 양상은 총력전의 성격으로 변모했다. 총력전은 육·해·공 군과 물자 등 모든 군사력을 총칭하는 개념이자 전쟁 수행을 위해 동원 되는 산·학·연, 즉 민간과 국가의 전쟁수행을 위한 합동 동원체제의 역량결집을 의미한다. 따라서 무력이란 좁게는 군사력을 의미하고, 넓게는 전쟁을 지원하는 민간 차원의 지원 구조까지 포함된다.

핵 무력은 핵, 핵무기, 핵 무력, 전술 핵은 물론 핵 파괴력의 기폭 수 단과 운반 수단까지를 포괄하여 총칭하는 개념이다. 또한 핵 무력은 전 쟁을 지배하는 주인이다. 핵 무력은 공갈로 공포의 심리전을 전개할 뿐 만 아니라 재래식 무기를 핵 무력으로 진화시키고, 인간의 자격을 왜소 화시킨다. 따라서 핵 무력은 재래식 무기 체제하에서 수행된 철제 전쟁 에서 사용된 무기체제와는 전혀 다른, 절대적 전쟁무력 체제와 기구로 규정될 수밖에 없다이순영, 1995, pp.158-164.[64]

---

[64] 핵무기는 일반적으로 핵연료의 핵분열이나 핵융합 반응으로 발생하는 막대한 에너지를 이 용해서 만든 살상파괴가 가능한 무기를 총칭한다. 현재 원자 폭탄의 원료로 사용되는 것은 우라늄·플루토늄·라듐 등이다. 핵무기는 넓은 의미로는 원자 폭탄을 지칭하지만 핵물질 의 반응 방식에 따라 원자 폭탄, 수소 폭탄, 중성자탄의 세 종류로 분류된다. 그 외에도 사용 목적에 따라 전략 핵무기·전술 핵무기로 위력에 따라 대형·소형 핵무기로 분류된다. 통상 무기 분류 기준에 준하여 핵미사일·핵폭탄·핵 지뢰·핵 어뢰·핵 기뢰 등으로 분류된다. 본 연구는 이 모든 개념을 총망라하여 핵 무력으로 통칭한다.

[도표 2-1] 재래식 철제 전쟁과 핵 무력 체제 전쟁 양상 비교

	재래식 철제 무력 전쟁 체제	핵 무력 체제 전쟁 양상
① 성격 확정성 불확정성	패권강국 군산 복합체 생산·공급 구성, 소모, 변경, 이동, 개량, 폐기 기획·조정·통제·관리 가능	상대적 속지성(원자력발전소) 환유, 전이, 확산, 전방위, 생성 조정·통제·관리·예측 불가능
② 파괴력 수준 가측성	시공 제한적, 제한적, 방법적, 선택적, 국지적, 초토화,	절대적·시공초월 빅뱅력 무제한 괴멸성(Death-Zone)化
③ 구성 요소 행위자	육·해·공군, (산·학·연) 군산 복 합체 운동·이동수단, 에너지와 쇳덩이 (총·균·쇠)	핵물질과 원자력 발전소 기폭수단 운송수단
④ 결과 복구가능성	자연 환경, 외교 관계 전환, 협력 가 능, 삶의 회복과 치유가 가능	전 지구적 핵전쟁 확산 가능성 치유 불가능
⑤ 주체 주도행위자	패권 강대국 중심 단위·연합 국가 미국 단극체제 주도 지역 연합 지원	핵 카르텔 국가 외 3국 (미, 러, 영, 프, 중, 인, 이, 파) UN헌장, IAEA, NPT 등 국제기구
⑥ 지위와 역할 명분과 목적	Big brother, Great Giant, 세계안보 질서 유지, 미국 이익 수호	핵 무력 보존, 상호불가침의 법칙 핵 무력 원격조정과 진화성 핵보유국 평등국가화·충성경쟁
⑦ 전쟁의 함의 의미 분석	승자 독식 게임 패자 박멸 게임 물리력 지배 게임	Minus-sum game (인류, 전 지구 궤멸게임) Nuclear Logos game
⑧ 철학적 기초	뉴턴적 자연법칙적, 공간성 바탕 근대적 개념의 국가론	현대 물리학적, 빛의 시간성 주도 현대적 개념의 네트워크 총화
⑨ 이론적 배경	현실주의, 자유주의, 구성주의 인간, 국가가 주인이자 지배자	ANT와 과학 기술주의 핵 무력 네트워크의 원격조정

재래식 무기 체제는 쇳덩어리를 기반으로 하여 칼과 화살에서 총알, 폭탄으로 진화되었다. 재래식 무기 체제하에서 이뤄지는 철제 전쟁은 인간이 주도하는 시간성과 공간성에서 볼 때 '인간의, 인간에 의한, 인

간을 위한' 전쟁을 수행하기 위하여 계획과 통제와 조정이 가능한 양적 차원의 문제이다. 전투 비행기는 공중 급유를 통해 공간을 연장하고, 육군과 해군의 투입에 있어 시간 간격과 절차에 따라 계획, 조정, 통제, 변경을 가하면서 드라마틱하게 전쟁을 수행한다. 분명히 양을 기반으로 하는 질적 체계이다. 특히 재래식 무기 체계하에서 수행되는 전쟁에서는 인간의 정체성은 변하지 않는다. 시간과 노력에 따라 환경적 복원이 가능하고 정신적 상처의 치유도 가능하기 때문이다.

비극적이고 억울하지만, 우리 한국전쟁이 극명한 사례가 된다. 브루스 커밍스는 그의 저서 『한국전쟁의 기원』의 첫머리를 "1953년 한반도는 완전히 잿더미 상태였다."라고 시작하면서 한국전쟁의 기원을 1945년으로 시간 축을 소급하여 올라가 잡는다Bruce Cumings, 1981, p.13, p.26.

"1953년 한반도는 완전히 잿더미 상태였다. 부산에서 신의주에 이르기까지 한반도 전역에서 한국인들은 죽은 사람들을 매장하고 잃어버린 것에 대해 슬퍼하고 삶의 파편들을 다시 모으기 시작했다……. 그 당시 한반도에는 미국, 소련, 중공의 3개 강대국이 맞대고 있었는데 그들은 새로운 세계 전쟁을 일으킬 뻔했으며, 한국 국민에게 핵전쟁의 공포까지 불러일으켰다."

미군 보고서에 따르면 미 공군은 6.25 전쟁 당시에 북한의 도시들특히 평양을 융단 폭격을 가해 초토화시켜서 '황무지'로 만들어 놓았다고 보고한다.Bruce Cumings, 2003, pp.404-406, p.411. 그러나 북한은 20여 년만에 전쟁의 폐허와 상처를 복구했고, 풍부한 지하자원과 공산 국가들의 협력 속에 70년대 초반까지는 남한 경제를 앞질렀다. 이와 같이 재래식 철제 무기 체제하에서 일어난 전쟁에서는 시간의 축적과 인간의 노력에 따라 파괴로부터 재건과 환경 복원이 가능하다.

그러나 '핵 무력' 체제 전쟁의 경우 무력 개념의 근본적인 질적 전화를 의미한다. 핵 무력은 물질세계의 신神의 구현태, 즉 물리적 절대 파괴성의 '화신化身'을 의미한다. 중국은 1964년 핵 실험에 성공한 뒤 핵을 신의 무기神 武器라고 명명했다저우언라이周恩來, 1974.10.7. '핵 무력성'은 재래식 무력의 개념을 하늘과 땅만큼 양적 · 질적으로 뒤바꾼다. 핵무기의 괴멸역량은 모든 생명이 붙어있는 '것things'의 유전자와 인간의 정체성을 뒤바꾸어 버린다.

핵 무력 네트워킹의 본질과 절대적 파괴력은 인간으로 하여금 생존 욕구를 자극하는 물리적 구현태로서 힘의 마력을 갖는다. 그리고 물리적으로 구현된 절대 무력은 환유성, 지속성, 전이성, 확산성, 전방위성, 속지주의적인 생성 네트워크를 엮어간다. 핵의 절대 무력적 성격을 알기 쉽게 재래식 무력 체제와 비교하면 [도표 2]와 같다.

요컨대 핵 무력은 뉴턴적 3차원적 현상계의 시공을 초월한 무력이다. 재래식 철제 전쟁은 인간의 속도전을 표준으로 한다. 적과 아군, 작전 지역과 민간 지역을 구분하여 선택적 공격이 가능하고, 공격의 범위와 정도의 통제와 조정이 가능하다. 그러나 핵 체제 전쟁은 빛의 속도전을 의미한다. 인간의 능력을 벗어나 적과 아군은 물론 민간과 자연을 4차원적으로 전 지구적인 차원에서 괴멸시킨다.

사회주의 저개발 약소국가가 핵무기를 보유했다면, 그는 이미 형편 없는 도전자인 '피그미'가 아니다. 최소한 '작은 형small brother'으로서 해결사인 '큰 형님big brother'과 동등한 동종적 · 안보적 밥상머리에 오르는 역전이다. 양국 간에는 지구적 운명을 결정짓는 인물성 총화전쟁의 결정권을 쥔 슈퍼파워Superpower, 化神 세계로 진입을 의미한다George. Orwell, 2009, p.29; John J Mearsheimer, 2001, pp.288-291, p.258, pp.259-270.

핵 체제 전쟁은 현재적 인간과 생명과 자연의 괴멸뿐만 아니라 인간의 미래적 물성의 성격도 뒤바꾼다. 재래식 무기 체제하에서 전개되는 철제 전쟁의 개념은 인간의 계량화가 가능하고 승자가 존재하는 기껏해야 제로 섬Zero-Sum Game 게임이다. 그러나 핵 무력을 전제하는 전쟁이란 계량화가 불가능하고 확률로서만 존재하는, 모두가 공멸하고 환경적 복구가 불가능한 '마이너스 섬Minus-Sum Game' 게임 체계를 의미한다.

인물성-네트워크로서 핵 무력의 성격을 정리하면 첫째, 3차원적 현상계의 시공을 초월한 절대적 무력이다. 둘째, 마이너스 섬, 즉 모두의 궤멸적 · 확률적 차원의 게임체계이다. 셋째, 전 지구적 차원의 공포적 가치를 지닌다. 넷째, 끊임없는 생성력과 환유성 · 확산성 · 전이성 · 전방위성을 갖는다. 다섯째, 속지주의적 상대성을 갖는다.

미국 핵 무력의
운명 정체성과 그 벡터

1) 지위: 패권 안보 네트워크, 절대 무력의 현상적 실체

핵 무력의 기원과 성격, 사회 기술적 구성 과정을 종합하면 핵의 국제 관계적 지위는 네 가지 측면으로 정의된다. 첫째, 핵은 국제 관계 행위자로서 그 자격과 지위를 지닌다. 그 지위와 자격은 국가 간 핵 실력 검증의 최전선 격돌 과정에서 자연스럽게 열람할 수 있다. 핵 무력은 공포의 파괴력 때문에 보유할 수는 있으나 사용할 수는 없는 무력으로 규정되어 오고 있다. 그러나 사용할 수 없는 무력은 절대 무력성에서 나오는 괴멸력에 대한 심리적인 공포감으로 현실적인 전쟁권력을 현상화한다미어 샤이머 John J Mearsheimer, 2001, pp.288-291.

첫째, 핵 보유 국가 간에 전면전은 발생하지 않는다. 핵을 둘러싼 검증의 최전선 격돌 양상은 말과 행동을 동반하고, 정부와 지도자에 대한 정체성과 행위성을 공격하는 격돌의 양상으로 전개된다. 그러나 핵 자기 보존의 법칙과 상호 불가침의 법칙에 의해 핵 무장 국가 간에는 국지전은 발생할 수 있으나, 국가의 운명을 건 전면전 성격의 전쟁은 발생하지 않는다.

둘째, 핵무기는 자신이 속한 국가의 국제 안보적 지위와 정부의 외교 역량을 격상시킨다. 냉전 체제하에서 미-소 핵 무력은 제국주의의 핵심 역량이자 패권이란 용어의 현상적 실체에 해당하였다. 현재 핵 무력을 보유하고, 국제적으로 인정받고 있는 국가는 유엔 안전보장이사회 상임이사국이거나 비공식 보유국은 인도와 파키스탄, 이스라엘 정도이다. 이들은 모두 UN에서의 합법적인 핵 카르텔을 형성하고 있으며 핵 기술 개발 억제와 확산 방지의 실질적 주도 국가들에 해당한다.

[그림 2-6] 세계 핵탄두 보유 현황 (2012년 기준)

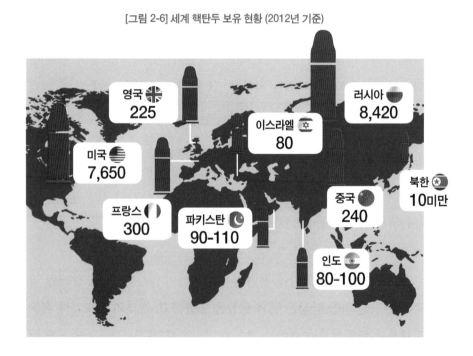

셋째, 핵무기는 세계 체제이자 기구의 위상을 갖고 보유 국가들의 편재성을 추구한다. 핵무기 관련 딜레마는 미국과 러시아, 중국 등 인준된 핵보유국 외에도 UN 안보리의 핵심 의제이며, 이들은 IAEA와 NPT를 통해 핵 개발 의지를 원천적으로 통제하고 개발 행위를 구조적으로 제한한다. 핵무기의 절대 무력적 성격은 국가들로 하여금 그 필요성에 대한 환유성, 전이성, 확산성을 꾀하게 한다. 미국과 서구 중심의 자본주의 체제 그리고 핵 카르텔 국가가 주도하는 국제정세 속에서 중동과 남미, 아프리카 등지의 군소 국가들은 체제 안보 유지의 차원에서 핵무력의 절대적 안보마력을 보유하고자 하는 유혹에 이끌린다. 예를 들어 중동 이집트의 사담 후세인, 이라크의 카다피 정권 등이 핵무기를 실제로 보유하고 있었다면, 미국이 쉽게 침공과 전쟁을 결정할 수 있었을까?

넷째, 핵무기의 전쟁 억지력은 패권 무력을 무의미화시킨다. 나아가 보유국 간 안보적 지위에 수평화, 평등화를 강요하고 핵 무장 국가 간에는 핵 무력 자기 보존의 법칙과 핵 무력 상호불가침 관계의 법칙이 적용된다. 핵무기가 부여하는 공포의 전쟁 억지력은 새로운 차원의 전 지구적 안보 권력을 생성시키고, 미국 중심의 패권, 강대국 중심 지구적 무력 관리 체제를 위협한다. 패권 무력의 특징은 군사력과 경제력의 군산 복합이라는 작동 기제메커니즘을 구동하는데, 핵이라는 절대 무력은 이 작동 기제의 구동력을 축소시키거나 무의미화시킨다월츠, 1978, pp.186-187; 한인택, 2011, p.87, p.92, p.98, p.102.

2) 역할과 기능: 패권권력 블랙박스화와 원격작용

핵 무력 보유가 인정되고 나면, 타 국가의 네트워크와 결합하여 원격작용을 통해 국제적인 안보 권력과 질서를 배분한다Latour, 1995, pp.272-281. 핵 무력은 패권권력을 블랙박스화하고, 정부와 원격작용을 통해 권력을 발현한다.

첫째, 핵 무력은 핵무기 네트워크 간의 전면 전쟁을 억지한다. 핵무기의 절대 무력적 성격속성, 정체성, 행위성은 핵 무장 국가의 정부 간에는 서로를 때릴 수 없는 핵무기 상호 불가침 관계의 법칙을 구동시킨다. 핵 무장 국가와 비핵 국가 간에는 무력의 비대칭적 지위가 구축되어 일방적인 재래식 체제의 전쟁이 발발할 수 있다. 핵 보유 국가와 비핵 국가 사이에 군사력이 월등히 차이가 나는 비대칭 불균형 상태에서 승패의 전망이 확실하고, 국가 이익이 전쟁을 상회할 때는 핵 무장 국가가 전쟁을 일으킨다. 그러나 핵 무력 국가 간에는 상호 불가침의 법칙이 작동된다. 공포의 억지력을 인식하고 있는 핵 국가 간에는 국지적인 도발과 응징의 국지전이 발생할 수 있으나, 괴멸적인 공도동망의 마이너스섬 게임이 두려워 전면전으로 확전되지 않는다.

예를 들어, 한국과 북한 사이에 발생한 2010년 천안함 피격이나, 연평도 피폭 사태 시에 한국 이명박 정부가 보복을 억제한 상황은 핵 무장 국가와 비핵 국가 간의 비대칭적 안보 역량의 한계에 대한 이명박 정부의 정책 결정 과정의 '숨은' 고뇌가 있었음을 변수로 고려해야 한다. 또 2003년 미국의 이라크 침공은 핵 종주국 패권 강국과 비핵 국가와의 게임이라는 점에서 시나리오와 결과는 강제화되어 있었다.

둘째, 핵 무력은 국제 관계의 근대적 안보 질서 개념을 전소시키고 새로운 평등화된 질서 구축을 강요한다. 근대적 질서란 국제 체제의 무정부 구조의 신화의 질서를 바탕으로 한 양극 체제 혹은 강대국을 중심으로 한 동맹 국가들에 의한 재래식 전쟁 역량에서 비롯된 안보의 세력 균형을 의미한다. 대표적으로 케네시 월츠의 신현실주의 이론에 따르면, 국제 관계는 국제 체제의 무정부적 구조가 강대국을 중심으로 한 국가 간의 힘안보 역량의 배분을 강요하여 세력균형을 이룬다고 교본화되어 있다. 과연 핵 무력 체제 전쟁 시대에도 그런가?

핵 무력은 국제 체제의 현상적 실체로서 월츠의 국제 체제 무정부론을 허무하게 만든다. 월츠가 말한 안보 역량이란 생존을 위한 군사무력이 중심이 되고 사실상 강대국 중심의 질서에 해당한다. 그러나 보유량의 다과와는 무관하게 동동한 지위를 갖는 핵의 전쟁 억지력의 평등성과 균등성은 전쟁 억지력에 관한 한 균형을 이룬다.

오히려 핵은 비핵 국가들로서는 강대국 중심 논리의 핵심이자 패권의 현상적 실체에 해당한다. 현재 핵 무력은 미국-러시아-영국-중국-프랑스 등이 공식 보유하고 있다. 모두 UN상임이사국이고, 인도와 파키스탄은 미국의 용인을 받았다고 할 수 있다. 핵 무력으로 국경을 맞댄 중국과 파키스탄, 중국과 인도, 인도와 파키스탄의 경우 핵 보유량의 수량적 다과와는 상관없이 이들 핵 무장 국가 간에는 '전면전'이 억지된다는 결과적인 측면은 동일하다. 어떤 형태로든 핵 무장 국가를 선제 타격 한다는 것은 불가능하다.

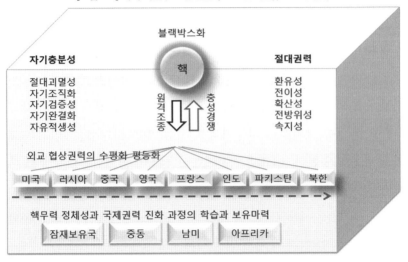

[그림 2-7] 세계 핵탄두 보유 현황 (2012년 기준)(표로 재작업)

셋째, 핵 무력은 국가성을 강화하고 권력과 가치국가 이익을 생성한다. 행위자로서 핵은 자신을 보유한 국가들에게 국제 관계 속에서 절대 무력 보유 국가로서의 새로운 차원의 외교적 지위와 역할을 획득하게 하여 준다. 그 행위 역량은 공포의 전쟁 억지력으로서 사용가치, 핵 기술 유출 가능성으로서의 교환가치, 핵 실력 검증 최전선 격돌 과정을 거치면서 확보한 국가 안보 역량이 되어 타국과의 외교 협상 테이블에서 유리한 지형을 선점하게 한다. 예를 들어 북한 핵무기 딜레마는 시간이 흐를수록 동북아 차원을 넘어서 전 지구적 차원의 안보 딜레마로 확장, 강화되어 갈 수밖에 없다.

미국으로선 지구상 최빈국의 핵무기 체제화, 미국과 전쟁에서 정전 중인 분단국가의 핵 무장화, 역사적인 반미 국가가 자생적인 핵무기로 무장된 첫 케이스로 등장했다. 북한 핵에 대한 미국의 대응과 협상의 딜레마는 다른 약소국가들에게는 '지표성'을 갖게 된다는 점에 있다. 무엇보다 북한의 핵 무장은 남한과 일본, 대만의 핵 무장 의지를 자극하여 도미노 현상을 불러일으킬 수 있다. 나아가 북한은 핵 관련 사회 기술적 구성의 노하우를 중남미나 아프리카 등지의 약소국가들과 경제적인 이득으로 교환하며 전이시키고, 전방위적으로 확산시킬 가능성이 있다안준호, 2011, pp.195-219; Noam Chomsky, 2001, p.38.

결론적으로 핵 무력의 행위성은 국가성을 강화하고, 권력과 가치국가이익를 창출한다.

넷째, 핵 무력의 행위성은 빅 브라더Big brother의 지배적인 주도 역량을 수평화·단위화시킨다. 중세 시대 왕권신수설에 따르면 힘은 신으로부터 왕이 부여받은 개념이다. 근대적 개념으로는 국가와 인간, 자본의 결합이었다. 그러나 1945년 세계 2차 대전 종전 이후부터는 '핵 무력' 체제 전쟁관리 시대가 도래한다. 핵 무력은 무력과 경제력, 국가와 자본, 인간과 과학 기술이 결합한 형태, 즉 국가, 경제력, 자원, 과학 기술과 인력이 엮이어 국가 역량으로 창출된다.[65] 핵 무력은 전쟁이라는 비평형 불안정성의 국제 정세 속에서 국가 + 경제력 + 지도자 결정 과정 + 과학 기술 + 물자 + 기타 역량 등이 총결집화된 네트워크 무력의 총화적 인물성이다.

---

65 한스 모겐소에 따르면, 국제정치는 주권 국가 간의 파워, 즉 국력(national power)을 둘러싼 투쟁이다. 국력은 지리, 천연자원, 공업력, 군비, 인구, 국민성, 국민의 사기, 외교의 질 및 정부의 질 등 9가지로 요소로 구성된다. 모겐소의 분류는 비인간을 포함하고 있다는 점에서 ANT 이론에 상당한 시사점을 제공한다.

3) 운명 정체성과 그 벡터

이제 "핵 무력은 어떻게 국제 관계의 핵심적 행위자로 그 지위와 역할을 구축하게 되었는가?"라는 단계로 나아가야 한다. 국제 관계와 외교의 일차적인 목적은 국가 간의 상호 생존에 있는 바, 핵무기는 그 근본적인 딜레마를 해결하여 주는 절대적 파괴력이라는 안보 권력, 그 자체에 해당하기 때문이다. 핵 무력은 국제적인 집합 네트워크와 정부과 함께 삼위일체적으로 융합·교직하여 국제 안보 권력을 생성하는 관계망의 총화 체제를 구동한다. 한마디로 국제 네트워크, 핵 무력, 국가성은 서로 행위자로서 행위 역량을 서로 바꾸어 가며 새로운 모습의 인물성 네트워크로 확장시켜 나간다. 따라서 핵 무력은 그 잉태와 탄생 과정에서부터 국제 관계의 행위자적 지위를 누리게 된다. 유엔안보리와 세계원자력기구IAEA, 핵확산방지조약NPT은 핵 카르텔 국가 외에 또 다른 핵 무력의 탄생을 억지하려는 행위자 집합네트워크에 해당한다 Noam Chomsky, 2004, pp.301-302.

핵 프로그램 개발을 추진하는 국가는 이들 국제 네트워크 행위자그룹과 진리성 검증을 위한 언어와 행동의 최전선 격돌을 벌이게 된다. 따라서 재래식 철제전쟁과 핵 무력 체제전쟁은 그 차원과 수준이 전혀 다른 네트워크의 속성과 정체성과 행위성을 의미한다. 전술한 바와 같이 재래식 무기체제의 관계망은 인간과 국가가 관리하고, 핵의 관계망은 국가나 국제기구의 단독관리가 불가능하다.[66]

---

66 케네시 월츠(Kennth Waltz) 등 세력 균형 이론과 일반 국제 정치 패러다임은 이 지점에서

핵 무력은 자기 충분성 속에서 자생적 조직화를 통해 국제 관계를 구성하고 재구성하는 과정을 역동적으로 전개하는 행위자 연결망 자체이다. 1945년 출현한 미국 핵 무력은 국제 관계의 힘의 구심점을 미국 중심으로 편성하고, 1990년대 구소련 연방의 해체 이후에는 중국 핵 무력 포위 전략을 전개하여 왔다. 중국은 러시아-인도-파키스탄-북한 핵과 일본-남한-대만-베트남-호주-뉴질랜드의 미국 핵우산으로 포위되어 있다.

[그림 2-8] 1945년 이후 미국의 태평양 안보 세력 관계 도해

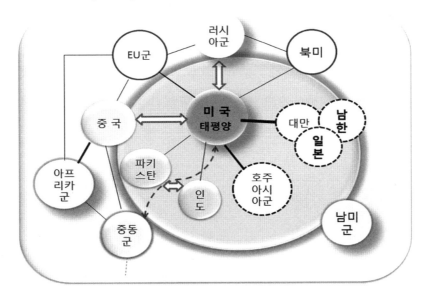

1970년 닉슨 대통령이 결단한 베트남 철수와 미-중 데탕트는 1964년 중국 핵 실험 성공과 무관치 않다. 이는 아시아-태평양권을 핵 안보 무

난점을 겪게 된다고 할 수 있다. 따라서 핵을 무력(武力, superpower)이 아닌, 무기(武器, weapons)로 번안했다.

력으로 지키면서 유럽의 대 소련 안보 경쟁력을 강화시키려는 전략으로의 전환이었다. 결국 소련 체제는 붕괴되었고, 사회주의 연방은 해체되었다. 그러나 소련의 핵 무력 체제는 결코 손상을 입지 않았다는 점을 주목해야 한다데니스 프로리그 Dennis Florig, 2005, pp.47-60. [그림 2-8]은 1945년 이후 미국과 국제 관계의 도해에 해당한다. 그림 속에는 1990년대 초, 소련 연방 해체와 독일 통일을 미국의 승리라고 주장하는 견해들이 핵 무력과 국제 관계에는 전혀 해당되지 않는 진실을 보여준다.

[그림 2-8]에서 보는 바와 같이 제2차 세계 대전 이후 미국은 미국 달러의 기축통화를 기반으로 하고 일본과 한국과 대만, 호주와 아시아권을 핵우산 안보 동맹화함으로써 태평양 권력의 안보와 이익을 사실상 독점적으로 유지하여 오고 있는 사실은 두말할 나위가 없다. 아시아 대륙에서 잠재력을 가진 중국은 인도와 파키스탄, 러시아의 핵무기 무력 권역에 의해 포위되었고, 태평양권으로는 일본, 남한, 대만, 호주라는 미국의 핵우산이 존재하기 때문에 중국의 태평양 진출을 자동적으로 저지하고 있는 형세이다. 1990년대 구소련 해체 이후 중국흥기론이 제기되면서 펼쳐진 중국 포위 전략의 핵심적 역량은 핵 무력 체제였다.

1945년 이후 미국은 전쟁 절대 무력인 핵과 상호 작용 및 공명을 하면서 상호 강화, 상호 진화, 상호 확장이라는 자기 보존과 생성의 법칙에 따른 윈-윈win-win전략을 펼쳐왔다. 미국에게 핵 무력은 외교 역량을 창출하면서 무정부 상태의 국제 체제를 핵 무력 중심으로 번역하면서 관계를 재조립하는 절대 무력이자 현재 진행형의 인물성人物性 네트워크의 총화이다Nick Richie, 2010, pp.465-487, pp.467-468.

핵 무력은 곧 국제 체제이자 기구이며, 현실적인 안보 역량의 총화에 해당한다. 우리나라 정치학계에 영원성을 갖는 금과옥조로 여겨지고 있는 케네시 월츠의 국제 체제는 무정부 상태라는 정의는 재검증이 불가피하다.[67] 이는 1977년에 이미 최영이 통찰하여 제시했다. 핵 무력은 인간화된 전쟁 역량의 총화로서 세계 무력 체제이자 권력 기구이다.

---

67 케네시 월츠의 '국제 체제의 무정부성' 개념은 국제정치학의 영원성을 갖는 금과옥조처럼 여겨진다. 우리나라에 최영이라는 학자가 있다. 서울대와 정치학과를 나온, 육사교수였던 그는 1977년에 이미 핵은 국제 체제이며 기구라고 갈파한 바 있다. 그에 따르면 월츠의 무정부이론은 1977년에 이미 무너진다. (최영, 『현대 핵전략이론』, 서울 일지사, 1977)

북한 핵의 기원은 언제 어디로부터인가?
북한 핵 무력의 운명 정체성 구축 과정
북·미 핵 실력 로고스 게임 최전선(frontline) 격돌 과정
북한 핵 무력의 세계 권력 네트워킹과 그 벡터

제 3 장

북한 핵 무력의 운명
정체성과 그 벡터

> 1 <
북한 핵의 기원은
언제 어디로부터인가?

1) 한국전쟁: 최초의 핵 무력 체제 전쟁

(1) 준비기: 1947년 제1차 우라늄 탐사를 통한 기술 확보

"북한 핵 무력의 기원은 언제인가?" 이 물음에 충실한 해답을 찾으면 북한 핵 개념과 국가 운명 정체성을 파악할 수 있다. 국내 대부분 학자들은 북한 핵무기의 기원을 1955년 원자 및 핵물리학 연구소 설치, 혹은 1956년 3월 '조·소 원자력협정'으로 잡는다이춘근, 2005, p.72.

그러나 그렇게 간단치가 않다. 북한 핵 무력의 기원은 북한이라는 국가의 특성을 감안하여 물리적 기원과 사상적 기원이라는 두 갈래의 성격으로 나뉘어야 한다. 사상적 기원은 역사적 기원과 같다. 역사적으로는 반제 전쟁 수행이라는 관점에서 1932년 항일 무장 투쟁기로, 김일성 사상이라면 1946년 '과학 기술'을 강조한 기록이 남아 있는 과학 분야 유학생 파견, 김일성이 소련의 핵 개발을 알아챘다면 1949년 조·

소 우라늄 공동 채굴과 수출 시기가 해당된다. 특히 1945년 8월 7일 미국 핵 무력의 일본 폭격과 일본의 무조건 항복은 가장 확실한 역사적 경험에 해당한다.

물리적 기원은 1947년을 준비기로 잡고, 6·25 전쟁 과정을 경험과 학습기로 규정한다. 1945년 해방 직후부터 북한 지도부는 경제 정상화를 위해 과학 기술자를 확보하는 데 집중했다김일성, 1946.3.6. 1946년에 전국적으로 과학 기술자를 확보하기 위한 조치를 취하였고 이를 바탕으로 1946년 10월 17일에 제1회 과학자·기술자 대회를 개최하였다. 이러한 정책적 흐름은 1947년 2월, 북한 최초의 과학 분야 중앙 연구소인 〈북조선 중앙연구소〉의 설립으로 연결된다이춘근, 2005, p.72.

소련은 1945년 한반도 분단 이후 자국의 핵무기 개발을 위한 모나자이트를 비롯한 여러 광물을 채취하여 갔고Oberdorfer, 2002, p.7, 북한은 1947년부터 소련 전문가의 도움으로 우라늄 광산에 대한 탐측을 시작하여 한국전쟁 직전까지 약 9천 톤의 우라늄 원석을 채굴하는 등 1949~1950년부터는 대동, 신진 등 광산에서 대규모 우라늄 채취 작업을 개시하여 전량 소련으로 수출했다Oberdorfer, 2002, p.377.

북한은 1940년대 말부터 지하 우라늄의 탐측, 채취, 보관 등에 관한 기술을 축적해 가지고 있었다. 1964년에는 전국적으로 우라늄광 재조사 작업을 벌여 채취할 수 있는 매장량이 400만 톤으로 자신들의 우라늄 매장량이 세계에서 몇 손가락 안에 꼽힐 정도라는 사실을 알았다. 우라늄과 더불어 핵무기 제조에 중요한 또 다른 광물인 흑연 매장량도 풍부하다. 이제 핵 기술 문제만 남은 셈이었다. 1947년 북한은 소련과 공동 우라늄 채취를 하여 소련에게 공급한다. 1947년부터 북한과 소련은 대응한 관계에서 핵 무력 개발 네트워크를 형성하고 공동 개발을 추진했다는 의미가 된다. 소련은 1949년 핵 실험에 성공한다.[68]

(2) 학습기: 6·25 전시 중에 세운 북한 과학원

1951년 중반부터 한국전쟁 전선은 이전 38선 부근에 고착화되고 정전 협상이 진행되었다. 이후 1952년부터 전쟁의 양상은 정전 협상 이후를 대비하기 위한 성격으로 전환된다. 이에 따라 북한은 과학 기술자를 비롯한 고급 인력들을 후방으로 소환하기 시작하였고, 휴교했던 대학들을 정상화시키기 시작하였다.

이와 함께 6·25 전시 중인 1952년 5월 7일 조선 과학아카데미 창립 준비위원회를 발족시켜 5년 전 무산되었던 중앙과학 기술연구소를 설립하기로 하였다. 1952년 10월 9일에는 과학원 조직과 관련한 내각 결정이 채택되어 10명의 원사최고 과학 기술자 칭호, 15명의 후보원사 및 과학원 원장, 부원장, 서기장, 부문위원회 위원장 등이 선출되었다. 그리고 북한 최고의 과학 기술 연구기관이자 행정기관인 〈과학원〉이 6·25 전시 중인 1952년 12월 1일 창설되어, 이날 평양 모란봉 지하 극장에서 개원식을 거행하였다.

---

68 소련 스탈린 체제가 북한 김일성에게 한국전쟁을 승인한 배경과 연결되어 있음을 추정할 수 있다. 확인되지는 않았으나 소련이 1947년부터 우라늄 원석을 전량 수입한 사실에 비추어 보면 1949년 소련 핵 실험에 사용된 우라늄은 북한산일 가능성이 있다. 참고로 미국 맨해튼 프로젝트(Manhattan Project)에 사용된 우라늄은 남아프리카공화국산이고, 남아공의 핵무기 개발역사는 1948년으로부터 시작된다. 조명철·김지연·홍익표, 「핵 포기 국가에 대한 국제사회의 경제 개발 지원 경험이 북한에게 주는 시사점」, (서울: 대외경제정책연구원, 2010, pp.47)

1955년 4월, 과학원 제2차 총회에서 원자 및 핵물리연구소를 창설한 북한은 1956년 소련과 '핵에너지 평화 이용 협력 협정조·소 원자력협정'을 맺었고, 같은 해 6월 동유럽에서 개최된 원자력의 평화적 이용에 관한 국제회의에도 북한 과학원에서 6명의 학자가 참석했다.

이후 북한은 적지 않은 과학자와 기술자를 소련에 파견해 소련의 핵 기술을 배워왔고, 국내에도 방사화학연구소를 설립하여 관련 설비를 갖추기 시작했다. 북한의 과학자·기술자들이 연수한 곳은 소련 두브나의 '연합 핵 연구소'이다. 모스크바에서 북쪽으로 110㎞ 떨어진 두브나시에 세워진 이 과학 기지에는 소련 최대의 핵 실험실이 있었으며, 왕간창, 저우광자오, 자오중야오, 팡서우셴 등 중국의 주요 핵물리학자들도 이곳에서 배양됐다.

1956년 이 연구소의 설립 이후 1990년 북·러 사이 과학연구 협력이 중단될 때까지 30여 년 동안 모두 250여 명의 북한 과학자들이 이곳을 거쳐 갔다. 이후 1960년대부터 북한은 핵물리학核物理學 연구진을 자체적으로 길러냈다.

1962년 평북 영변에 〈원자력연구소〉를 세운 데 이어 김일성종합대학과 김책공업대학에 핵물리核物理학원을 설립해 핵 과학자와 기술자를 양성했다. 1965년에는 영변에 소련의 도움으로 IRT-2000 연구용 핵 반응로를 건설했다. 1968년 영변단지에 0.1MWt 소형 임계 시설을 소련에서 도입, 설치하여 본격적인 핵분열 연구에 돌입했다. 닉슨독트린이 있었던 1969년부터 북한은 '국책 사업'으로 핵무기 개발에 본격적으로 손을 댄다.

(3) 자생적 핵 기술과 핵물질 기반 구축기

북한은 1970년대 본격적인 원자력기술과 핵물질의 자립기반을 구축하기 시작했다. 우라늄 매장량을 재조사하는 한편, 핵연료 전환 주기, 즉 우라늄의 정련, 변환, 가공 등을 연구하여 자체 기술로 연구용 원자로의 출력을 증강했다. 1975년에는 최초로 그램g 단위의 플루토늄을 추출하는 데 성공했고, 소련의 지원을 받아 영변 지역을 중심으로 상당수의 핵 관련 연구소를 설립했다이춘근, 2005, p.73; 김성회, 2009, pp.224-227.

1980년대 이후에는 본격적인 원자로 건설과 핵무기 개발 단계에 들어간다. 1980년부터 5MWe 원자로를 자체 기술로 건설하여 1986년부터 가동하기 시작하였고, 1983년에는 우라늄 농축의 전 단계로 이산화우라늄UO_2을 육불화우라늄UF_6으로 전환하는 공정을 개발했다. 1985년에는 소련과 맺은 「원자력 발전소 건설을 위한 경제 기술 협조 협약」에 의거하여 50MWe급과 200MWe급 원자로를 추가로 건설하기 시작했고, 1985년부터는 원자로 옆에 플루토늄 재처리 시설인 '방사화학실험실'을 건설하여 1989년부터 부분적인 가동에 들어갔다.

제3차 7개년 계획1987~1993 기간에는 구 사회주의 국가들의 몰락과 대외 무역 침체, 자연재해 등으로 재정 압박이 심각한 상황에서도 핵 관련 설비 도입과 건설, 연구에 막대한 경비를 투입하였다. 당시의 주요 연구 과제에는 원자력의 개발과 이용, 핵에너지의 평화적 이용, 신형 전환로, 고속 증식로 개발, 레이저법과 화학교환법 등의 우라늄 농축 기술, 핵융합, 재처리, 방사성 폐기물 처리에 관한 기술 개발 등이 있었다.

(4) 월북 물리학자들: 북한 핵물리학 주도

북한의 초기 핵 연구는 도상록都相錄, 한인석韓仁錫, 이승기李升基 등 월북越北 과학자들이 주도했다. 일본 교토京都대학에서 이론理論물리학을 전공한 도상록1903~1990은 해방 후 서울대 교수를 지내다 1946년 5월 월북, 김일성종합대학 물리학과 주임을 맡았다김기현, 동아일보, 2006년 10월 17일.

한인석은 해방 후 연세대 교수로 재직하다 월북한 뒤 김일성종합대학 고급 교사教授를 맡았으며, 모스크바에서 장기간 첨단 물리학을 배우고 돌아와 1960년대 대량의 핵물리학 관련 논문을 발표했다. 전남 담양 출신인 이승기는 1939년 교토대학에서 응용화학으로 공학박사 학위를 받고 서울대 공과대학장으로 재직하다가 6·25 때 월북했다. 1940년대 초반, 석탄으로부터 합성 섬유 1호를 개발한 그는 1961년 비날론 생산을 주도했고, 영변원자력연구소장1967과 과학원 함흥분원장1987을 지내는 등 북한 과학계를 대표하는 인물이다.

북한은 현재 핵 개발 핵심 고급 인력 200명을 포함, 전문 인력 3천 명, 기술 인력 6천 명 등 총 9천여 명의 핵 과학 인력을 보유하고 있다. 북한의 핵 관련 연구 인력은 북에서 가장 우수한 인재들로 채워지고 있다. 현재 대략 3천 명의 과학·기술자들이 핵 관련 연구 개발 분야에서 일하고 있으며, 이 가운데 고급 인력은 200여 명이라고 전해진다함형필, 2009, pp.64-66.

1989년 5월, 주로 기술 인력을 배출해온 김책공업종합대학의 연구진이 「실내 온도하 핵융합 반응의 실현」이란 수준 높은 논문을 발표해 세계를 놀라게 하기도 했다. 냉각 상태가 아닌 실온 상태라는 점이 주목된다주성하, 동아일보, 2010.5.13; 로동신문, 1989.5.8.

요약하자면, 1945년 8월 미국 핵의 일본 본토 투하와 무조건 항복 소식을 접하면서 항일 빨치산 세력이었던 김일성 등은 핵이라는 절대적 파괴력을 지닌 신무기의 등장에 놀랐을 것이다. 한국전쟁의 시작에서부터 정전 협상에 이르는 과정에서 중공군과 북한군은 미군의 핵 무력 투하 가능성이란 공포스러운 정보와 소문에 벌벌 떨었다. 한국전쟁에서 트루먼과 맥아더 간에 전개된 핵 투하의 끊임없는 '공포의 위협'은 핵 체제 전쟁이 갖는 공포의 심리전이었다.

미국 핵 투하를 억지한 결정적 행위자는 1949년 핵 실험에 성공한 소련의 한반도 대칭핵 억제력이었다. 소련 핵은 대칭 핵 보유 국가에게는 핵은 종이호랑이라는 주장을 정설로 입증했다조명철 · 김지연 · 홍익표, 2010, pp.47; Oberdorfer, 2002, p.377.

김일성에게는 한국전쟁기 미국 핵 투하를 억지한 행위자는 소련 핵에 해당하고, 이후 냉전기에는 소련과 중국1964년 핵 실험의 대칭핵 억지핵우산가 행위자였으며, 그리하여 탈냉전 이후 북한은 최후의 자위적 · 자주적 · 자생적인 안보 행위 역량으로서 핵 무력의 개발을 선택하게 되었다이춘근, 2005, pp.72-73, p.75.

역사적 과정의 맥락과 국면에서 볼 때 북한에게 미국 핵 무력의 정체성은 세계 제2차 대전의 종결 무력이자 제국주의 미국 패권의 현상적 실체이며, 한국전쟁을 공포의 심리전장으로 몰아넣은 진리성 입증 게임logos game의 진원이자, 한국전쟁 이후부터는 끊임없이 북한의 안보를 공포 속으로 위협한 패권 무력의 현상적 실체로 규정된다.Nick Richie, 2010, pp.465-487.

북한 핵 무력의 기원은 미국 핵 무력에 있다. 한국전쟁과 냉전을 거치면서 소련과 중국 핵 무력이 미국 핵 무력을 대리 억지하여 주었으나 냉전 와해와 함께 자생적, 독자적으로 개발하여 보유해야하는 자위적 안보 무력으로 그 지위와 역할이 주어진다양무진, 2013, p.44.

다시 강조하지만, 한국전쟁은 최초의 핵 무력 체제 전쟁이었다. 공포의 증폭burnes fear은 핵 체제 전쟁의 일환이다. 중공군과 북한군은 핵 무력의 절대 무력적 성격이 빚어내는 공포감을 절감했고, 김일성의 정전 협상을 강요했다. 한국전쟁기에 경험한 미국 핵에 대한 악몽과 개념 획득은 북한이 구소련 연방의 해체와 함께 1992년 핵 개발을 선언하면서 재현된다. 북한은 입장을 역전시켜 대미국 공갈과 협박, 도발과 침묵, 협상과 지연 전술을 펼치면서 핵 개발과 진화를 위한 시간의 쟁탈전쟁, 즉 진리성 입증게임을 전개한다.

2) 북한 핵 무력의 사회 기술적 구성과정

핵 무력의 기원은 세계 2차 대전과 미국에게 있다. 세계 전쟁이라는 혼돈의 국제 정세와 미국과 유럽 연합군이라는 거대 집합 연결망은 대량 살상과 총력전을 종식할 수 있는 절대성을 가진 무력을 요구했고, 그 물리적 구현의 형태가 핵 무력이라는 인물성 네트워크의 총화이다. 종전 이후 절대 무력의 리바이어던으로 등극한 핵 무력은 제국주의 안보 권력의 핵심이자 패권무력의 현상적 실체로 그 위상과 역할을 구축했다존 벨러미 포스터(John Bellamy Foster), 2007, pp.40-49.

세계 전쟁이라는 거대 연결망 다발이 핵 무력을 발명했다. 그러나 무력의 역전된 행위성은 다시 무정부 상태에서의 국제 구조를 빅 브라더미-소 양대 패권 체제로 재구성했고, 연이어 중국-영국 등 강대국들에겐 자구적 차원에서 핵 무력의 보유라는 도미노로 전이되고 확산된다.

그로부터 불과 50여 년 만에 동북아 사회주의 최빈 분단국이자 전쟁이 일상화되어 있는 군선독재 체제가 개발하여 국제 권력으로 네트워킹하고 있다. 상식을 비월한 상상의 차원이 현실화되었다. 북한 핵의 출현은 미국 '핵 무력'의 환유적·축쇄판적 탄생 과정이다.

미국은 1945년 이후, 제2차 대전 종식과 전후 세계 중심축 국가로서의 지위와 역할에 미국의 국가 운명의 운명선이 목표화되어 있었다. 1978년 후반 핵우산 중국이 노선을 전회하고, 80년대 후반 소련 연방마저 해체되었다.

냉전 해체 사태라는 중대한 국제 정세의 변화에 따라 북한 김일성-김정일 체제는 자생적인 핵 개발을 통해 1991년 이후 내외적인 체제 붕괴 위기에 대처하고, 조성렬, 2013, p.83 '핵을 가진 경제 강성 대국'이라는 국가목표를 운명화하여 한반도 관련 안보 권력의 주도권을 쥐려는 목적을 지향하고 있었다.

북한 핵 줄현의 사회 기술적 구성 과정에서 시간의 비축성과 체제의 독재성과 역량의 통일성이 매우 중요하게 작용했다. 즉, 북한은 이미 1950년의 한국전쟁에서부터 지금까지 미국과 핵 검증 최전선 격돌 전쟁을 전개하고 있다. 2003년 이후 6자회담 기간 동안 전개된 최전선 격돌의 특징과 양상은 북한은 부시정권과 이명박-오바마 정권과의 쉼 없는 말과 행동의 최전선 국면들을 전개하는 동시에 또 다른 북한만의 시간을 만들어서 그 생성된 자신들만의 시간을 통해 핵 프로그램 개발을 공진시킨다. 사실상 2009년 제2차 핵 실험이 그 완성의 결정판에 해당하고, 그 이후는 필수 통과점opp을 통과하여 네트워킹의 진화를 거듭했다.

[그림 3-1] 김정일의 실험실과 사회 기술적 구성 과정

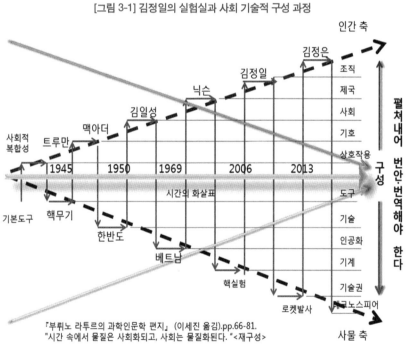

『부뤼노 라투르의 과학인문학 편지』 (이세진 옮김).pp.66-81.
"시간 속에서 물질은 사회화되고, 사회는 물질화된다. "<재구성>

참조: 직선의 화살표는 뉴턴적, 곡선이 현대 과학의 시간의 화살표이다.

북한 핵의 성격과 특징을 구명하기 위해서는 '시간의 ANT'에 입각하여 핵 무력을 인물성 네트워크 행위자로 국제 관계에 적용하면 정합성과 타당성이 확보된다.

북한 핵 무력은 북한이라는 집합 네트워크 다발의 핵심역량으로서의 내적 맥락과 국면, 한반도와 국제 관계라는 외연적인 맥락과 국면의 두 갈래로 분기한 뒤 다시 만나 통합된다. 이런 과정은 마치 파스퇴르가 자신의 실험실과 정부와 군중 그리고 농장의 실험실을 넘나들면서 이 세상을 실험실화하여 새로운 백신의 실력을 검증하여 나가는 과정과 부합한다Latour, 1983, pp.141-170.

북한 핵 무력은 김정일 체제 스스로 ① 주체사상의 물리적 구현체로서 사회 기술적으로 구성되었고, ② 북한 핵은 전 지구적 차원의 핵 아카데미 국가로 네트워킹을 시도하며, ③ 북한 핵은 북·미 관계에서 '미국 핵과 운명을 함께with'하겠다는 미래 벡터를 자증하고 있는 인물성적인 네트워크의 총화에 해당한다.

북한의 역사적 맥락과 국면에 대입한다면 김일성 시대 북한 체제를 지도한 주체사상은 정신으로서의 경향성파동으로만 존재하고, 김정일 시대에 들어와 '선군정치에로의 계승적 노선 선회'를 통해 그 물리력입자이 눈앞에 구현된 형태가 핵 무력이다.[69]

따라서 북한 핵 딜레마는 단위국가의 차원을 초월한다. 예를 들어 북한의 김정일-김정은 체제가 무너진다고 해도, 새로운 지도자와 정부

---

69 김정일 선군 정치는 정확한 해석이 뒤따라야 한다. 어느 국가, 어느 정권이든지 국가 안보가 제1순위이다. 따라서 모든 국가는 정부의 틀을 '군선론'에 입각하여 가동한다. 미국, 중국, 남한도 모두 군선론을 국가의 중심축으로 최우선한다. 김정일 체제에 들어와 '선군 정치'를 하였다는 사실은 김정일식 노선 선회의 표현 방식의 선과 군의 치환에 불과하나. 중국 덩샤오핑의 노선 선회가 미국의 협력 아래 이루어진 당 노선의 개혁 개방이었다면, 당 노선의 개혁 개방에 좌절된 김정일 체제로서는 군선 노선이 유일한 선택지였다. '선군정치론'에서부터 북한은 이미 핵 프로그램 개발의 목표를 설정하고 있다.

는 주체사상과 '핵 무력'이라는 사상적 주체사상의 측면과 안보적 무력의 측면에서 통치의 절대 능력을 꽉 틀어쥘 수밖에 없다. 즉, 핵 무력은 김정일-김정은 북한 체제 붕괴에 따른 국가 운명을 읽어내는 여러 가지 시나리오들에 대한 예측과 번역의 산술적 계량화를 무의미화시킨다.

요약컨대 북한 핵 무력은 김일성의 항일 무투와 건국, 한국전쟁과 주체사상, 미-중 데탕트와 7-4 남북공동성명, 중국의 노선 선회와 구소련 연방 붕괴 도미노, 개혁 개방 실패와 경제 실패, 김정일의 권력 승계와 선군 사상, 과학 기술과 자본 투입 등 북한의 국가 운명의 사활을 건 '최후의 도박'적 성격이 분명히 있다. 북한에게 핵 무력은 역사 운명적, 주체사상적, 당과 인민 역량의 총화인 거대 인물성人物性 네트워크에 해당한다Latour, 1986, pp.264-280; Selig S Harrison, 2003, p.62.

첫째, 행위자로서 핵 무력은 북한 국가 운명의 미래 벡터를 '핵 무력 아카데미 국가'로 네트워킹할 가능성이 높다. 즉, 북한 핵은 반미 이슬람 국가 등 비핵보유국들에게는 핵 무력의 지위와 편재성에 대한 전 지구적 차원의 학습효과를 낳고 있다. 즉, 제2차 세계 대전 후, 미·소 양강 체제 그리고 구소련 연방의 해체 뒤 미국 단극 패권 체제하에서 핵무기는 빅 브라더만이 독점하는 성역적 절대 무력 개념이었다.

그러나 북한 2차 핵 실험 뒤부터 핵 브라더들의 핵 독점 체제가 무너지는 광경이 목격되고 북·미 핵 협상 과정을 지켜보면서, 북한 핵 무력 보유 과정의 전략과 전술에 대한 학습효과를 누리고 있다. 북한 핵 딜레마는 이미 핵 무력이 빅 브라더와 그 핵 카르텔 국가들의 전유물이 아니라는 사실이 확인되는 점에 그 심각성이 있다.

북한은 동아시아 사회주의 저개발·최빈국으로 분류된다. 북한의 핵 무력 보유는 전지구상 어떤 나라도 핵 무력을 보유할 수 있다는 편재성의 길을 열어 놓았다Latour, 2002, pp.247-260.

북한 핵 무력의 운명 정체성의 미래상은 '핵을 보유한 경제 강성 대국'이라는 북한의 국가 목표와 벡터로 디자인되었다. 북한은 핵 프로그램 개발을 지속시키는 동안, 미국과 핵 무력의 폐기 협상과정을 통해 시간을 비축하기 위해 고단위적이고 격렬한 '핵 능력 검증 최전선 격돌' 과정이라는 외교적 고도 전술을 전개한다.

둘째, 북한은 말 대 말, 행동 대 행동의 원칙, 언행일치의 원칙을 주장하면서 미국의 사실상의 국제적인 경제 봉쇄 조치와 경제난 속에서도 김정일 정권하에서만 두 번의 핵 실험, 두 번의 미사일 발사 실험, 나아가 한반도에서 두 번의 국지적 도발을 감행하고도 물리적으로 보복당하지 않았다.

북한의 미래상은 주체사상=선군 사상과 핵 무력 국가, 앞으로는 경제 회생이다. 결국 북한의 미래 국가 이념은 '핵 무력을 보유한 경제 강성 대국'이고, 1945년 미국이 그랬던 것처럼 2013년 이후 북한 핵 무력은 한반도의 안보 체제이자 기구라는 기본적 인식을 기반으로 하고 있다.

셋째, 북한 핵 무력의 성격은 역사적 국면과 맥락 속에서 구명될 수 있다. ① 북한 핵은 중국의 노선 선회와 구소련 연방의 해체 속에서 착상되었고, ② 부시 미 행정부와 중국 주도 6자회담이라는 자양분 속에서 양육되었고, ③ 부시·노무현, 이명박·오바마 정권 10년 동안 진화를 거듭했다. ④ 북한 핵은 중국에게는 '핵을 보유한' 변강 오랑캐 국가의 탄생이고, ⑤ 미국에게는 태평양 안보권의 직접적인 위협이며, ⑥

핵 프로그램 개발 욕망이라는 마력의 지구적 확산의 출발점에 해당한다. ⑦ 현실적으로 북한 핵은 한반도에 물리적으로 전쟁의 억지 권력을 구축했고, ⑧ 중-미 관계의 새로운 지위와 역할에 대한 재조립을 강제한다. 동시에 ⑨ 북한 핵무기 체제 현실화는 UN 헌장, IAEA, NPT의 관련 규정의 재조립을 강요한다.

> 2 <
북한 핵 무력의
운명 정체성 구축 과정

1) 북한 핵 무력의 국제 권력 네트워킹: '반미 비중 자주노선'

북한 핵은 안보를 기반으로 한 태평양의 세력균형과 국가 이익 관계에 크나큰 상수의 출현을 의미한다. 중국으로서는 '핵 무력 북한'이라는 국가 정체성은 '역사적 혈맹국가'에서 역사적으로 '중국을 위협할 수 있는 상수常數'로서의 '핵을 가진 변강 오랑캐 국가'의 탄생에 해당한다. 핵을 가진 오랑캐 국가는 자주 외교 노선에 따라 '친미연중親美聯中노선'을 설정한 뒤, 중국과 미국 간 갈등적 편승 외교를 펼친다면 중국으로서는 최악의 변강邊疆상황이다.

미국으로서도 딜레마이다. 미국에게는 '핵 무력을 보유한 북한'이란 체제는 '침공할 수 없는 강한 안보 국가'에 해당한다. 그렇다고 북한의 핵을 인정할 경우에는 남한과 일본, 대만의 핵 무장의 대의명분을 제공한다. 따라서 미국은 북한과 대화하면서 중장기적으로는 핵 동결과 불사용의 선언을 이끌어내는 억지 전략으로 전환할 수밖에 없다.

왜냐하면 '핵을 가진 북한'은 태평양권에서의 미국의 사활적 국가 이익을 현실적으로 위협한다. 나아가 미국이 상대적으로 소홀하고, 취약할 수 있는 중동 국가군이나 아프리카 국가군, 남미의 국가군으로 북한의 핵 기술과 노하우 혹은 핵 프로그램과 노하우가 학습되고, 전수되고, 이동되는 상황이 발생한다면 전 지구적인 핵 편재화라는 딜레마에 봉착할 수 있다.

[그림 3-2] 핵 변강(오랑캐)국가의 출현과 태평양 세력 균형 변동 도해

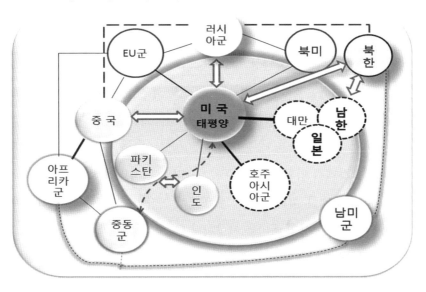

미국의 '클라우제비츠'라고 불리는 버나드 브로디Bernard Bordie가 1946년 원자 폭탄을 '절대무기'라고 표현했다. 핵 무력은 북한에게 태평양 권역이라는 사활적인 국가 이익을 놓고 경쟁하는 미국과 중국 사이의 잠재적 매개자agent로서 그 안보적 지위와 외교적 역할을 네트워킹하기를 강요한다.

핵 무력은 북한에게 "미국을 우호적인 대화와 협상국가로 선택할 수

있다"는 지위와 권력에 대한 자신감을 부여했다. 예를 들어 집권 2기의 오바마 미 행정부가 북한과 직접적인 대화와 협상을 통한 북한 핵 억지와 동결이라는 노선을 선택한다면, 박근혜 남한 정부는 한-미동맹의 현실에 따라 편승하게 된다. 반면, 중국으로서는 북한 핵을 잘못 관리할 경우 '핵을 가진 새로운 변강오랑캐국가 북한'을 더 이상 통제할 수 없게 된 상황에서, 일대일로一帶一路의 태평양 진출은 커녕 입술에 바늘이 꼽힐 수도 있다.[70]

[그림 3-2]는 북한 핵 무력의 진화와 네트워킹으로 역동되는 태평양 국제 관계를 4차원의 동영상으로 사상화寫像化, maping하여 보았다. [그림]에서 보듯이 중국이 가장 경계하는 전략적 사상은 북한이 급속도로 미국과 우호적 관계를 맺고, 한반도에서 중국의 입김이 약화되는 상황이다. 이럴 경우 북한은 태평양 권역을 놓고 형성된 미국과 중국의 대륙 패권의 경계를 명확하게 구분하고 드러내는 지표적 성격을 띤다. 북한 핵 무력에 대한 미국과 중국의 표면적 입장과 그 심층적 내면은 판이하게 다른 다중성의 벡터를 지향한다.

일단 현재의 패권 미국은 북한 핵을 인정하지 못하고 폐기시키겠다는 입장이고, 중국은 북한 핵을 자신들이 핵 수레가 되어서 싣고 가겠다는 입장에 설 수밖에 없다. 미국은 미-중-러-영국-프랑스 등 기존 핵

---

[70] 북-중 관계를 변강학적으로 순망치한(脣亡齒寒, 입술이 없으면 이가 시리다)에 비유하는데 시로 돕던 사이 중 한쪽이 망하면 다른 한쪽에게도 악영향을 미친다는 뜻으로 중국의 춘추 전국시대에 실제로 괵나라와 우나라, 진나라의 국가 사이에 발생했던 역사적 사실에 해당한다. 중국은 한족(漢族)이 아닌 이민족을 모두 야만적인 침략자를 의미하는 이(夷)로 칭해왔다. 「삼국지 위지 동이전」에 표시된 동이는 한(韓)민족을 의미한다. 역사적으로 북한에게 중국은 대륙 오랑캐이고, 북한은 동쪽 변강 오랑캐에 해당한다.

카르텔 국가들의 핵 무력만을 인정하고, 이들에 의한 핵 독점 관리의 원칙을 갖고 있다. 이 같은 미국의 전략은 모든 힘이 미국으로 향한다는 점에서 구심형적 패권의 성격을 띤다.

핵 무력은 북한에게 동북아 안보와 세력 균형에 새로운 국면의 생성이자 새로운 맥락으로의 전환이라는 지위와 역할을 부여하고 있다. 북한 자신조차도 초기에는 이와 같은 핵 무력이 지닌 국제무력으로서의 외교적 역량과 잠재적 위력을 알지는 못하였던 것으로 보인다.[71]

요약하자면, 북한 핵이 미국 패권에 미친 함의는 ① 전쟁 성격과 양상의 전환, ② 군산복합체의 무의미화, ③ 보병 군사력의 무의미화, ④ 태평양권 세력변동이라는 환유적 학습을 낳고 있다는 것이다. 중국에게는 북한 핵 폐기를 위한 목적으로 구성된 6자회담을 주도하는 동안 중국이 의장국으로서 홀로 누려왔던 국가 이익에 대한 반성적 국면에 도달했다고 할 수 있다.

중국의 변강사적 역사에서 볼 때 '북한의 핵 보유'는 중화민족을 거스르는 '핵을 가진 변강 오랑캐 국가'의 출현을 의미한다.[72] 김정일 국방위원장의 유서에도 적시되었듯이 북한 체제에서 공시적인 적으로 미국, 통시적인 적의 개념으로 중국을 표적화한 이유도 중국에 대한 역사적 긴장 관계와 김정은에 대한 경고적 성격을 담고 있다정진탄, 『뉴시스』, 2012.4.13.

---

71 북한의 NPT 가입과 IAEA 가입 등의 절차가 너무 쉽게 이뤄졌다는 점에서 북한의 핵무기에 대한 인식 수준의 단계가 지적되기도 한다.

72 역사적 맥락과 국면에서 볼 때 변강국가는 '오랑캐 국가', 즉 북한은 핵을 가진 동쪽 오랑캐 국가에 해당한다.

북한의 입장에서 볼 때 중국이든지, 러시아든지 간에 북한 핵 무장을 반대할 이유와 명분이 없다. 이들 국가들이 반대한다면, 북한은 중국이나 러시아를 향해 핵 군축 협상을 제의하게 된다. 소련은 1949년에 핵 실험을 했고, 중국은 1964년에 핵 개발에 성공했고, 북한은 2006년에 핵 실험을 감행했다. 특히 2009년 2차 핵 실험은 국제사회로부터 성공리에 수행했다는 평가와 분석을 얻음으로써 핵 보유가 사실화, 즉 필수 통과점 opp를 밟았다.

이 시점에서 한반도 전쟁에 대한 중대한 인식의 전환이 요구된다. 김일성 체제는 건국과 한국전쟁 그리고 냉전기는 북한의 비핵시대, 즉 재래식 철제 무기 체제였다. 그러나 김정일-김정은 체제는 핵 보유의 시대이고 보면, 한반도에서 전쟁이 일어날 경우의 시나리오를 상정한다면 한반도의 전쟁의 성격과 수준과 양상이 완전히 달라져 버린 것이다.

2) 국가 운명 미래상: '핵 무력을 보유한 경제 강성 대국'

북한의 국가 운명 정체성과 그 벡터는 표면적으로는 미국의 침략 위협으로부터 자위적 자생적 안보인 핵 무력을 보유한 뒤 경제적 강성 대국을 실현한다는 데 있다. 북한 김정일은 1991년 이전에 이미 핵 무력 2, 3기를 보유한 것으로 추정되고 있다. 1991년 북한은 핵무기 프로그램을 개발하겠다고 선언한 뒤 길고도 지루한 핵 실력 검증 최전선 격돌 과정을 거쳐 2006년 핵 실험을 감행했고, 2012년에는 강성 대국을 실현하겠다고 선언, 2011년 김정일 사후 권력을 승계한 김정은은 로켓 발사 2012.12.12와 핵 실험2013.2.12을 감행하여, 성공한다.

이 단계에 이르면 "한반도 안보의 주도권을 쥔 행위자는 누구인가?"라는 질문에 봉착하게 된다. UN 등 국제기구와 유엔 헌장과 부속 협약에 따르면 미국은 한반도에 주권을 주장할 수 없다. 즉, 행위자로서 북한 핵 무력은 한반도의 안보 주도권을 주한·미군에게서 빼앗아서 북한에게로 넘겨버린 것 아닌가? 하는 역설적인 질문과 분석이 야기된다.

핵 무력은 자기 충분적이고 자기 조직적이며, 전쟁의 절대 무력적 위력을 가진 안보체제이자 기구이다홍민. 2015.8.26.[73] 미국이 태평양을 포기하지 않는 한, 한국이 핵 무력을 개발하고 보유할 수 있는 길은 없다. 한국의 핵 무장은 일본과 대만의 핵 무장과 안보 독립으로 이어지고, 그런 사태는 미국에겐 태평양 안보 권력을 모두 상실하는 최악의 시나리오를 의미한다.

미국은 사활적으로 남한의 영원한 핵우산 지위국을 유지해야 하며, 한국은 미국 핵우산 체제의 울타리를 벗어나기란 요원하다. 한국 핵 무력 개발의 구조적, 근본적 제한은 일본과 대만 핵 무장의 근본적 제한과 연동된다. 김일성-김정일-김정은 체제의 핵 개발과 보유는 지구적 차원에서 핵 무력과 핵 무장 국가의 지위와 역할과 기능에 대한 재인식이라는 거대한 학습 효과를 불러왔다.

철제 체제 전쟁 개념을 현대판 북-미 간의 전쟁에 비유한다면, 빅

---

73 홍민(통일연구원)은 이와 관련, 2015년 8월 주목되는 연구를 내놓고 있다. 핵 무력과 경제 병진 노선에 의해 북한 체제의 골격이 재래식 무기 체제에서 핵 무력 체제로 바뀌고 있다는 것. 또 북한의 기구, 헌법, 제도, 군사 체제가 모두 핵보유국 패러다임 국가로 전개되고 있다고 지적한다. 요컨대 육, 해, 공군에 핵 무력 전략군이 신설되고, 각 군과 지휘 체계에 핵 무력 전략군의 개념이 신설되고 재편된다. 이는 필자가 제안한 국가 운명 노선의 전회와 맞닿는다. (홍민,「북한 핵무기 체계의 정치 경제」, 동국대 학술회의, 2015.8.26.)

브라더인 미국은 무제한급super-heavy이고, '피그미'인 북한은 모기급 mosquito이다. 이 게임은 본래 현격한 레벨 격차로 인하여 게임 자체가 성립되지 않는다. 그러나 핵 무력은 그런 기존의 게임 룰을 소멸시켰다. 큰 형님과 작은 형님 수준으로 수평화·단위화된다. 이정철 교수는 피그미난쟁이와 빅 브라더거인의 싸움이 성립되고, 피차간에 물리적 실력 행사는 하지 못한 채 '말 대 말'의 공포의 설전舌戰과, '행동 대 행동'의 제한적인 도발과 경제 제제를 주고받는 과정을 갈파했다장달중·이정철· 임수호, 앞의 책, 2011, p.107, p.124.

한국의 북한 핵에 대한 관계는 '민족'에 천착하여 갈 때 상관성을 갖는다. 자칫하면 '남한'은 국제 정치의 관계성 속에서 국가 정체성의 보트-피플boat-people 신세로 전락할 수도 있다. 핵 무력이라는 거대 행위자와 결합한 북한이 북-미, 북-중, 북-러 간 핵 외교 역량을 강화하여 한반도 안보 주권을 강제화할 경우, 비핵 국가인 남한은 외교적으로 반쪽의 섬이 되어 고립될 수 있다.

미국은 갈수록 북한과의 직접 대화와 공명의 시간을 늘려 갈 수밖에 없다. 이런 경로로 앞으로 20년이 지나면 남한으로선 한·미동맹과 민족이란 고리를 모두 놓치고 '국가 운명 정체성의 초토화'의 국면에 처할 수 있다.

북한은 핵 실력을 과시하며 미국에게 "이제 당신들은 어떻게 할래?"라며 말과 행동을 강요하는 단계에 접어들었다. 인산의 언어와 국가의 외교적 수사는 기본적으로 진리성 앞에서는, 침묵을 강요당하는 궁핍성을 지닌다. 북한이 제1차 핵 실험을 감행했을 때 부시 미 행정부는 침묵을 강요당했다. 오바마 제2기인 2013년 북한의 제3차 핵 실험 이후 미 행정부는 침묵하고 있다.

제3차 핵 실험은 오바마에게 "미국은 북한 핵을 인정하느냐, 안 하느냐"라는 질문의 단계를 넘어서 "미국은 북한 핵과 함께 갈 것이냐, 아니면 내버려 둘 것이냐"라는 핵보유국 관리 체제를 묻고 있다. 북한의 제3차 핵 실험과 우주 로켓 발사 성공은 한반도가 핵 무력이 강제하는 신냉전 체제의 격돌 단계에 접어들었음을 의미한다. 이는 북·미 간의 핵 실력 최전선 격돌의 마지막 단계이자 공명의 시작이다.

부시 미 행정부와 김정일 간에 전개된 최전선 격돌양상은 '시간은 우리 편'이라는 북·미 간의 진리성 검증과정이었다. 미국은 "시간이 흐르면 북한 체제는 무너진다."는 가설을 세워놓았고, 북한은 "시간이 흐르면 핵은 진화하고 미국은 협상의 장으로 나오게 되어 있다."는 정반대의 냉전 종식 최전선 격돌 과정이었다. 그리고 시간은 북한의 편으로 입증되었다. 따라서 한반도 안보 관계의 주도권은 북한에게 돌아갔다.

> 3 <
북·미 핵 실력 로고스 게임
최전선(frontline) 격돌 과정

1) 핵 실력 로고스 게임이란?

핵 무력은 전쟁의 개념을 전회시켰다. 철제 전쟁은 군사력의 충돌이 일어나는 순간과 지역을 기점으로 전쟁이 시작된다. 그러나 핵 체제 전쟁은 특정 행위자가 핵 프로그램 개발 의사를 표현하는 순간부터 전쟁이 시작된다.

지구상의 한 국가가 핵 개발 선언을 하는 순간, 세계 평화 체제에 대한 도전이자 선전포고로 간주된다. 그 체제는 유엔안보리 상임이사 5개국이고 IAEA, NPT는 기구이며 WTO, IMF 등은 모두 간접기구이다.

세계는 핵 체제이자 기구이다. 세계와 특정 국가 간에는 물리력을 전제한 외교전진리성 입증 게임. logos game이 병진된다. 모든 핵 보유 국가는 극비리에 프로그램을 개발하고 폭발 실험에 성공했거나 미국과 협의했다. 소련1949, 영국1950, 프랑스1952, 중국1964, 인도1974 등은 극비리에 실험했고, 파키스탄과 이스라엘은 미국과 협의했다. 협의하지 않고 대립각을 세웠던 나라는 물리적으로 응징당한다. 그 사례가 이라크, 리비아이고, 우크라이나, 남아프리카공화국, 이란은 핵 해체 협상에 성공하여, 미국 핵으로 이양되었다. 지나간 20년 동안 북한과 미국 간에 전개된 핵 실력 최전선 게임은 진리성 입증 게임이다.

진리성 입증 게임logos game은 '양자 가운데 어느 쪽의 말이 옳은가?'라는 일종의 진실 게임이다. 그 과정은 ① 말 대 말의 논쟁, ② 행동 대 행동의 공방, ③ 실력에 의한 진리의 검증, 그 결과 ④ 침묵 단계로 완결된다. 최전선에서는 행위자의 말word과 행동action이 부합logos되어야 한다. 주도자와 반려자는 서로 말을 통해 참과 거짓을 논박하지만, 그 논박의 이면에는 반드시 서로의 주장을 거짓false으로 구성하려는 물리적 행동이 동반된다.

북·미 간에 진행되고 있는 북한 핵 실력 검증의 최전선 격돌, 즉 로고스 게임은 "북한과 미국 간에 주고받는 말과 행동 중 어느 쪽이 '참'으로 증명되는가?"에 있다. 그 요체는 "북한은 핵 프로그램 개발 능력이 '있다·없다' 북한은 스스로 '붕괴 된다·안 된다' 미국은 북한 핵 시설을 침공할 수 '있다·없다'"는 공방에 숨겨져 있다.

동전의 양면처럼 북·미 간에 전개된 '말 대 말'의 격돌 최전선의 이면에는 반드시 상대방의 거짓을 드러내기 위한 별도의 행동이 뒤따른다. 방어자인 미국은 끊임없이 북한 핵 프로그램 실력과 말과 행동의 진리성 '참'과 '거짓'을 비교하여 판단한다. 그리고 당근과 채찍으로 대응한다.

북한 또한 거친 말과 국지적 도발을 서슴지 않는다. 그와 함께 핵 프로그램 개발을 위한 별도의 주체 시간을 비축한다. 2003년 이후 북·미

간 로고스 게임은 "북한이 스스로 급변 사태를 맞이하느냐? 아니면 핵 무력 개발을 위한 시간 획득에 성공하느냐"의 전쟁, 즉 미국의 '북한 체제붕괴론'과 북한의 '시간 획득 전쟁' 양상으로 압축되었다.

2009년 제2차 핵 실험은 북한의 시간 획득 전쟁이 성공을 거뒀음을 확증했다. 2011년 12월 17일, 김정일의 사망에도 불구하고 북한의 급변 사태는 없었다. 반증이다. 북한 핵은 한반도를 신 냉전 핵 체제로 전환시켰다.

필자는 북한 핵 무력 체제를 40년 시간 전쟁으로 규정한다. 40년 체제는 지나간 20년, 앞으로 20년으로 구분된다. 지나간 20년은 1993년부터 2013년이고, 다시 전반기 10년_{1993~2003}과 후반기 10년_{2003~2013}으로 나뉜다. 묘하게도 전반기는 아버지인 조지 H. 부시, 후반기는 그 아들인 조지 W. 부시의 미 행정부였다. 아버지 부시의 북-미 직접대화

[그림 3-3] 북·미 핵 로고스 게임 예행기 (1993~2002)

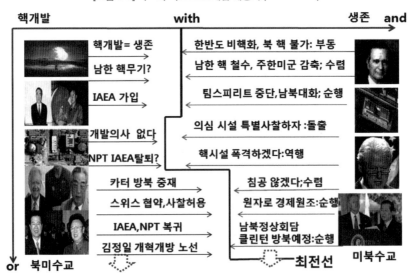

기조는 김대중-클린턴-김정일 간 대타협의 드라마로 종결되는가 싶었으나 그 아들 부시가 집권하면서 뒤집힌다. 예단할 수 없으나 아들 부시 이후 북한의 핵 무력 개발이 노골적이고 본격적으로 재개된 것만큼은 분명하다.

따라서 '지나간 20년' 동안 전개된 북·미 간의 로고스 게임 최전선 격돌 과정은 전반기 10년은 예행기로 일단락 짓는다.

실행기에 해당하는 후반기 10년에 주목하여 모두 3차 시기로 구분한다. [그림 3-3]은 라투르의 사회 기술적 그래프socio-technical graph를 로고스 게임의 최전선 도해에 적용했다. 북·미 간에는 1993년부터 2002년까지 전반기 10년간 최전선 격돌이다. 이 기간은 북한의 로고스 게임이 한국전쟁에서 북한 핵 프로그램으로 전환되는 전이와 교량의 예행기에 해당한다.

북·미 간 실제 제1차 최전선 격돌은 2001년부터 2006년까지 부시-노무현 정권기이다. 이 시기에는 부시 미 대통령의 연두교서 발언과 ABC, 2003년 6자회담, 9·19 배신, 제1차 핵 실험이 이뤄졌다. 제2차 최전선 격돌 과정은 2006년부터 2009년까지로서 부시-이명박-오바마 정권이고 제2차 핵 실험으로 매듭된다. 제3차 격돌 과정은 2013년 김정은-오바마-박근혜 정권으로부터 현재까지 진행형이다.

2) 북 · 미 핵 로고스 게임의 기원과 그 벡터

북-미 간 핵 로고스 게임 최전선 격돌의 기원은 한국전쟁이다. 한국전쟁부터 2013년 현재까지 60여 년 이상 현재 진행형이다. 그 양상은 시대별로 차이를 보인다. 1950년 한국전쟁 상황에서는 미국이 '한반도의 핵 투하'라는 전략적 압박을 통해 '공포의 증폭burnes fear'이 극대화되어 인민군과 중공군을 압도한 시기에 해당한다. 1959년 미 전술 핵의 한국 배치 이후부터 1980년대까지는 간접화된 양상, 즉 긴장 대치 상황 하에서 미-소 냉전에 초점을 맞춘 실력 행사의 공포적 위협 양상으로 전개된다. 1980-90년대에는 한국 배치 전술 핵이 철수되고, 구소련 체제의 붕괴에 따른 북한 붕괴론이 제기된다. 북한의 핵 프로그램 대응이 준비되는 전이적, 교량적 양상을 보인다. 2000년대 이후 북한은 오히려 핵 무력 개발을 선언하고 나서부터 실력 검증 격돌의 최전선을 공격적으로 전개하는 직접화된 양상을 보인다.

[그림 3-4] 북·미 제1, 2차 핵 로고스 게임의 기원과 그 벡터 도해

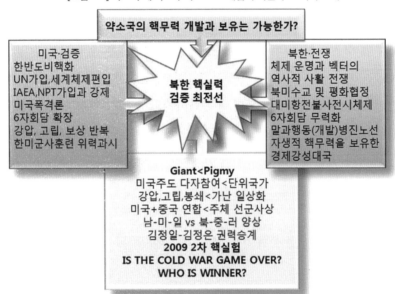

2010년대에는 북한이 **opp**를 통과함에 따라, 1950년대 한국전쟁과 비교할 때 북한과 미국의 격돌의 최전선은 역전된 양상을 보이고 있다. 지금까지 핵을 보유한 국가들 간에는 사실상, 핵 실력 검증 최전선에서 격돌의 사건과 경험의 기회가 거의 없었다한인택, 2011, pp.87-89.[74] 미국이 협상하여 미국 핵으로 이양하거나 응징했기 때문이다.

한국전쟁은 핵 무력 네트워크 체제하에서 수행된 최초의 전쟁이다. 한국전쟁 당시 미국의 비밀 보고서에 따르면 핵무기가 '공포의 증폭'이라는 이름을 얻었다고 기술한다.

중공군과 인민군은 핵 무력의 공포에 시달렸다. 핵이 인간과 재산뿐만 아니라 자연 그 자체도 파괴한다고 믿었다Peter Hayes, 1993, p.10. 중공군의 참전 때부터 고위 장교들조차 핵에 대한 두려움을 안고 있었고, 인민군과 중공군 수뇌부는 모두 미국의 핵 확전은 '소련의 보복이 두려워서 할 수 없다'는 대응핵 차원의 논리로 교육하였다Peter Hayes, 1993, pp.72-73. 한국전쟁은 재래식 철제 무력의 전장이었던 동시에 핵 무력 최전선 격돌 과정이다.

1945년 8월 미국이 직접 인류 현장에 사용한 이후, "핵 무력은 전 지구적 생존 차원에서 사용되어서는 안 된다"는 당위적인 명제가 UN과 IAEA, NPT를 통해 사실상 담론화·제도화된다.

시간의 ANT에서 볼 때, 행위자로서 핵 무력은 세계 체제와 기구UN,

---

74 유일한 경험은 1962년 쿠바 사태인데, 이는 본질적으로 미-쿠바 간의 격돌이 아니라, 미소 간의 격돌이었다.

IAEA, NPT 그리고 국가라는 대리자의 말을 통해 행동을 한다. 북·미 간의 핵 실력 검증의 최전선 격돌은 같은 양상이 패턴화되었다. 라투르의 최전선 도해를 평면적으로 펼쳐놓은 [그림 3-4]에서 그 무엇인가 나타난다. 북한이 UN과 관련 국제기구와 협약과 조약위반을 감수하며 핵무기를 개발하여 보유하겠다고 선언한 순간, 핵 프로그램 개발과 추진을 위한 행동의 실행이 동반된다. 국제사회는 국제 규범을 위반하고 핵 개발을 추진한다는 점에서 국제 규범 위반과 세계 체제에 대한 전쟁으로 번안飜案, self-translation하여 비난한다. 기다렸다는 듯 북한은 그 대의명분의 동기와 대상을 미국 핵으로 표적화하여, 생존을 위한 전략적 차원임을 항변한다. 이후부터 북한은 말과 대화, 행동 대 행동의 전쟁을 벌이는 동시에 그들만의 시간을 비축하여 핵 로고스 게임 최전선을 공진한다Richard L.Aemitage, 2001, pp.240-241.

북한이 특히 2009년처럼 결정적인 제2차 핵 실험을 감행하여 필수 통과점opp을 지나 실력을 입증하는 순간, 그 이후 도래하는 국면들은 말이 필요 없는 '침묵'으로 전회된다. 즉 핵 무력은 프로그램 개발 추진 선언, 폐기와 억지를 위한 대결과 협상 그리고 핵 실험을 통하여 실력이 입증되고 나면 행위자들 모두가 침묵하게 되는 특징이 있다.

3) 북·미 제1차 로고스 게임 최전선:
"토끼의 뿔은 두 개다. 아니다, 세 개다."

언어말과 문자란 생각의 물리적 구현체계이다. 로고스 게임은 말로 시작하여 행동으로 입증된다. 북·미 핵 로고스 게임 최전선은 ① 서로 '내가 옳다'는 1단계 말의 전쟁에서 시작되어 ② '나는 이렇게 행동할 수 있는데, 네가 대응할 수 있느냐?'고 묻는 2단계 행동의 전쟁, ③ 마지막으로 실력행사의 단계가 현실화되면, 침묵으로 종결된다. 북·미 간 로고스 게임의 최종 목표엔 "북한은 스스로 붕괴된다."와 "우리는 핵 실력을 갖고 있다."는 상반된 경로가 설정되어 있다. 이 과정에서 북·미 상호 간에는 어떤 형태로든 대화를 통해 약속, 배신, 이행이 실행되는데, 그 과정의 신뢰 구축 여부에 따라 실력행사의 시기가 결정된다.

제1차 최전선 격돌 과정2003~2006은 사실 2001년 1월, 아들 부시 미 행정부의 탄생과 함께 시작된다. 북-미 간에는 두 번의 결정적인 말의 전쟁과 행동 그리고 약속과 배신의 외교가 전개된다. 아들 부시는 2001년 1월 연두교서에서 북한을 이란, 이라크와 함께 '악의 축axis of evil'으로 지칭했다. 아들 부시는 "나쁜 행동에는 보상이란 없다. 클린턴 정책은 어리석었다."라면서 세계 안보 전략의 축을 경제면에서 안보 면으로 전환시켰다. 클린턴-김대중-김정일 간 라인업이 구축한 한반도 평화프로세스를 모두 뒤집겠다는 선언이었다.

북한은 즉각 '선전포고'이자 '조선 전쟁론'이라며 "미국이야말로 악의 제국"이라고 비난했다. 그러나 행동에는 돌입하지 않는다.

*이것은 사실상 우리에 대한 선전포고나 다름이 없다. 오는 말이 고와야 가는 말이 고운 법이다. 〈타격〉의 선택권은 미국에만 있는 것이 아니다*북한 외무성 대변인, 2002년 1월 31일.

*부시의 '악의 축'론은 그 주된 대상이 바로 조선이다*로동신문, 2002년 2월 11일.

*그가 설사 인간으로서의 초보적인 이성마저 잃은 사람이든 정치적 미숙아이든 절대로 용서할 수 없다*북한 외무성 대변인, 2002년 2월 22일.

2001년 3월 한·미 정상회담에서 김대중은 포용 정책에 입각하여 김대중-클린턴-김정일 간에 구축된 한반도 평화프로세스를 요청했지만, 아들 부시는 적대감을 보이며 완전히 무시했다. 김대중은 모멸감만 받은 채 회담은 끝났고, 북한은 김대중 대통령이 미국을 설득하는 데 실패했다면서 고위급 대화를 끊어버린다. 1년 뒤인 2002년 2월, 한중일 3국 방문을 마치고 돌아간 부시는 북한과 김정일 체제를 악한 상대로 규정하며 불대화의 기조를 강조했다. 북한은 부시 미 대통령을 "이성을 잃은 사람, 정치적 미숙아"로 성명전을 주고받았다.

2003년 4월 말 중국 베이징에서 북-미-중 3자회담이 열렸다. 북한 측이 미국에게 제안한 양자 접촉이 거절되자 북한 측 이근 대표는 저녁 식사에서 미국 측 상대를 구석으로 데리고 가서 다음과 같이 말했다.

"당신들의 주장처럼 우리는 핵무기를 보유하고 있다. 앞으로 우리가 어떻게 할지는 당신들 하기에 달렸다."

북한은 부시 행정부의 전략 기조를 읽었다. 이후 중국 주도의 6자회담이 시작되었으나 무슨 성과가 있겠는가? 여기까지가 부시 1기 정권하에서 북·미 간 최전선 격돌이고 그 차원은 말 대 말의 1단계 차원을 넘어서지 않았다.

그러나 2004년 제2기 부시 미 행정부에 들어와 그 수준이 달라졌다. 2004년 부시 대통령은 김정일을 '폭군'으로 지칭했고, 이에 북한은 부시 대통령을 "저열한 불망종", "히틀러를 몇 십 배 능가하는 폭군 중의 폭군"이라고 말의 폭탄을 쏟았다북한 외무성 대변인, 2004년 8월 23일.

2005년 신임 국무장관으로 지명된 라이스는 상원 인준 청문회2005.1.19에서 북한을 '폭정의 전초 기지'로 규정하며, 자유와 민주주의를 확산시켜야 한다고 자극했다. 북한은 외무성 대변인 발표2005.2.10를 통해 핵 보유를 공식 선언했다. 드디어 말의 공방의 양상은 공포의 핵 심리전, 즉 핵 실력 검증 최전선의 격돌 국면으로 전화된다북한 외무성 대변인, 2005년 2월 10일.[75]

북한이 핵 보유사실을 공식 선언한 이상 이제 북-미 간의 말의 싸움은 핵 실력을 검증하는 최전선 격돌양상으로 전환되었다. 북한은 2005년 3월부터 5월 사이에 라이스 장관을 "폭정 독재국가의 하수인", 부시 대통령을 "텍사스 목장의 말몰이꾼", "인민들의 피가 묻은 손을 내 흔

---

75 ① 부시 행정부의 증대되는 대조선 압살 정책에 맞서 핵무기 전파방지조약(NPT)에서 단호히 탈퇴했고 자위를 위해 핵무기를 만들었다. ② 2기 부시 정권을 인내심을 갖고 지켜본 결과, 미국은 부시 대통령 취임 연설과 연두교서, 라이스 국무장관의 국회 인준 청문회 발언을 통해 북한과는 절대 공존하지 않겠다는 것을 정책화했다. ③ 미국은 북한을 폭압 정치의 최종 목표로 선포하고 폭압 정치의 전초기지로 규정하고 필요하면 무력 사용도 배제하지 않겠다고 폭언을 했다. ④ 미사일 발사 유예 조치도 더 이상 유효하지 않다. ⑤ 우리도 핵 무기고를 늘리기 위한 대책을 취할 것이며 우리의 핵무기는 어디까지나 자위적 핵 억제력으로 남아 있을 것이다.

드는 세계의 독재자" 등으로 맹비난했다.

북한의 거친 말의 대응은 행동을 동반했다. 5월 11일, 8천 개의 폐연료봉을 인출하여 '핵무기고를 늘리는 조치'를 취했다. 북한은 미국에게 "나는 이런 행동을 취했으니 너는 어떻게 나에게 대항할 것이냐?"라고 묻고 있다.

라이스 장관은 '폭정의 전초기지' 발언을 취소하지는 않았다. 그러나 수차례 북한의 주권을 인정한다는 발언을 했고, 부시 대통령은 5월 31일 비로소 'Mr. 김정일'이라는 용어를 사용했다.

북한은 6월 4일 "백악관 기자회견에서 우리 최고 수뇌부에 대해 '선생'이라고 존칭하였다고 한다. 우리는 이에 대해 유의한다."라며 폭정의 전초기지 발언에 대한 간접적인 철회로 인정하겠다는 의사를 밝혔다. 말 대 말의 기 싸움에서 북한이 판정승을 거둔 셈이다.

북-미 간에 이와 같은 극단적인 '말의 전쟁'은 왜 일어나는 것일까? 앞에서 말했지만 로고스 게임은 말과 행동의 최전선 격돌 과정이다.

핵 무력 보유 적대적 국가들은 '공도동망共倒同亡의 궤멸'이 두려운 나머지 힘물리력의 행사가 아닌 말의 전쟁을 한다.[76] 말의 공방이 오가는 동안 실제 목적은 시간 뒤로 숨는다. 미국은 봉쇄와 제재를 통해 북한 체제의 붕괴를 기다리고, 북한은 핵 무력 개발을 위한 시간 비축을 위해 안간힘을 다한다. 표면적으로는 북-미 간에 실체 없는 관념 덩어

---

76 2010년 연평도 피폭을 당하고도 즉각적인 응전 지시를 하지 못한 남한 정부에는 두 가지 정도의 딜레마가 있었던 것으로 분석된다. 그 하나는 직접적인 작전 지휘권의 지휘 체계와 의사 결정 과정의 문제점이고, 또 다른 하나는 핵전쟁 연결 가능성에 대한 공포감에 대한 대안 마련 때문이라고 할 수 있다.

리에 불과한 선과 악의 담론이 마치 실체처럼 여겨져서 적대감은 더욱 강화된다. 급기야 한쪽이 "토끼의 뿔은 한 개다."라고 하면 "아니다, 두 개다."라고 서로 싸운다.

[그림 3-5] 제1차 북한 핵 로고스 게임 최전선 격돌 과정 도해2

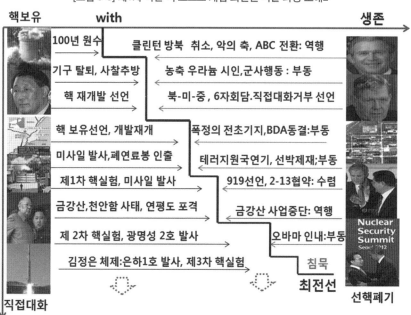

북·미 간 은닉된 공동의 목적도 공진된다. 말 대 말의 격돌 단계에서 한반도의 전쟁 상시화 체제의 담론 강화라는 시너지 효과가 발생한다. 미국은 한·미동맹 강화와 네트워킹의 효과를 누리고, 북한은 항미 체제 안보 강화의 체제 내부 파급효과를 누린다. 북한은 자기들의 전시체제는 미국의 핵 위협으로부터 야기되고 강제화된 최전선 격돌 과정이라고 주장하고, 미국은 북한의 위협으로부터 안보를 위한 명목으로 남한과 한·미동맹의 일체화를 강화하여 간다.

미국은 북한을 인권 탄압 국가, 전체주의 국가, 폭정의 전초기지로 공박한다. 북한을 고립과 봉쇄를 통해 '굴복하라'고 압박하고, 동시에 한-미동맹을 강화하고 미국의 군산 복합체는 이익을 누리게 된다. 북한에겐 팀 스피리트 훈련, 미국 핵 위협 등이 모두 전쟁의 상시 체제화 체제와 반미 군선 동력의 핵심 메커니즘으로 구동하고, 핵 기술과 핵 물질을 조금이라도 더 확보하는 독자적인 시간을 획득한다.

4) '뿔 달린 토끼집' 6자회담, 9 · 19 합의 배신과 제1차 핵 실험 대응

6자회담은 이라크 전쟁을 앞둔 부시 제1기 행정부와 WTO 체제의 연착륙을 목표로 한 후진타오 중국 체제의 이해 관계가 맞물린 지점에서 탄생했다. 6자회담은 핵 개발 당사국 북한, 가상의 핵 피해국 한국, 핵 억지국 미국이라는 당사국을 벗어나 부시에 의해 중국이 주도국으로 선택되었다. 중국은 횡재했고, 북한은 아연실색했으며, 한국은 하루아침에 한반도 핵 협상 주도권을 빼앗겼다후나바시 요이치船橋洋, 2007, pp.434-436. 그 협상 주권은 햇볕정책의 틀 속에서 김대중 정권과 클린턴 미 행정부 사이에서 양해가 되었던 '대북한 핵 중재권Agent-ship'을 의미한다.

전임 김대중 정권은 남북 관계를 하위로 두고 북-미 정상회담을 상위화시켜 추진하여, 세계적인 성공을 거두고 있었다. 그의 전략은 북한의 거대한 미국 시장 진입이자 북한 시간의 미국 시간으로의 평화로운 편입에 있었다. 김대중 전략 노선의 최종 벡터는 북한의 친미 국가 유도였다. 노무현은 김대중의 시간 철학은 물론 북한의 주체 시간, 나아가 클린턴의 미래상조차 이해하지 못했다. 노무현은 취임 초 전임 김대중 정권의 대북 전략 기조를 뒤엎었다. 대북 송금 특검 수용과 핵 주권 협상 주도권 중국 이양은 노무현 정권 차원의 최대의 실책을 넘어선다.[77] 노무현 정권이 최선을 다해 부시를 설득하거나 6자회담을 반대했다면 최소한 부시의 한반도 정책 기조는 클린턴을 계승했을 가능성이 높다.

2000년 미국 대선에서 민주당의 엘 고어가 당선되고 약속대로 클린턴의 북한 방문이 이뤄졌다면 어떻게 되었을까? 고어는 클린턴 정책을 계승하고 거대한 미국 시장은 북한을 수렴한다. 동북아와 한반도의 역사는 완전히 달라졌음은 두말할 나위가 없다. 아이러니컬하게도 한국 노무현-미국 부시 정권 이후 김대중-클린턴-김정일 간의 비핵화와 북-미 수교 및 평화협정, 미국 시장 북한 개방 전략은 모두 중국이 꿩미국 시장 먹고, 알한국 자본 중국 진출 먹고, 꿩 집북한 중국 의존도 심화까지 차지했다.

북한 핵 협상 중재권은 한반도 안보 운명뿐만 아니라 남-북 공히 막대한 국가 이익과 직결되어 있었다. 노무현은 김대중의 실사구시 전략과 햇볕정책의 시간 철학을 학습하거나 계승하지 않았다. 노무현은 김정일 전략 또한 신자유주의에 입각해 자의적으로 해석했다. 노무현은 거대 미국시장의 북한 체제 수렴이라는 안목도 없었다. 따라서 김대중 대북 전략과 정책 기조를 계승하여 미국부시과 북한김정일을 순차적으로 설득하려는 의지조차 보이지 않았다.[78]

미국 백악관과 네오콘으로부터는 '노무현은 반미주의자가 아닌가'

---

77 1994년 스위스 제네바 협상 테이블의 의석권을 잃은 김영삼은 미국을 비난했다.

78 김대중은 직접 한·미동맹 클린턴을 설득하여 중국 장쩌민에게 영향력을 행사했고, 정주영을 통해 김정일과 물밑 신뢰를 쌓았다.

하는 의심을 받았다. 노무현은 오히려 취임하자마자 야당의 대북 송금 특검을 수용하여 김대중 대북 전략의 시간 선을 송두리째 잘라버렸다. 국내적으로는 임동원과 박지원이 구속되고 남북경협의 정주영의 계승 자인 정몽헌은 자살로 세상을 마감했다. 남-북 관계는 완전히 얼어붙 었다. 황당하고 해괴한 국면이었다.

따라서 6자회담은 그 출발 지점부터 부시의 오판, 노무현의 무지, 중 국의 실익, 북한의 실책 속에 지형도가 그려졌다. 북한의 반발과 남한 의 주도권의 실종, 중국에 아웃소싱한 미국의 무관심은 중국 경제의 엄 청난 성장판이 될 뿐 북한에게는 어떠한 파이도 제공하지 못할 상황이 었다. 북한의 반발은 이웃집 불 보듯 훤했다.

이와 같은 기초 지형을 마련한 뒤 6자회담은 2003년 8월에 시작되었 다. 2008년 12월에 중단될 때까지 모두 6차에 걸쳐 14차례의 각급 회의 를 지속하고, 3번의 운명적 전환점을 맞이하게 된다. 그 전환점은 모두 북-미 간에 배신과 응징의 과정이자 북-미 간의 핵 실력 검증 최전선 격 돌 과정의 양상이고, 핵 무력 프로그램 진화라는 다중적인 전쟁의 광경 이 파노라마처럼 전개된다. 그리고 어느 한순간 6자회담은 실종된다. 6자회담은 뿔 달린 토끼를 유인할 집이었다.

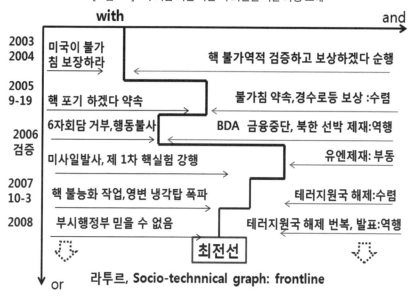

[그림 3-6] 6자 회담 기간 북한 핵 최전선 격돌 과정 도해

with　　　　　　　　　　　　　　　　　　**and**

2003 2004	미국이 불가침 보장하라	핵 불가역적 검증하고 보상하겠다 순행
2005 9-19	핵 포기 하겠다 약속	불가침 약속,경수로등 보상 :수렴
2006 검증	6자회담 거부,행동불사	BDA 금융중단, 북한 선박 제재:역행
	미사일발사, 제 1차 핵실험 강행	유엔제재:부동
2007 10-3	핵 불능화 작업,영변 냉각탑 폭파	테러지원국 해제:수렴
2008	부시행정부 믿을 수 없음	테러지원국 해제 번복, 발표:역행

최전선

or 　라투르, Socio-technnical graph: frontline

6자회담은 미국의 결정권, 중국의 중재권 외에 북한에게 파이를 제공한 책임국이 없다는 점에서 처음부터 그 실패가 예고되었다. 6자회담의 전개 과정에서 나타난 일관성과 지속성 그리고 반복성이 중요하다. 미국, 중국, 러시아, 일본, 한국 등 5개국이라는 막강한 연합 기구가 북한이라는 사회주의 저개발 국가를 상대로 하여 어떻게 패배하고, 그 실체가 사실상 실종되었는가? 추적을 위한 준거의 렌즈는 북한 핵 능력 검증 최전선 양상이다.

주도자 미국과 반려자 북한은 형식적으로는 회담에 참여하면서, 실제 회담장 밖에서 격돌의 최전선을 전개한다. 이 격돌은 중매자인 중국의 외교적 지위를 격상시켜주고, 북한에게는 '핵 프로그램 실력을 네트워킹할 수 있는 또 다른 시간'을 생성시키고, 한-미동맹을 강화하는 기구로 변용된다. 이 모든 과정은 핵 실력 검증 최전선의 격돌 양상의 그

래프에 드러나고, 또 격돌의 이면에는 북한 핵 진화와 네트워킹의 확장이라는 미래 벡터가 공진된다.

　요약하자면, ① 주도자로서 미국은 끊임없이 북한 핵 능력을 의심하면서 북한과의 약속을 배반하고, ② 반려자로서 북한은 쉼 없이 말 폭탄과 실력 행사로서 대응하며, ③ 매개자로서 중국은 조정자coordinator 입장을 견지하면서 일관되게 자국의 실리 외교를 추구하고, ④ UN 상임이사국의 핵 무력의 세계기구인 유엔안보리와 NPT, IAEA, 그리고 국제 금융기관의 제재조치가 동반된다.

　'뿔 달린 토끼'를 유인할 집, 6자회담의 수명이 확인되는 순간이 도래한다. 2004년 9·19 합의 이행의 과정이다.[79] 2005년 초, 북-미 간의 최전선 격돌은 극에 달한다. 1월 20일, 제2기 부시 행정부가 출범하면서 라이스 미 국무장관이 상원 인준 청문회2005년 1월 18~19일에서 북한을 '폭정의 전초 기지'라고 규정하고, 이어 부시 대통령이 대통령 취임사1월 20일에서 "전 세계에서 자유를 확산할 것이며 항구적 '폭정'을 용납하지 않겠다."라고 천명했다.
　북한 김계관 외상은 1월 "북한은 핵무기를 보유하고 있으며, 이는 방어용"이라고 선언하고, "핵무기고를 지속 증강해 나갈 것이라며 폐연료봉 8

---

79 한국 노무현 정권은 이런 상황 속에서 '대북 중대 제안'을 하게 된다. 이 제안은 남북 차관급 회담(2005년 5월 16~19일)에서 북측에 대해 설명했고, 정동영 특사(통일부장관) 방북 시 김정일 위원장 면담(5월 17일)에서 북측에 전달되었다. 이후 미국 등 유관 국가와 상의한 뒤 2005년 7월 12일 공식적으로 발표했다.

천여 개 인출을 완료했다"라고 정면으로 맞받았다국정홍보처, 2008, p.55.[80]

북·미 간의 로고스 게임의 최전선이 행동 대 행동의 임계 수위로 치닫고 있었다. 노무현은 6자회담의 허구성과 중국의 한계, 북한의 의도를 뒤늦게 깨닫는다. 3년간 방치한 김대중 정권이 남긴 노랗게 생긴 '민족의 시간'이라는 덩어리가 보약이라는 너무나 늦게 알아챘다.

노무현은 부랴부랴 김대중의 대변인을 지낸 정동영 통일부장관을 대통령 특사로 북한에 급파2015.5.16하여 대북 중대 제안을 한다. 아니나 다를까, 북한 김정일은 그 짧은 틈새를 비집고 노무현의 제안을 수용한다국정홍보처, 2008, pp.55-57.[81]

6자회담에서 북한이 핵 폐기에 합의하면 신포 금호지구 경수로 건설
공사를 종료하는 대신, 우리가 200만 KW의 전력을 북한에 직접 송전
하는 방식으로 제공한다.

한국 정부의 중재로 2005년 4차 6자회담에서 9·19 공동 성명이 도출되었다.[82] 미국의 입장도 반영되었다. 검증 가능한 비핵화과거 핵과 미래

---

80 북한의 맞받아 대응한다는 전술은 바로 일반 이론 패러다임에서 적용하는 벼랑 끝 전술에
해당한다.

81 남한은 대북 중대 제안에 힘입어 북한은 결국 7월 9일 '제4차 6자회담에 참석하게 된다'면서
참여정부의 획기적이고 창의적인 제안으로 6자회담의 경색국면을 타개했다고 주장한다.

82 외교통상부 북핵 외교 기획단 국회 보고 자료. (2005년 9월 23일). 북한 핵 폐기 및 북한의
안보 우려 해소(1조), 관계정상화(2조), 대북 국제적 지원(3조), 한반도 및 동북아 안정과 평
화 비전 제시(4조), 이해 원칙으로 공약 대 공약, 행동 대 행동의 원칙에 입각하여 단계적으
로 상호 조율된 조치를 취한다. (6조)는 요지였다.

계획을 포함한 현재 핵, 각 국가는 각자의 정책에 따라 관계를 정상화하며, 직접 관련 당사국 간 평화 체제를 협상한다. 북한의 입장도 상당 부분 반영되었다. 미국은 재래식 무기로 북한을 공격할 의사가 없다는 점을 재확인했고, 북한은 평화로운 핵 이용 권리와 경수로 제공을 받을 권리가 있고 북-미 간에는 상호 주권을 존중한다. 미국은 북한에 에너지를 제공하고, 한국은 200만 KW를 송전한다는 내용이 그 요지다. 조선일보는 북한은 얻을 것을 다 얻었다고 보도했다_{조선일보, 2005년 9월 20일; 국} 정홍보처, 2008, pp.58-60.[83]

공은 다시 6자회담으로 넘어왔다. 6자회담은 노무현 정권의 대북 중대 제안과 북한을 지렛대 삼아 9·19 합의를 도출한다. 북·미 간의 핵 로고스 게임이 행동 대 행동 차원에서 종결되느냐를 결정짓는 분수령이었다.

그러나 미국은 2005년 6자회담의 9·19 합의와 2006년 2·13 협약을 이행하지 않고 파괴한다. 미국은 2005년 9월 15일 마카오 소재 중국계 '방코 델타 아시아BDA은행'을 자금 세탁의 주요 우려 대상으로 지정했고, 9월 20일 이를 관보에 게재했다. 이에 따라 BDA는 북한에 금융거래 중단을 통보한 데 이어 중국은행 마카오 지점 등 마카오 지역 은행과 싱가포르, 스위스 등 다른 지역 은행도 미국을 의식하여 북한과의 금융거래를 중단했다.

북한 당국은 이를 사실상의 경제 제재로 받아들였다. 북한은 이후

---

83 이에 대해 청와대는 북한 핵 3원칙에 의한 외교적 노력의 소산이라고 평가하면서 2002년 10월 북한의 농축우라늄 문제가 불거지면서 북한에 대한 군사적 수단 사용마저 거론되던 엄혹한 상황에서 출범하였다고 밝혔다.

11월 6차 회담에서 금융 제재 문제의 우선적 해결을 요구하면서 6자 회담을 거부했다. 마이크 치노이는 "BDA 혼선은 미국 국무부와 재무부 사이의 내부 분란이었다."고 분석했다Mike Chinoy, 2010, pp.549-560, pp.558-560.

미국은 나아가 2006년에도 북한 경제 제재를 확대했다. 2006년 3월 30일, 미 재무부는 북한의 대량 살상 무기 확산 활동을 지원한 혐의로 스위스 공업 물자 도매 회사인 '코하스AG'와 '야콥스 타이거' 및 코하스AG 사장의 미국 내 모든 자산을 동결한다고 발표했다. 또 2006년 5월 8일에는 미국 기업들이 화물선이나 유조선, 어선 등을 북한 선적으로 등록하지 못하도록 금지하는 대북 선박 제재를 단행했다국정홍보처, 2008, pp.60-61.

부시 미 행정부는 왜 이런 황당한 배신을 했을까? 잭 프리처드는 그의 책 『실패한 외교』에서 부시의 '노무현에 대한 뿌리 깊은 불신감'이라고 말했다. 필자의 견해는 다르다. 부시, 딕 체니 부통령, 럼즈펠트 국방 장관 등 네오콘의 핵 주권 협상은 미국만이 행사할 수 있는 고유 주권이라는 의식 때문에 노무현과 김정일 간 '민족끼리' 합의를 용인할 수 없다. 이 교훈은 앞으로 20년 전쟁에도 중요하다.

북한은 2006년 6월 1일 "우리는 생존권과 자주권을 지키기 위하여 부득불 초강경 조치를 취할 수밖에 없을 것"이라고 밝힌 뒤, 7월 5일 미사일을 발사했다.[84] 세칭 '행동 대 행동의 원칙'에서 이제 실력 행사 단

---

84 북한은 1998년 장거리 미사일 대포동 1호(사거리 1,800~2,500km)를 발사했다.(김정일 승계에 맞춘 성격이 있고, 광명성 1호라고 명명했다.) 2005년 7월 5일 대포동 2호 1기와 스커드 및 노동급 미사일 5기, 도합 7기를 동해를 향해 발사했다.

계로 진화하고 있다. 장거리 미사일은 핵 운반 수단이다. 이로써 북·미 관계는 더욱 악화되었고 미국과 일본의 주도하에 UN 결의안이 추진되고 중국은 찬성표를 던지게 된다.

이로써 북한의 미사일 발사 관련 유엔안보리의 대북 결의 1695호가 만장일치로 채택2006년 7월 16일되었다. 북한 박길연 유엔주재대사는 이날 안보리 결의를 전적으로 거부한다면서 앞으로도 자위력 강화를 위해 미사일 발사를 계속할 것이라고 강조했다연합뉴스, 2006년 7월 16일. 9·19 공동선언은 핵 협상의 주권은 한국이나 중국이 아니라 미국에 있다는 냉혹한 현실만을 확인한 채 소멸되었다.

2006년 10월 9일, 마침내 김정일 북한 체제는 핵 실험을 강행했다.[85] *파스퇴르의 백신이 실험실을 벗어나 세상을 실험실화한 것처럼, 1945년 미국의 원자 폭탄이 실험실을 벗어난 것처럼, 북한 핵이 실험실을 벗어나 전 세계에 출현하는 순간이었다.*

충격을 받은 미국과 유엔안보리는 2006년 10월 15일 북핵 실험과 관련, 유엔안보리 결의 제1718호를 채택했다. 유엔헌장 7장 29에 의거하여 외교적, 경제적 제재를 결정한다는 내용이다.

한민족의 근성을 모르는 조치다. 한국의 속담에는 "청명에 죽으나 한식에 죽으나 죽기는 매한가지다"라는 속담이 있다. 북한에는 이미

---

85 10월 9일 11시 47분, 조선중앙통신은 보도 형식을 통해 핵 실험을 성공적으로 진행하였다고 발표한다. 이와 관련, 한국지질자원연구원은 10. 9(월) 10:35 함경북도 화대군 지역에서 진도 3.58~3.7 규모의 지진파를 탐지했다. 〈북한 핵 실험 직후 외교통상부가 국회 통일외교통상위원회 보고한 현안보고서〉(2006년 10월 10일)

가난의 행군을 통해서 "UN이나 미국의 제재는 이골이 났고, 배 좀 고프다고 죽은 것은 아니다"라는 '가난의 일상화' 의식이 강했다. 모두가 간과한 외교적인 진실이 있다. 핵 실험 직후 북한 외무성이 내놓은 성명문은 중국이 1964년 핵 실험에 성공한 직후 중국 저우언라이 명의 성명전의 북한식 요약 판에 다름 아니었다. 북한 핵의 벡터는 미국뿐만 아니라 중국도 겨냥하고 있는 현실이 입증된다.

소 잃고 외양간 고치듯 10월 31일 미국의 크리스토퍼 힐 수석대표는 북한 측 파트너인 김계관 부상과 베이징에서 양자접촉을 가졌고, 북한이 6자회담에 돌아오고 9·19 공동성명을 이행하면, 미국은 BDA 문제를 해결하겠노라고 약속했다. 그해 12월 6자회담이 열렸으나 아무런 진전도 없었다마이크 치노이(Mike Chinoy), 2006, pp.487-490; (잭 프리처드, 2008, p.18).

핵 실력 로고스 게임의 최종단계는 핵폭발 실험이라는 실력 행사이고, 그 실력이 입증되면 상대 국가는 침묵으로 인정한다. 북한의 제1차 핵 실험 실력 행사에 미국은 침묵했다. 그리고 네오콘 강경파들은 물갈이 되었다. 그러나 이제는 대립에서 포용 정책으로 돌이키려는 부시 자신에게 시간과 명분이 취약했다.

2007년 1월 16일부터 18일까지 미국과 북한은 베를린에서 만났다. 이제 북-미 직접협상이 6자회담보다 상위에 섰다. 실제로 이날 양자는 2월 13일 6자회담에서 채택할 「9·19 공동성명 이행을 위한 초기 조치」에 합의했다. 2·13 조치는 북한과 미국이 각각 이행해야 할 두 단계의 주요 행동이다.

첫째, 미국은 BDA에 묶인 북한 자금 2500만 달러를 돌려준다.

북한은 그 1단계 조치로 60일 내에 영변 핵 시설의 가동을 중단하고 폐쇄한다.

둘째, 미국은 국무부의 테러 지원국 명단 해제와 적성국 교역법을 폐기한다. 북한은 제2단계 핵 불능화와 신고를 완료한다.

셋째, 관계국은 100만 톤의 중유를 제공한다.

연말까지 제2단계가 이뤄져야 제3단계로 넘어간다. 제3단계는 과거와 현재와 미래 계획을 포함한 핵무기와 핵물질을 포함한 북한 핵 프로그램 폐기 협상이다. 2,500만 달러는 러시아 은행을 거쳐 평양으로 이전됐고, 평양은 30일 내 영변 핵 시설을 가동 중단하고 폐쇄했다. 프리쳐드는 다급한 미국이 당했다고 분석한다. 부시 미 행정부의 다급한 입장을 읽은 북한은 더 이상 전략적 가치가 없는 영변 핵 시설과 타협 불가능의 2,500만 달러를 맞교환했다는 것. 어찌 됐든 제1단계는 이행되었다.

다음 단계를 위해 10·3 조치가 마련되었다. 미 국무성은 북한을 테러 지원국에서 해제해야 한다. 그러나 미 정가에서 북한의 시리아 핵 프로그램 개발을 위한 원자로 지원 정보가 흘러나왔다. 부시 미 행정부의 포용 정책은 여기까지였다. 테러 지원국 해제는 연기되었고, 북한의 핵 시설 신고도 적절하지 않았다.

2007년 12월 초, 힐 차관보는 평양을 방문하여 김정일 국방위원장에게 부시 미 대통령의 친서를 전달한다. 친서의 내용은 완전하고, 정확하고, 늦지 않게 핵 시설 신고 약속을 이행해 달라는 것이었다. 평양은 더 이상의 조치가 없을 것이라고 대응했고, 테러 지원국 해제는 연기되었으며, 북한 핵 5메가와트 원자로의 불능화 작업은 중단되었다. 이후 6자회담은 실종되었고 더 이상의 유의미한 북-미 협상은 없었다. 게임 오버game over였다. 북·미 간 제1차 핵 실력 로고스 게임 최전선 격돌의 결과는 북한 핵 실력의 검증과 미국의 침묵으로 끝났다.

3) 제2차 로고스 게임: 부시·이명박·오바마의 허세, 제2차 핵 실험

2007년 말 퇴임을 1년 앞둔 부시에게 희소식이 날아들어 왔다. 2007년 12월 한국 대선에서 보수정당 출신인 이명박 후보가 대통령에 당선되었다는 것이다. 이명박은 선거 유세 기간 중에 미국과의 관계를 회복하고 남북 관계를 6자회담과 연계하겠다고 약속했다. 불감청이언정고소원不敢請固所願, 드러내지는 못했지만 마음속에 원하던 바이라, 한국의 경협을 북한 핵에 연계하겠다는 발상은 부시가 내심 선호하던 방식이다. 이제 부시는 이명박의 손을 들어주기만 하면 북한에게 강제적 조치를 취할 수 있는 든든한 지원카드를 쥐게 되었다. 강제적 조치란 한국의 대북한 경제 제재라는 직격탄을 뜻한다.

이명박과 부시

2008년 2월 25일 한국 이명박 정권이 탄생했다. 이명박과 아들 부시 간의 첫 한·미 정상회담은 2008년 4월 19일 워싱턴에서 열렸다. 두 정상은 한·미동맹의 강화, 북한 핵 불용과 6자회담 유지에 합의하고, 이명박의 비핵개방 3000에 대한 전폭적인 지지를 보냈다. 이명박의 대북

핵 전략 기조는 부시의 전략 기조에 짜 맞춘 듯 부합되었다. 이명박 대통령은 북핵 신고 프로세스가 지연되고 있다는 외국 기자의 질문에 대해 북핵을 이해하고 있다면 시간이 걸린다면서 인내와 시간이 필요하다고 답변했다.

이명박의 북한 핵에 대한 학습과 인식의 결여가 노출되는 순간이다. 북한 핵은 북·미 간 로고스 게임의 최전선 격돌 과정이고, 북한의 입장에서는 진화와 네트워킹을 위한 시간의 획득 전쟁이라는 현실이다. 초창기 노무현 정권이 행한 '대북 송금 특검 수용' 즉 '김대중 노선은 안 돼'라는 ABDJ의 오류를, 이번에는 이명박 스스로 '비핵개방 3000, 선핵 폐기 후 보상'이라는 틀 속에서 부시와 노선을 일체화시켜 '노무현 노선은 안 돼'라는 ABRH의 노선으로 선택했다. 뒤에 2010년 5·24 조치로 나타난다.

한편, 2008년 6월 26일 북한은 6자회담 의장국인 중국에게 10·3 합의에 따른 '핵 신고서'를 제출했다. 그리고 북한은 핵 신고서 하루 만인 6월 27일 영변 원자로 냉각탑을 폭파했다. 미국은 6월 26일 북한을 테러 지원국 명단에서 삭제하고 적성국 교역법 적용 대상에서 북한을 제외키로 했다. 그리고 2008년 8월 11일 미 국무부는 북한을 테러 지원국에서 해제하겠다고 발표했다. 미 백악관은 "북한이 의무사항을 준수한 것은 훌륭한 한 걸음good step"이라고 평가했다. 7월 11일 금강산 관광에 나섰던 한국 여성이 피격당하는 사건이 발생했다. 8월 김정일이 뇌혈관 경색으로 쓰러졌고, 북한 급변사태론이 확산되었다.

그러나 2008년 8월 11일 미국 정부는 돌연 입장을 바꾸었다. 북한이 핵 신고 체제에 동의하지 않고 있다며 8월 11일로 예정되어 있던 테러 지원국 해제를 연기하기로 결정했다Mike Chinoy, 2010, pp.577-585, pp.585-589.

북한은 미국의 배신으로 받아들였다. 북한 외무성은 8월 26일 〈행동 대 행동의 원칙〉으로 핵 불능화 작업을 중단하고, 영변 핵 시설을 원상 복구할 것이라고 발표하고, 9월 19일에는 영변핵 시설을 원상 복구 중이라고 발표했다.

이에 미국 힐 차관보는 10월 1일에서 3일까지 평양을 방문했다. 핵 검증 협의에 대한 실질적이고 구체적인 논의를 하고 합의한 뒤, 10월 11일 미 국무부는 북한을 테러 지원국에서 해제한다고 공식 발표했다. 그러나 2008년 12월 8일부터 11일까지 열린 제6차 6자회담 수석대표회의는 북한 측이 시료 채취 등 검증 핵심요소의 명문화검증의정서는 불가하다는 입장을 보임에 따라 성과 없이 끝난다.

이명박·오바마

한국 이명박 정권 출범 1년 뒤 민주당의 오바마 미 행정부가 출범했다. 2009년 1월 20일 민주당 출신 오바마 미 대통령이 취임하면서 북·미 관계의 변화에 기대가 일었다. 부시 행정부가 임기 말 대북한 정책의 전향적인 움직임이 있었고, 새로운 오바마 행정부가 클린턴 행정부의 대북한 포괄적 관여정책 기조를 적극적으로 계승할 것이라는 전망 때문이었다. 그러나 오바마는 북한 핵 문제를 부시정권의 기조를 계승하여 2순위로 넘겼다. 오히려 한국 이명박 정권의 '상호주의'에 입각한 대북한 강경 정책을 수용하여 한·미동맹을 강화하여 실용을 택했다마이크 치노이Mike Chinoy, 2010, pp.613-614.

북한은 제1기 오바마의 대북 전략 기조를 읽었다. 북한은 부시 취임한 달이 지난 2009년 2월 24일, 시험 위성인 '광명성 2호'의 발사 준비를 공식 발표했다.

북한의 위성 발사 움직임에 대해 미 국무부 로버트 우드 부대변인은 유엔 안전보장이사회 결의안 위반이라는 점을 지적했다. 유엔안보리 결의안 1718호는 "북한의 탄도미사일 관련 활동을 금지하고 있다"며 유엔결의안 위반이라고 주장했다.

북한은 한걸음 더 나아갔다. 4월 5일 오전 조선중앙통신은 함경북도 화대군 무수단리에서 '은하 2호' 로켓을 성공적으로 발사하여 로켓에 실린 '인공 지구 위성 광명성 2호'를 궤도에 진입시켰다고 발표했다.

미국 정부는 북한의 로켓 발사에 대해 "미사일의 추진체는 동해로 떨어졌으나 그 이후 단계에서는 탑재물들이 태평양에 떨어졌다"면서 궤도 진입에 실패했다고 지적했다_{조선일보 2009년 4월 6일자}. 한국 정부 국방부장관은 "어떤 물체도 궤도에 진입하지 못한 것으로 판단하고 있다"고 밝혔다_{국회 국방위원회 2차 회의 회의록, 2009.4.5, p.23.}

쌍방 간에 성공과 실패를 두고 말의 공방이 벌어지는 동안, 쌍방 간에 성패에 대한 확실한 증거를 제시하지 못한 채 말 대 말의 최전선 격돌만 요란하게 전개되었다. 일본정부는 4월 6일 새벽 유엔안전보장이사회 긴급소집을 요청했다.

오바마 미 대통령은 북한의 로켓 발사를 '중대한 도발'로 규정하고, 북한이 주장하는 '광명성 2호'를 '대포동 2호 미사일'로 명명했다. 오바마 대통령은 "북한의 탄도 미사일 기술 개발과 확산은 동북아 지역 및 국제 평화와 안보에 위협이 되고 있다. 오늘 대포동 2호 미사일 발사는 북한의 탄도 미사일과 관련된 어떤 행동도 명확히 금지한 유엔 안보리 결의 1718호의 명백한 위반"이라고 밝혔다_{연합뉴스 2009년 4월 6일자}.

유엔 안보리는 4월 14일 북한 로켓 발사를 비난하는 의장 성명을 채택하고 이는 안보리 1718호 위반contravention으로 규정, 제재 실행 착수를 위원회에 요구했다.

북한은 기다렸다는 듯 영변 핵 시설 폐연료봉 재처리 작업으로 응수했다. 북한 외무성 대변인은 4월 25일 "우리의 시험 원자력 발전소에서 나온 폐연료봉들을 재처리하는 작업이 시작됐다"고 발표하고 "폐연료봉 재처리는 적대 세력들의 가중된 군사적 위협에 대처하여 자위적 핵 억제력을 백방으로 강화해 나가는 데 이바지하게 될 것"이라고 밝혔다.

그리고 한 달 뒤 5월 25일, 제2차 핵 실험을 감행했다. 조선중앙통신은 5월 25일 2차 핵 실험 사실을 보도하면서 "자위적 핵 억제력을 백방으로 강화하기 위한 조치의 일환으로 주체 98_{2009년} 5월 25일 또 한 차례의 지하 핵 실험을 성과적으로 진행했다"면서 "이번 핵 실험은 조종 기술에 있어서 새로운 높은 단계에서 안전하게 진행되었다"고 주장했다. 핵 실험 당일에는 함경북도 화대군 무수단리에서 지대공 단거리 미사일 3발을 발사했다. 제2차 핵 실력 로고스 게임은 '끝'났다. 게임 오버 game over였다. 마이크 치노이는 "어느 기준으로 보든 미국 외교의 대실패였다"고 통렬히 비판한다_{Mike Chinoy, 2010,.p.628}.

오바마 미 대통령은 성명을 통해 심각한 우려를 표명했다. 유엔안보리는 대북제재를 위한 결의안인 1874호를 만장일치로 채택했다. 북한에 대해 추가 핵 실험과 미사일 발사를 하지 말 것과 6자회담 복귀를 요구하며, 국제사회에는 북한행·북한발 화물검색에 대한 협조 조치를 요구했다진영, 외교부, 2009.5.27.

북한은 이번에는 또 다른 의제를 꺼내놓았다. 북한은 2009년 6월 13일 외무성 성명을 통해 유엔 안보리의 대북결의 1874호에 강력히 반발하며, '우라늄 농축작업 착수', '새로 추출한 플루토늄의 전량 무기화', '봉쇄 시 군사적 대응' 등 3개 대응조치를 선언했다. 북한 핵과 한반도는 우라늄 농축, 즉 핵의 다종화라는 전혀 새로운 핵 체제 차원과 국면에 접어들었다. 그러나 한국과 미국은 이 심각성에 주목하지 않았다.

제2차 북한 핵 로고스 게임의 최전선 격돌에서 북한의 실력은 입증되었고, 오바마는 침묵 단계로 들어섰다. 딜레마는 북한이 자신들의 핵 무력과 로켓 실력이 날로 진화하는 실력을 과시하고 있는 현실이다.

"실험실을 벗어난 파스퇴르의 백신이 세상을 실험실화한다."는 라투르의 주장이 북한 핵에서 입증되었다. 북한의 실력과 외교 역량을 통해 2004년 대포동 1호 미사일 발사와 2006년 1차 핵 실험, 2009년 광명성 2호와 2차 핵 실험은 북한 핵의 돌이킬 수 없는 진화를 자증했다마이크 치노이Mike Chinoy, 2010, p.613, p.615; Latour, 1983, pp.141-170.

"2009년 취임하는 미국의 새 대통령은 북한이 영구적 핵 무력 국가가 된 상황에 직면할 수도 있다."

잭 프리처드『실패한 외교』에서 예견한 불행한 사대는 적중하고 말았다. 제2차 핵 실험은 미국뿐만 아니라 전 세계를 침묵하게 만들었다. 이후 전개된 모든 조치들은 탄식과 사후약방문 격에 불과하다.

이명박과 오바마 간 한·미 정상회담은 2009년 6월 16일에 워싱턴에서 열렸다. 워싱턴 정상회담에서 북한 핵에 대한 태도 면에서 이명박은 오바마보다 더 크고 센 소리를 냈다. 이명박은 '북한의 과거방식은 더 이상 통하지 않을 것'이라며 개성공단 폐쇄 가능성까지도 시사했다. 또한 한 걸음 더 나아가 "잘못된 행동에는 반드시 결과가 따른다."는 것을 북한이 분명히 인식하도록 관련국과 협력해 나가기로 했다.

이명박의 강력한 태도, '북한을 뺀 5자 협상' 제안, '나쁜 행동에는 반드시 결과가 따른다.' 등은 북한을 악의 축이라고 발언하던 폭주 기관차 부시를 연상케 했다. 오바마는 이명박의 강경기조 입장을 수렴하면서도 '북한의 대화'라는 신중한 입장을 유지했다.

두 정상은 유사시 한·미동맹을 군사적 차원을 넘어서 포괄적이고 전략적인 동맹으로 확대하고, 한반도 유사시에 미국이 핵우산을 제공하는 '확장 억지력extended deterrence' 개념을 명문화시켰다. 북한의 입장은 완전히 배제되었고, 한·미동맹과 북한은 적대적 관계로 환원되었다. 이명박의 대 오바마 외교는 국내 정치의 외교 연장선으로 보였다. 한국에는 "주인을 물려고 달려들지 말라"는 속담이 있다. 그러나 국가 운명은 기업 경영으로 환원될 수 없다.

최악의 날은 1년 뒤 도래했다. 2010년 3월 26일 한·미 해상 군사 훈련 중 백령도 근처에서 천안함이 피침되어 침몰했고 47용사가 전사했다. 이명박 정부는 피침 사건을 '북한 소행'으로 발표한 후 그해 5월 24일 대북 제재 조치를 결정했다. 이명박은 장담하던 대응 원점타격도 하지 못했고, 미국 또한 별 도움이 되지 않았다.

6월 지방선거는 목전에 닥치고 있었다. 이명박이 내놓은 것이 5·24

조치다. 개성공단을 제외한 모든 현재적이고 미래적이고 전방위적인 대북한 교역 교류 중단조치였다. 한반도의 시간은 1950년 전쟁의 시간으로 회귀했고 남북 관계는 파탄의 길로 접어들었다. 이명박은 "북한 핵은 지금 이 순간에도 쉼 없이 진화하고 네트워킹되는 현재 진행형의 시간 전쟁"이라는 기초 개념조차 없었다. 이후 개성공단을 제외한 남북 관계경제 · 문화 · 인도적 차원의 전방위적인 교류 협력는 완전히 단절된 채 4년이 흘렀다.

한국에서는 박근혜 정권이 탄생한 지 3년째다. 박근혜 정권은 부시와 이명박, 이명박과 오바마 간 확정한 대북핵 외교 전략 기조와 노선을 지속하고 있다. 2012년과 2013년 초 북한의 로켓 발사 사건 이후 제3차 북·미 간 핵 로고스 게임 최전선 격돌 과정은 또 다른 차원에서 현재 진행형으로 전개되고 있다2013년 이후 김정은 주도−오바마의 침묵−박근혜의 편승으로 전개되는 제3차 로고스 게임은 제4장 4의 주제이다.

4) 외눈박이 부시, 노무현 · 이명박 · 오바마의 실패 노선을 확정 짓다

확실한 오판이었다. 부시의 대북핵 전략의 오류는 다양한 각도와 여러 연구에서 실패한 외교로 평가되고 있다. 그 평가들을 종합하면

① 큰 틀에서 부시의 ABC와 오판 ② 중국이 북한 핵 억지를 강제하여줄 것이라는 판단, ③ 봉쇄와 압박과 경제 제재가 김정일 체제를 전복시킬 수 있다는 판단, ④ 한반도 비핵화의 행위자로서 남한을 종속변

인으로 격하시켜버린 지점을 결정적 오류로 지적한다.

부시는 세계 최강국 미국의 질서에 역행하는 모든 국가를 묶어서 악의 축으로 규정하고, 선과 악의 이분법으로 구분하여 무력 응징의 대상으로 몰아가는 외교 전략을 추진했다. 부시 미 대통령은 당선 직후인 2000년 말 클린턴 방북을 저지시켰고, 2001년 1월 취임과 함께 클린턴의 외교정책을 ABC정책Anything But Clinton으로 뒤집었다. 부시의「국방 전환」은 세계 안보전략을 경제안보에서 군사 안보로 전환하였다.

2001년 9·11 테러사건 직후 내놓은『핵 태세 보고서NPR』에선 유사 핵무기 사용 국가로 러시아 외에 북한, 이라크, 이란, 리비아, 시리아 등을 지목해 한반도 위기설을 증폭시켰다.

2002년 9월 발표된「국가 안보전략」은 50년간 유지한 봉쇄와 억지전략을 탈피하고, 선제예방과 방어적 개입을 대안으로 제시했다. 2002년 7월 2일 발표된「미·중 안보 검토 보고서U.S-China Security Review」에선 변화된 동아시아 전략이 드러났다. 신 군사 전략은 2020년으로 예상되는 중국 항공 모함의 남중국 배치에 대항하여 괌을 태평양권의 전천후 군사기지로 강화하는 군사 증강 계획이다. 이와 같은 세계 핵 안보 전력, 동아시아 지역 안보 전략과 연동되어 북한 핵 전략은 수립되었다. 그러나 미국의 대중국 억지 전략 계획과 연동하여 실행한 북한 핵 억지 전략은 중국을 매개자로 하여, 오히려 북한에 힘을 실어주게 되는 전략적 충돌과 모순의 결과를 초래한다.

① 부시 오판, 김정일 체제는 붕괴될 수 있다.

부시 미 대통령은 2001년 제1기 행정부의 출범부터 시작하여 제2기 후반기인 2006년 10월까지 북한 핵 실력을 의심하고, 북한 내부 붕괴 시나리오를 믿었다. 따라서 부시 미 행정부는 북한 붕괴론에 입각하여 경시, 고립, 압박, 봉쇄로 일관하고, 북한 핵 개발 능력을 의심했다.

부시는 2002년 10월 제임스 켈리 대북특사와 강석주 간의 북-미 회담에서 농축 우라늄 개발 비축 사실을 두고, 강석주의 "질문에 대하여 무엇이라고 동의한 것도 아니고, 부인한 것도 아닌NCND"의 카오스적 · 외교적 수사를 미국식으로 번안飜案하여 "농축우라늄 개발 사실을 시인하였다"고 한국과 미국에서 기자회견을 하고 미 행정부와 의회에 보고했다. 북한은 미국 측 대표의 오만한 태도와 일방적인 번안飜案에 해당할 뿐, 통역의 오류라고 설명했으나, 미국 측의 주장이 '참truth'의 기조로 일방적으로 보도되고 담론이 형성되었다장달중 · 이정철 · 임수호, 2011, pp.101-103. 이후 한국 이명박 정권의 탄생과 함께 선과 악의 기조는 악한 행동에는 보상이 없다는 기조로 강화되었다홍현익, 2012, p.72.

② "중국 떼 놈이 북한 오랑캐의 핵에 대해 무슨 말과 행동을 할 수 있으랴"

북 · 중 관계는 외형적으로는 국가 간 이익을 전제로 한 동맹 관계가 아닌, '피로 맺은' 혈맹관계로 묘사되고 있다. 그러나 북 · 중 관계의 심층성에는 전쟁과 평화, 동지와 적대적 관계를 함께 엮어오는 중화패권 국가와 변강 오랑캐 국가라는 역사적 긴장 관계가 5000년 동안 누적되어 있다. 북한은 중국에게 '변강 오랑캐 국가'에 불과하며, 북한에게 중국은 '대륙 오랑캐 국가'에 불과하다. 북 · 중 관계의 특수성은 역사적 과정의 통시성과 공시성, 국면과 맥락을 함께 보는 관점, 즉 국가 운명과 인민의 삶과 외교 행위의 일체화가 필요하다.

북한이 2005년 5월 25일 제2차 핵 실험을 강행한 뒤 외교부 명의로 내놓은 성명문을 부시는 곱씹어봐야 한다. 그 성명문은 1964년 중국이 핵 실험을 강행한 뒤 저우언라이周恩來총리의 명의로 선언한 발표문을 판에 박은 듯 요약했다.

첫째, 우리는 부시 미 행정부의 악랄한 적대 행위에 대처하여 나라의 자주권과 민족의 존엄을 수호하기 위해 취한 자위적 전쟁 억제력을 강화 조치한다.

둘째, 조선은 앞으로 안전성이 철저히 담보된 핵 실험을 하게 된다.

셋째, 조선은 핵을 먼저 사용하지 않고 핵무기를 통한 위협과 핵 이전을 불허한다.

넷째, 조선은 핵보유국으로서 핵 전파 방지 분야에서 국제사회의 의무를 이행한다.

다섯째, 조선 핵의 최종목표는 조선반도의 비핵화 실현에 있다. 비핵화란 조미 적대 관계 청산과 조선반도와 그 주변 모든 핵 위협을 근원적으로 제거하는 데 있다.

북한 성명은 '제국주의 미국을 상대로, 안전한 핵 실험, 선제 핵 사용 금지, 전이와 확산 금지, 핵 협정의 준수, 핵에 의한 비핵화의 목적' 등 중국 저우언라이의 성명과 모든 항목과 내용이 똑같다. 왜 북한은 자신들의 역사적인 핵폭발 실험 성공을 알리는 성명을, 아예 중국 핵 실험 성명서를 복사하여 전 세계에 내밀었을까?

북한의 히든 메시지hidden message는 "조선의 핵은 단기적·표면적으로는 미국을 향하고 있지만, 장기적·심층적으로는 중국이 포함된다."
는 경고이다. 사실 6자회담에서 중국이 북한 핵의 폐기나 억지를 위해
서 결정적으로 한 역할은 없었다. 고작해야 2006년 핵 실험과 2009년
핵 실험과 관련, 미사일 발사 때 유엔 등 국제기구의 제재 조치에 대해
사후약방문격 완충 역할을 해주는 것이 전부였다.

③ 부시 미 행정부는 북한이 국제적으로 고립되고 경제적으로 봉쇄
되면 내부로부터 붕괴되거나 체제의 변화가 가능할 것으로 오판했다홍
현익, 2012, pp.29-32, pp.74-76.

북한의 급변 사태는 없었다. 오히려 두 번의 핵 실험을 통해 핵 실력
을 진화시키고 있음을 세계에 입증했고, 부시 미 행정부를 궁지로 몰아
네오콘의 대북 강경파를 교체하는 역량을 과시했다홍현익, 2012, p.45. 부
시 행정부에게 북한의 제1차 핵 실험은 전체 대북접근법의 철저한 실
패를 뜻한다. "시간은 우리미국 편이 아닌 북한 편일 수 있다."는 1999
년 아미티지 보고서는 사실로 입증되었다Mike Chinoy, 2010, p.481, p.489;
Richard L. Aemitage, 장성민 편역, 2001, pp.240-241.

④ 부시는 한국의 북한에 대한 지위와 역할도 오판했거나 경시하였다.
북한의 국가성과 외교 작동 원리의 핵심 키워드는 '민족 자주성의 원
칙'과 '김일성의 유훈'이다. 이 핵심 키워드는 북한의 당 창건부터 사회
주의 강성 대국이라는 통괄적인 미래상을 관통하는 살아 있는 인물성
人物性 네트워크의 총화이자 북한의 외교를 물렁물렁하게 하는 마법의
물약과 같다.

제2기에 들어와서 클린턴 미 행정부는 이런 북한 외교의 특성을 간

파하고 포용 정책의 기조를 세운 뒤 김대중 정부를 매개자로 앞세워 성과를 거뒀다. 북한은 한국을 통해서만 '민족'의 키워드가 작동되고, '김일성 유훈'이 살아 숨 쉰다는 사실을 인식하고 있다. 따라서 주체와 자주 그리고 민족과 국가 핵 주권에 입각하여 외교한다. 반면, 대륙 중화 패권 국가이자 미국의 대리자로서 북한의 핵 주권을 뒤흔들 수 있는 중국을 근본적으로 인정하지 않는다마이크 치노이Mike Chinoy, 2010, pp.494-499, p.502; 김정일, 1996.6.26, 1997.6.19.

⑤ 북한 국가 운명 정체성과 핵 무력의 절대 무력성이 결합하여 발현하는 북한 핵 무력 외교 역량과 그 작동 과정은 다양성과 중층적 성격을 띤 시간 외교로 나타난다.

예를 들어 서양의 전통 국제정치 패러다임에서는 김일성, 김정일은 죽어 무덤 속에서 역사화되었다. 그러나 김일성, 김정일의 생명력은 살아 김정은에게 집약된다.

김일성의 운명 정체성인물성 네트워크의 축적성은 '백두산 항일 무장 투쟁 민족 장군+김일성주의 주체사상+사회주의 당·군·국가 건국 및 조국 해방 전쟁⋯⋯수령'에 해당한다. 김정일의 운명 정체성은 '김일성 수령 + 고난의 행군 + 사회주의 강행기 + 선군 사상 + 핵 무력 개발 및 보유 + 사회주의 강성 대국의 목표 제시⋯⋯령도자'에 해당한다. 따라서 2012년에 김정일의 권력을 계승한 28세의 김정은의 운명 정체성은 '김일성체제 + 김정일 체제 + 진화된 핵 무력 + ⋯⋯장군'으로 해답이 도출된다.

김일성과 김정일은 모두 사회·정치적 생명체로서 김정은과 결합하여 인물성으로서 함께 권력화되어 상호 작용과 공명, 교직과 융합을 이룬다. "북한에 김정일 시대에 완료한 핵 네트워크가 없었다면 27세 김정은으로의 권력승계가 순조롭게 이뤄졌을까?"라는 질문에 대한 답이다. 김정은은 2015년 현재 31세이다. 생물학적으로 일반적인 건강 연령이 적용되어 70세까지는 살 것으로 본다면, 북한 김정은 정권은 최소한 40년 단일 영도체제가 통괄된다.

미국 선거 시스템에 의한 대통령 임기는 연임에 성공한다고 해도 8년이다. 40년 동안이라면 5명의 대통령이 바뀌게 된다. 중국은 시진핑 체제 이후 10년이니까 40년 동안 4명의 주석이 교체되고, 한국은 5년 임기 대통령이 계속 배출된다면 40년 동안 8명의 대통령이 바뀌게 된다.

한반도와 북한 핵과 연결된 국제 관계 네트워크를 공시성과 통시성, 국면과 맥락에서 볼 때 40년 뒤에도 북한의 지도자는 김정은이다. 흘려버릴 수 있는 대목이 아니다. 전략과 정책의 지속성과 일관성, 통괄성과 공진성에서 게임이 되겠는가?

> 4 <
북한 핵 무력의
세계 권력 네트워킹과 그 벡터

1) 전환: 한반도, 북핵. 핵이 강요하는 신 냉전 핵 체제가 구축되다

분단 한반도에는 '자주의 역설'이 적용된다. '자주의 역설'이란 한·미 관계와 남북 관계 간에 발생하는 안보 딜레마 현상을 의미하는 것으로 튼튼한 한·미동맹이 남북 관계와 북·미 관계를 증진시킨다는 한·미동맹 최우선론에 해당한다_{장달중·이정철·임수호, pp.222-223}. 그 역설이란 북한이나 미국의 선택에 따라 오히려 북한의 통미봉남通美封南이나 미국의 거대 안보전략 속에서 한국은 자주성을 잃고 끌려 다닌다는 것이다.

미국이 통괄적, 지구적, 독자적인 차원에서 세계전략의 일환으로 대북 전략을 주도해 나갈 경우 남한은 일방적인 편승의 형태로 미국에 끌려가게 된다. 남북 관계의 특수성을 무시해야 하고, 북한은 국지적인

[그림 3-7] 북한 핵 무력의 운명 정체성 구축과정

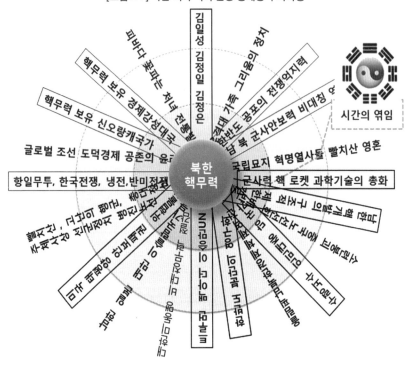

도발 등으로 한반도 긴장 강도와 불확실성을 높인다. 반대의 경우도 마찬가지다. 북한이 주도하여 미국을 상대로 일대일 갈등적 편승 전략을 펼치고, 미국이 이를 받아들여 반려하는 경우다. 북·미 관계의 주도성과 반려성 속에서 한국은 설 자리가 없어진다.

　예를 들어 이명박 정부는 5년 내내 튼튼한 한·미동맹의 강화가 남북 관계와 북·미 관계를 증진시킨다는 한·미동맹 최우선론을 내세웠다. 그러나 5년 동안 남북 관계를 개선시키거나 증진시키기는커녕 천안함이나 연평도 도발을 억지하지도 못했고, 북한 핵 실력은 상상이 불가능한 차원으로 비월했다.

북한 핵의 출현은 '민족 대 동맹'의 적대적 담론과 대결 구조를 희화화comedy시켜 버린다. 북한 핵 무력은 남북 관계라는 미래지향적인 '민족'과 '한·미동맹'이라는 구조를 모두 뭉뚱그려 함께 상호 작용과 공명, 융합과 교직을 통한 현재 진행형의 관계망으로 강제화한다. 핵 무력은 한반도의 불확실성을 높여 분단 체제를 강화시키는 동시에 전쟁을 억제시키는 상반된 역량을 발휘한다.

시간은 숨은 진리성을 들춰낸다. 북한은 국제 관계 연착륙을 위한 출구전략의 벡터를 한국이라는 '민족'으로 설정할 수밖에 없다. 한반도의 평화는 한·미동맹에 있고, 미국의 현실적인 평화유지 전략은 북·미 관계의 벡터에 있다. 이 3자의 이해관계가 맞물려 돌아가며 협상의 시간이 획득된다는 사실, 즉 핵 무력은 한반도에 공간의 전쟁과 평화의 시간이 공존하는 상시화체제를 강제화하고 있다. 한반도에는 전쟁과 평화의 시간이 공진한다.

우리는 아무리 솔직해도 부족하지 않다. 이명박-오바마 제1기 미 행정부인 2009월 5월 25일 북한이 실력 행사한 제2차 핵 실험의 숨겨진 메시지hidden message는 무엇인가? 세 가지 현실 인식이 그 진실이다.

① 북한 핵 무력은 영구 보유 체제로 전환되었다.
② 핵 무력은 한반도를 신 냉전 핵 체제로 강제하고 있다.
③ 한반도는 영구 분단의 새로운 차원의 시간으로 진입했다.

위 세 가지 현실 인식이 앞으로 20년의 전쟁을 맞는 우리의 전략을 마련하는 토대가 된다. 나아가 2013년 이후 북한 핵과 한반도와 세계 관계는 전혀 다른 차원으로 재인식되어야 한다.

중국은 6자회담 주도국의 단물이 모두 빠진 현실을 잘 알고 있다. 중국은 미구에 반드시 북한과 미국을 사이에 둔 등거리 전략으로 선회한다. 2013년 말, 장성택의 처형 이후 중국은 침묵하고 있다. 그러나 그 침묵은 오래가지 못한다. 2015년 북한 노동당 창건일 열병식에 중국은 공산당 권력 서열 5위인 류윈산 정치국 상무위원을 파견했다. 북한은 '혈맹의 회복'이라고 대대적으로 선전했으나 중국은 침묵한다.

　　그 이유는 어디에 있는가? 역사 전쟁에 나선 중국으로서는 중-북 관계를 사실상 전면 백지상태에서 새롭게 구성해야 하는 국면이다. 남한과는 경제협력을 강화해나가는 다중전략 노선을 취할 수밖에 없다. 북·중 관계는 '새 발의 피, 동맹'이 아닌 '장구한 역사적, 긴장 관계'로 보아야 한다. 미국과 패권 역사 전쟁에 나선 중국은 '핵 무력을 보유한 새로운 오랑캐 국가'인 북한을 최대한 존중할 수밖에 없는 '역조공관계'가 성립되었다.

　　핵 무력은 북한의 국가 운명 정체성을 구축하고, 한반도와 동북아의 세력 균형과 안보·권력 질서를 재편하고 있다.

　　첫째, 한반도에 더 이상 냉전적 사고와 전략, 그리고 철제 전쟁의 개념이 적용되지 않는다. 동북아는 북한 핵 무력이 주도하는 신 냉전 체제이다.

　　둘째, 한반도는 공포의 핵 무력으로 전쟁이 억지되었다. 그러나 한국에게는 종이호랑이다. 북한 국가 운명 정체성과 그 벡터의 양대 축은 '민족'과 '령도자김일성·김정일의 교시와 유훈'에 있다. 그 요지는 "핵으로 민족을 때리면 이겨봐야 공멸"이라는 게 핵심 골자이다.

셋째, 북한 '핵 무력'은 '동맹전이의 역설'을 통해 미-중 관계의 재설정을 강요하고 있다. 북한은 앞으로 20년 동안 북한을 가깝게는 북-미 평화협정, 멀게는 미국의 대중국의 동맹전이세력으로 편입시키거나 아니면 한반도의 안보주도권을 넘겨 주거나의 양자택일을 강요하고 있다.

넷째, 북한 핵 무력은 미국에게 핵 무력의 남한에 대한 전이, 일본, 대만에 대한 확산을 환유·환기·유혹·경고하고 있다. 북한 핵 무력은 중국에게도 어떤 경우이든지 간에 이로울 것이 없고, 참견할 수도 없는 국제 관계의 핵심적 변동 요인이다.

2) 한국, 국가 외교 정체성 실종 사태에 직면하다

우리는 북한의 국가 운명 정체성이 핵무기 보유 국가로 전환되면서 발생시킨 한·미 관계, 한·미동맹, 한반도와 국제 관계의 딜레마를 직시해야 한다.

① 북한 핵 무력은 남한과 북한의 한반도 안보 주권의 역전 내지 평등화를 의미한다.
② 한·미동맹은 남한의 핵 개발을 구조적으로 제한하는 군사적 기구이다.

③ 핵 무력이 강제하는 북-미 관계의 궤도와 벡터는 교차동맹에 있다.

우선, 북한의 핵 무력 보유와 진화는 남한과 북한의 한반도 안보 주권 최전선 격돌 양상에서 필연적으로 주도권의 역전 내지 평등화를 강제한다Selig S Harrison, 2003, pp.28-35. 미국이 주도하는 한반도 냉전 엔드 게임은 끝났고, 북한 핵이 주도하는 핵 체제 신 냉전 엔드 게임 양상이 전개된다. 핵 체제 전쟁과 철제 전쟁의 개념을 북한 핵에 적용하면 북한의 국가 정체성은 '핵 무력 체제 국가'이지만, 한국은 핵 무력을 보유하지 못한 '재래식 철제 무기 체제 국가'이자 미국 핵우산 의존 체제이다. 북한은 핵 자주권을 획득한 핵 자주 국가인 반면, 한국은 핵 주권을 상실한 핵 예속국가이다.

2013년 이후 '중국 주도' 6자회담의 시간은 폐기되었다. 북한 핵 딜레마는 이제 한반도 비핵화와 세계안보 협의 차원으로 그 성격이 달라졌다. 따라서 우리미국과 한국는 중국 주도 6자회담을 과감하게 포기하고, 한·미 주도 북한 핵 협상의 길로 터닝해야 한다. 그 터닝 포인트의 신호탄이 2013년 장성택의 처형이다. 장성택 처형은 북한이 중국과 한국, 미국에게 동시에 보낸 자신들이 가고 싶은 시간의 벡터를 보여준 시그널이다.

북한은 한·미동맹 운명 정체성을 잘 알고 있다. 한·미동맹은 통일 이후에도 한반도에 존재할 수밖에 없다. 한민족·한반도의 5000년 역사는 대륙 패권중국과 해양 세력일본과의 전쟁과 예속의 긴장 관계로 엮여 있다. 아시아 역사 전쟁의 한복판이 한반도이다. 한·미동맹은 태평양 너머에 있는 유일한 강대국과의 연맹을 통해 대륙과 해양 패권 세력을 견제하는 현실적 지혜를 제공한다. 한반도가 비핵화되고 통일 한반도의 영세 중립국을 억지할 무력은 한-미동맹뿐이다. 핵 무력이 아니다.

한·미동맹에 또 다른 이름을 붙인다면 미국 핵우산이다. 핵우산이란 개념은 그 결정주권이 미국에게 있고, 한국의 핵 주권은 한·미동맹에 수렴되어 있다. 한국에게는 핵 주권이 없다. 바로 한국 핵 무력 개발의 구조적 제한이다. 미국의 입장에서 볼 때 한반도는 엄연히 한국의 헌법상의 영토이지만, 1991년 UN에 가입된 두 개의 한국임을 전 세계가 제도적으로 인정했다.

한국은 한·미동맹의 묵시와 동의, 반려가 없이는 북한에 어떤 물리력도 행사할 수 없다. 반면, 미국에게도 역설적인 제한이 존재한다. 미국이 북한을 응징할 때는 반드시 한국과 국제사회의 승인이 필요하다. 즉 북한이 핵 실험과 같은 세계를 향한 모험을 감행하지 않는 한, 한반도 분쟁에 대한 미국의 물리적 개입에는 분명한 제한이 있다.[86] 이제 몇 가지 진실을 확인할 수 있다.

첫째, 북한의 핵 무력 개발과 보유는 한반도의 안보 주도권이 북한으로 넘어간 현실Selig S Harrison, 2003, pp.33-40

한국과 미국한·미동맹으로 하여금 "한국이 '자생적인' 핵을 보유하든

---

86 하물며 ANT의 입장에서 볼 때 북한 핵 시설 선제 핵 타격론 등은 교과서에 나오는 1950, 60년대 미·소 양강 체제하에서 마련된 개념으로 분단 한반도에는 전혀 쓸모없는 관념상의 이론에 해당한다고 할 수 있다. 북한 핵 폭격이란 남한을 지키기 위해 남한을 때리는 것과 같기 때문이다.

가 아니면 한·미동맹을 준미국 수준으로 강화시키는 등 뾰족한 방안을 강구할 것"을 강요한다. 북한 핵 체제의 다음 벡터는 분명한 노선을 드러낸다. 북한은 핵 무력 아카데미 국가화를 내세워 세계적 차원으로 미국과의 핵 실력 격돌 최전선을 확대한다. 동시에 언제든지 한반도에서는 핵전쟁이 일어날 수 있다는 '순전한 공갈'로 위기와 긴장 국면을 일상화시킨다. 물론 숨겨진 목적은 북한이 남·북, 북·미, 북·미·남 대화를 견인하여 "핵 무력을 보유한 경제 강성 대국"이라는 미래 목표로 향하는 것이다.

둘째, "한·미동맹은 한국의 핵 개발을 구조적으로 제한하는 기구이다."라는 역설

미군의 해외 주둔은 우선 당사자국의 국가 이익과 미국의 국가 이익의 결합에 의해 결정된다. 주한미군은 '탈냉전 속의 냉전'인 북한의 위협과 전쟁 억제로부터 한반도의 전쟁을 억제하고, 아시아·태평양 안보 권력을 통한 대중국 팽창 억제와 경제 이익 등 미국의 국가 이익을 위해 존재한다. 이런 패러다임은 미국이 '핵 무력 체제 패권 국가'이자 북한은 '재래식 철제 무력 체제' 국가라는 비대칭 관계가 정립되었을 때의 과거 60여 년 동안을 의미한다. 이제 한반도는 핵 체제 신 냉전이다.

북한의 국가 운명 정체성이 '핵 무력 체제 국가'로 진화·네트워킹되었다면, 미국은 한반도와 아시아·태평양에서 안보무력 분야에 관한 한 북한에 대해 동등하고 평등한 입장에서 협상에 임해야 하는 궁핍스러운 국면에 처하고 말았다. 하물며 한국은 대북한 대응 핵을 개발할 수도 없고, 북-미 간의 핵 협상 대화에 주권이 없다. 핵 주권, 즉 국가 운명 정체성에 관한 전몰적 상황에 내몰리고 있다.

미국은 한국이 통제하지 않으면 짧은 기간 내에 핵 프로그램을 개발하고 진화할 수 있는 과학 기술 능력과 경제 역량을 보유한 사실을 잘 인식하고 있다. 따라서 미국의 '한반도 핵 억지 레드라인redline 저지선'은 한국의 핵 개발을 근본적·구조적으로 제한하는 데 있다. 이는 1970년대 중반 박정희 정권의 핵 개발을 억지한 사례에서 극명하게 드러난다.

한·미동맹은 북한과의 전쟁 억지라는 전통적 시간과 한국의 핵 개발 의지의 근본적인 제한이라는 미래적 시간이라는 이율배반적인 양면 노선이 병진된다. 한마디로, 한·미동맹은 한국 핵 개발을 구조적, 원천적, 총체적web으로 제한한다. 한국의 핵 보유란 미국의 운명이 걸린 태평양 안보 패권을 순식간에 무너지게 할 수 있는 '운명적이고 세계적인' 잠재력을 지닌다.

역설적으로, 북한 핵이 미국의 국가 이익에 미치는 권력과 가치의 함의를 볼 때 시간이 지나갈수록 북한 핵 협상의 지위는 높아진다. 미국에게 한-미동맹은 한국 독자 핵 개발 근본적 제한의 최전선이자, 사령부에 해당한다Selig S Harrison, 2003, pp.268-271.[87]

셋째, 핵 무력이 강제하는 북-미 관계의 궤도와 노선의 벡터는 '교차동맹'에 있다.

핵은 한·미 관계와는 아무런 상관이 없는 핵 무력 자기 보존과 상호 불가침 체제의 관계망 속에서 북·미 대화를 강제한다. 2007년 2·13 조치의 일환으로 6자회담국이 북한 핵을 시찰할 때 사찰단 주체 국가에

---

[87] 북한의 핵 보유에 따라서 남한도 핵 보유를 해야 한다고 주장하는 일부의 견해는 매우 위험하다. 남한이 핵 보유를 하려는 의도를 노출하는 순간, 미국은 주한미군을 철수하는 등 남한을 북-미 핵전쟁의 빈 공간으로 남겨둘 가능성을 배제할 수 없다.

한국과 일본은 제외되었다. 일제의 원죄에서 벗어나지 못한 일본의 제외는 마땅하다.

그러나 당사국인 한국이 왜 제외되는가? 국가 외교 정체성의 실종 사태에 해당한다. 당시 국정원장은 국회 정보위원회에서 "한국은 비핵 보유 국가이기 때문"이라는 요지로 답변했다. '1994년의 스위스 제네바 협정의 재현이 아닌가?', '6자회담이 우리에게 왜 필요한가?'를 되물어 봐야 하는 국면이다. 한국의 핵 주권은 미국에게 있음을 국제 관계에서 확인한 사례이다.

참담하지만 소중한 교훈이 아닐 수 없다. 한국은 1994년, 2007년과 같은 악몽을 반복해서는 안 된다. 따라서 북한의 사활적 키워드이자 통로인 '민족'과 '주체 시간'이라는 개념에 뚫어져라 집중해야 한다. 그 집중이 다시 김대중-정주영-클린턴-김정일의 시간을 재현할 수 있다. 동시에 한국은 북-미 핵 협상이 전개된다면 이는 한반도와 한국의 국가 운명에 해당하는 '사활적인 국제 권력과 가치=국가 이익'에 해당하는 만큼 반드시 때로는 주도자로서 때로는 반려자로서 참여하는 '물렁물렁함'을 확보해야 한다.

3) 북한, 앞으로 20년 전쟁 승리 전략과 그 노선

2009년 5월 제2차 핵 실험은 북한이 필수 통과점opp을 거쳐 핵 프로그램 개발의 완료 및 핵 보유를 하였다는 사실을 입증했을 뿐만 아니라, 한반도의 안보 주도권에 있어 북·미 간에 대칭적 평행관계가 설정되었음을 의미한다. 이제 미국이든 남한이든 북한을 선제공격할 수는 없게 되었다. 그러나 미국 오바마 정부는 이후 4년 동안 남한의 이명박 정부와 함께 '고의적 무시'로 일관했다. 그 배경에는 '북한 자체 붕괴론'에 대한 전망과 '미국 본토에 위협이 되지 않는다'는 안정심리가 있었다. 이로써 북한 핵 프로그램의 완성과 보유, 진화의 결정적 시기는 미국 조지 W. 부시 미 행정부와 오바마 1기 행정부 그리고 중국 후진타오 체제, 한국의 노무현-이명박 정부에 해당한다고 하겠다.

북한 핵은 진화를 거듭했다. 이번에는 핵전쟁의 우주사령부에 해당하는 인공위성 발사까지 과시했다. 김정은 체제는 운반 수단은 물론, 핵무기의 우주적 네트워킹을 의미하는 2012년 12월 로켓 발사 성공에 이어 2013년 2월 제3차 핵 실험을 강행하여 미국뿐만 아니라 전 세계에 충격을 주었다.

[그림 3-8] 2013년 이후 북한 핵 무력의 선택 벡터

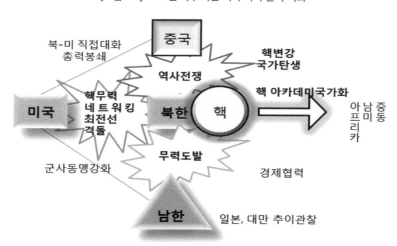

·2013이후 북한은 핵을 토대로 한반도안보의 주도성 확보.
·미국과는 말의 전쟁, 중국과는 역사전쟁, 남한은 무력도발.
·중국에게는 경제협력을 강요하는 신오랑캐 국가로 진화.

6자회담의 혜택을 독차지한 중국에게는 본질적인 딜레마로 되돌아왔다. 핵 무력국가와는 거리가 멀수록 이롭다고 할 때, '순망치한脣亡齒寒'의 근접한 중국에게는 이제 직접적인 딜레마이다. 중국이 누려왔던 6자회담 의장국의 지위와 중국역할론은 무의미해졌고, 오히려 미국-중국-북한이 핵전쟁 억지의 평등화를 이뤘다는 점에서 고뇌가 심화된다. 북한 김정은이 2013년 장성택과 그 세력을 처형한 자신감의 저변에는 이와 같은 분석요인이 작용했다.

[그림 3-8]에서 보는 바와 같이 북한은 중국과는 역사적 변강 최전선 격돌을 벌이고, 남한에게는 재래식 철제 무기를 통한 국지적 도발을 통해 긴장을 유지하며, 미국과는 핵 네트워크 치기 최전선 격돌을 지속화해 나가면서 핵무기 전이, 확산 국가즉 아카데미 국가화를 천명하여 북-미 직접 대화를 강요하게 된다.

미국으로서도 딜레마이다. 형식상 한반도 전쟁 결정 주권이 없는 미국에게는 북한과 협상 테이블에 마주 앉을 수 있는 자격에 근본적인 제한이 도사리고 있다. 미국은 한·미동맹으로서 한반도와 동북아의 안보를 대리한다는 '1952년 정전 협상 대리권'만 있을 뿐이다. 정전 협상은 1953년의 시계에 해당하고, 2013년 한반도의 주권 국가는 남한이라는 2013년의 시간성과 서로 충돌한다. 따라서 미국은 '한반도 핵 무력 안보'라는 제한된 협상 테이블에서만 남한을 대리할 수 있다.

진화된 북한 핵 무력은 UN 헌장과 IAEA, NPT 등 관련 국제기구와 해당 조약들에 대한 대폭적인 개정을 강요하고 있다. 결국 한반도 냉전 종식 게임의 주도자는 미국에서 북한으로 변경되었다는 현실이 확인된다. 사실, 그 전환점은 2009년에 이루어졌으나 한-미-중 간의 묵시적

합의에 의해 '의도적 무시'로 일관한 결과 2013년 이후 체제로 이월되었다고 할 수 있다.

4) 핵 무력 출구전략, 북한을 지렛대로 한 세계 핵 편재화

부시, 노무현, 이명박, 오바마가 놓친 것이 무엇일까? "핵 무력은 행위자이다"라는 진실이고, 그 속에 세계 체제이자 국제기구라는 정체성이 숨어 있다는 것이다. 미국 중심의 핵 억제가 되는 한 이 전쟁의 절대 역량은 미국의 구심형 패권 속으로 흡수되었다. 그러나 핵 무력은 전쟁의 절대적인 행위역량을 자기 충분성으로 보유한 화신이다.

전신戰神은 국가들의 충성 경쟁을 앞다투고 지구적 편재화를 위해 국가와 지도자들을 원격조종 한다. 핵 외교에는 자기 보존의 법칙과 상호불가침의 법칙이 적용된다. 세계 최저개발 왕조적 독재국가인 북한이 핵과 결합한 사건으로 모든 진실은 드러나고 말았다. 북한과 핵은 공명하여 한반도에서 미국 핵과 동등한 지위를 획득한 것은 물론, 시간의 축적과 함께 한반도 안보 주도권이 북한으로 이양되었다. 지나간 20년 '냉전 엔드 게임'의 시간 전쟁은 우리의 패배로 끝났음을 일깨운다. 솔직해야 한다. 솔직한 자에게만 새로운 미래가 주어진다.

부시와 이명박은 북한이 시간중심축의 체제라는 특징을 전혀 고려하지 않았다. 미국으로서는 '돌이킬 수 없는irreversal' 실패한 외교였다. 외눈박이 부시가 중국에 부여한 '북핵 억지의 망상'은 10년 만에 산산이 부서졌다. 중국 외주의 대가로 제공했던 미국 시장의 중국 개방은 중국의 G2 급부상의 지렛대라는 상상을 초월한 현실이 확인되었다. 아들 부시가 저지른 대패착은 '핵이 주도하는 한반도 신 냉전 체제'이다. 한반도 신 냉전 체제가 세계 신 냉전 체제로 전환되는 것은 시간문제다.

특히 북한은 더 이상 중국의 중재교섭권agentship을 인정할 필요가 없다. 북한이 미국과 핵 비대칭 관계에 있을 때, 중국은 북한을 설득하여 미국과 결합시키는 중재자로서 미국 시장개방과 전방위적 교역의 시간을 획득했다. 그러나 핵 체제화한 북한으로서는 더 이상 중국의 개입은 간섭이다. 핵 무력은 중국이 북한을 멀리할수록 미국과 북한 간의 직접적인 결합의 맥락을 강요한다. 북한은 앞으로 한·미동맹을 인정하는 조건이라면, 북-미 간에 교차 동맹, 전략적 관계를 맺어갈 수도 있다. 그나마 남한으로선 가장 희망 섞인 미래 벡터이다.

북-중 관계의 핵심은 오히려 핵 무력이 아닌 변강의 역사적 충돌과 긴장 관계에 있다. 북한은 역사적으로는 태평양 건너 미국보다도 중국을 훨씬 경계한다. 1950년 한국전쟁 참전 혈맹인 중국은 김일성의 거듭된 요청에도 핵 개발 기술에 관한 한 어떤 도움도 주지 않았다. 왜 그랬을까? 중국은 북한이 핵 무력을 보유할 경우 초래될 북·중 관계의 변화를 염두에 두었음은 두말할 나위가 없다.

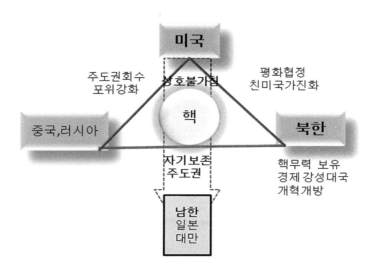

[그림 3-9] 2013년 이후 핵 무력 남·북·미·중·5+2(일, 러)관계

2013이후 한반도 핵무력 삼각관계 도해

- 중앙 핵은 주도권을 쥐고 자기보존의 법칙에 안정화 됨
- 미국, 북한, 중국, 러시아에게는 핵 선린공명의 법칙이 적용 됨
- 한국, 일본, 대만은 미국의 핵우산권에 포함됨

1962년 쿠바 사태가 북한에게 '강대국을 믿어서는 안 된다'는 간접적인 교훈을 주었다면, 1970년 중-미 데탕트는 북한 김일성은 물론 한국의 독재자 박정희에게도 핵무기 개발의 직접적인 결심을 촉발시켰다.

1991년 북한 체제 위기 국면 앞에서 중국은 북한을 버리고 한-중 수교를 강행했다. 한중 수교는 북한에게는 역사적 배신 행위에 해당하고, 이때 북한은 "믿을 것은 핵 무력뿐"이라는 결론을 낸 것으로 분석된다. 핵과 결합한 북한 국가 정체성은 중국에게는 미국 핵보다 더 경계되는 것으로 새로운 변강 오랑캐 국가의 절대 무력 국가로서의 탄생이라는 역사적·운명적 성격을 띠는 것이 그 이유이다.

북한 핵 무력 최종 벡터는 북-미-남 관계로의 재귀로 향하고 있다. 미국이 핵 무력이 주도하는 국제 권력 네트워크의 원격 조정을 극복하지 못하고 북한 핵 억지와 관계 설정에 실패한다면, 지구 최악의 시나리오가 전개된다. 북한 핵의 영구화는 한반도 분단의 영구화이다. 불변의 진리성을 확인한 한국은 자생적 핵 무력을 보유하려 하고 그 의지가 일본, 대만으로 확산되는 것은 시간문제일 뿐이다. 그 전이와 확산을 목도하면서 아프리카, 남미, 중동 등 국가들은 전쟁의 화신의 마력에 중독되는 상황 또한 시간문제다.

다시 한 번 강조한다. 핵 무력은 국제 관계 행위자다. 핵이 지닌 인물성人物性의 특성으로 인해 조작과 통제가 가능하다고 착각한다. 유감스럽게도 핵 무력은 인간의 손아귀에 있지 않다. 오히려 기업이 경제의 물신物神인 달러를 위해 충성을 다하듯이, 국가가 전쟁의 화신化神인 인물성의 핵 무력에게 그 운명을 다해 충성할 뿐이다. 한마디로 핵 무력은 전쟁의 신, 국제 관계의 무정부성을 관리하는 세계 체제이자 기구이다. 케네시 월츠 등 서구의 대표적 정치학자들이 진실을 유폐시켰을 뿐이다. 1945년 이후 국제 관계에 무정부 체제란 없다. 오직 핵과 달러가 존재할 뿐이다. 미국은 핵과 화폐의 대리관리자에 불과하다.

전신戰神 '핵 무력'의 궁극적인 목적은 핵의 전 지구적인인 전이, 확산, 편재화이자 자기 충분성이 지닌 절대 파괴력의 현시적 자증이다. 실험장에 불과한 지구가 괴멸된다고 한들 지구상에서 생명체가 사라진다고 한들, 무슨 상관이 있으랴? 어차피 우주 빅뱅의 원리가 아닌가? 핵의 DNA는 엄연히 살아 영생한다. 전쟁의 신 핵 무력의 출구 전략이 북한에서 현재 진행되고 있다는 얘기다.

5) 한국, 앞으로 20년 전쟁, 승리를 위해 무엇을 할 수 있는가?

북한 핵 무력 진화 네트워크는 한국에게 양단간의 선택을 강요한다. 자생적 핵을 보유하거나 한·미동맹의 핵우산을 강화하거나이다. 여의 치 않다. 게다가 북한 핵 협상 주권은 미국에게 있다. 한국은 그야말로 국가 정체성 실종의 국면에 처할 수 있다. 그러나 태극기의 원리는 궁 즉통 통즉구의 원리를 말해준다.

첫째, '북한의 핵 출구 전략이 어디에 있는가?'를 정확히 파악해야 한 다. 북한의 핵 출구 전략은 '민족'과 김일성·김정일 유훈에 있다. 북한 건국의 두 철학 이념은 인간의 주체성과 민족의 자주성이며, 이는 김일 성의 주체사상과 김정일의 선군 사상의 토대이고, 김정일은 여기에 실 사구시의 과학 기술의 총화 핵 능력을 융합시켜 김정은에게 유산으로 물려주었다.

김정은은 이제 사회주의 강성 대국, 즉 핵 무력을 보유한 경제 강성 대국을 실현하는 출발선에 서 있다. 김정은의 출구전략의 유일한 선택 지는 강대국 미국이나 중국이 아니다. 바로 '민족'인 '한국'이라는 데 있다. 핵 무력 현실적 사용국가가 한국이라면, '그래봤자 종이호랑이'라는 사 실은 진리성을 담고 있다.

김정은 체제가 남한을 상대로 남한이 김정은을 상대로 외교 전략을 전개할 때, 그 기조에서 단단함과 물렁물렁함을 공진시켜야 하는 이유 이다.[88] 한국은 북한과 '물렁물렁한' 민족정체성 주도권 최전선 격돌을

---

88 본 연구가 진행 중인 지난 3월 30일 북한 중앙통신은 북한이 향후 사회주의 강성 대국 실현

벌여갈 수도 있고, '종이호랑이'임을 강조하며 북한과 미국과의 대화를 압박할 수 있다. 북한이 병진하면 우리는 공진한다.

박정희 외교가 그 효시이다. 불과 3년 전 청와대 습격 사건과 푸에블로 호 납치 사건을 뒤바꾼 북한과 미국을 겪으면서, 분노를 접고 1972년 특사 이후락을 김일성에게 보낸 박정희를 곱씹어 봐야 한다. 곱씹어 본 자만이 그 본질을 깨달을 수 있다. 김종필은 이 사건의 심층성을 통찰하지 못한 채 중앙일보 회고에서 7·4 남북공동성명은 이후락의 충성 경쟁의 결과라고 술회했다. 그러면 박정희의 핵 개발 추진의 근본적 이유와 민족, 시간 철학이 단절된다. 필자는 박정희가 오로지 독재를 유지하기 위한 수단으로 핵 개발을 추진했다는 편벽된 견해에 동의하지 않는다.

그 곱씹음과 통찰력을 전략으로 계승발전한 사람이 있기 때문이다. 필자의 눈도 의심스럽지만 김대중이다. 김대중은 1998년 정주영을 앞세우고, 2000년 클린턴을 설득하여 김정일의 개혁 개방을 유도했다. 당시 김대중이 보여준 국제 정치와 외교 수준은 단단하면서도 물렁물렁한 예술적 차원이었다.

결국, 북한과 대화와 협력, 시간과 역사를 공진시켜 낼 행위자주도, 반려, 촉매자는 '한국'이라는 사실을 알고 있었다. 그 물렁물렁함의 교훈이 바로 유일하게 서생저 실시구시와 상인적 실용에 입각한, 독서광 김대

을 위해 핵 무력과 경제 강성 대국의 병진 노선을 갈 것임을 천명했다. 병진 노선은 북한의 핵 아카데미국가(Nuclear academic nation)화를 암시하고, 미국에게 직접 대화에 나설 것을 촉구한 것으로 분석된다.

중이 박정희에게서 빨아들인 유산이다. 상상컨대, 박정희와 김대중은 이승에서 손을 잡고 우리에게 말해준다.

"우리 한국이 아니면 북한은 그야말로 아무것도 아니다. 민족과 시간의 공진성을 회복하면 핵 무력은 종이호랑이일 뿐이다. 얼마든지 폐기할 수도 있고 빼앗아 올 수도 있다. 대북한 전략에는 양단된 진영 논리가 있을 수 없다. 박정희와 김대중이 둘이 아니다. 시간 축에서 오직 함께 하나로서 공진한다. 시간과 민족, 실사구시와 실용만이 있을 뿐이다."

[그림 3-10]은 말해준다. 남한은 '핵 주권'과 '한반도 안보 주권'을 강조하여 미국을 압박하면서 동시에with 한·미동맹을 강화하고, 북한과 '물렁물렁한' 민족 정체성 최전선 격돌 양상을 전개하고, 동시에with북한의 개혁 개방의 출구 전략을 수용하여 주는 기회를 제공하여 준다는 것을.[89] 남한만이 펼칠 수 있는 공진전략이다.

남과 북의 교류와 협력, 북·미수교의 국면이 도래한다면 남-북-미가 주도하는 별도의 공진적인 시간 축을 만들어 가게 된다. 공진시간의 축적과 함께 한반도 안보 현안에서 북한 핵 무력은 제1순위에서 하순위로 내려가고 북한 경제와 삶의 질 향상 등이 선순위로 역전된다. 이에 따라 북-미 간의 관계 개선에 더욱 박차를 가할 수도 있고, 미국과 함께 한반도 '영세 중립국론', '영구 평화 보장론'과 '물렁물렁한 통일론'도 다시 논의할 수 있는 시간의 단계로 진입하게 된다.

---

89 2013년 5월 남북 관계의 테제인 개성공단은 남북 관계 네트워크의 시간 축과 공간 축상에서의 출구 전략의 시작점이자 핵(核)이라는 관점에서 평가와 대처 방안이 강구될 필요성이 있다 하겠다.

이와 같이 예기치 못한 창발적인 성과는 북한의 출구전략이 '민족'인 남한에 있었기 때문에 빚어지는 필연적인 현상으로서, 북-미 관계 또한 동반 상생할 수 있게 된다. 미국의 입장에서도 마지막 남은 저개발 사회주의 국가인 북한에게 '핵의 덜미'를 잡혀 마냥 끌려다닐 수도 없는 입장이고 보면, 반드시 실효성이 있는 중재 행위자agent가 요구된다. 요컨대 한·미·북 3자 모두 공진했던 경험은 1998년부터 2001년까지 남북정상회담 전후 3년간이고, 그 지표인 개성공단은 살아있다.

[그림 3-10] 2013년 이후 6자회담과 남한의 지위와 역할

2013이후 6자회담과 남한의 지위와 역할 도해

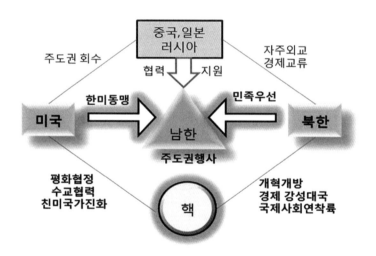

·2013 오바마 정권은 2003년 선택지와 동일한 딜레마에 처함.
·북-미 직접대화 혹은 남한을 선택하여 민족내부 문제로 전화.
· 미국이 또 중국을 선택할 경우 북한은 핵 아카데미국가화 추진.

북한의 역사적 출구전략은 오로지 민족과 한국에 있다. 그 진리성을 간파하고 세계 전략에 적용했던 사례는 1972년 박정희와 1998년 김대

중 정권이다. 박정희와 김대중의 차이점은 박정희 때는 시간성이 우리에게 불리했다는 데에 있다. 당시까지는 북한의 경제력이 우리 남한보다 우위였다. 박정희는 국력이 구조적으로 열등한 입장이었다. 그러나 김대중 외교 때는 시간과 구조 환경이 역전되었다. 그 결과 세계적 경영인 정주영을 촉매자로 내세울 수 있었다. 정주영은 박정희가 키우고, 김대중이 내세우고, 김정일이 신뢰한 남북 화합의 주춧돌을 놓은 인간적 표징이자 대표 명사다.

노무현과 이명박이 박정희와 김대중의 시간과 민족 철학의 계승 관계성을 인식하고 있었다면, 부시가 클린턴을 뒤엎은 ABC를 따라 김대중을 뒤엎는 ANDJ '대북 송금 특검 수용', 이명박이 노무현을 뒤집는 ABNOH '5·24 조치'가 있었을까? 단연코 없었을 일이다. 역사에 가정은 없으나 미래 노선에 분명한 교훈이 된다.

> 제 **4** 장 <
북한 핵의 주체 시간 생성과
외교 역량 구축 과정

> 1 <
왜 북한 국가 운명 정체성의
재인식이 대두되는가?

북한의 국가 정체성은 김일성 유일사상 체계 국가약칭: 김일성 국가로 집약·운명화된다. 시간을 중심축으로 붙잡을 때 김일성 국가라는 개념 속에는 혼돈 속의 질서화 과정chaosmosing과 역사적 과정historical streaming으로서 북조선의 건국 과정, 체제의 조직 패턴, 수령, 군, 당, 인민의 융합 구조가 모두 함축되어 있다.[90]

한마디로 북한 체제는 그 기원부터 현재 그리고 미래 벡터까지 시간

---

[90] 환기하자면 주체는 인간은 인간 자신의 운명의 주인이라는 의식, 주체사상이란 자주성, 창조성, 의식성을 지닌 인간의 집합인 근로 인민 대중이 사상 혁명, 문화 혁명, 기술 혁명을 일으켜 무계급의 공산사회를 실현할 수 있다는 사상이다. 김일성 유일사상 체계는 절대성을 가진 수령의 교시와 당의 영도에 따라 당군 인민 대중이 전일적 조직체(사회적 생명체)로서 사상으로서의 주체, 정치에서의 자주, 경제의 자립, 국방의 자위에 있어 자주적인 입장을 견지하며 수령이 교시한 혁명 과업을 원수히여 나가기 위한 혁명적 수령관과 조직적인 투쟁의 체계이다. 혁명적 수령관이란 근로 인민 대중의 최고 뇌수, 통일 단결의 중심으로서의 절대적 지위를 차지하며 그 본질은 결정적 역할로 이뤄지며 인민 대중은 절대화, 무조건, 신념화, 신조화로 높이 우러러 모시는 데 있다.(김일성 저작집3, 4, 5, 9, 18, 27, 29; 1986년 신년사)

과 역사를 국가의 근간으로 삼은 변종된 역사법칙주의 체제이다. 북한의 모든 구조와 패턴, 과정은 그들만의 주체적이고 자주적인 시간의 생성과 자기 제작한 시계의 적용과 교체, 관리에 있다. 그 시간 체제의 패턴과 구조, 과정의 총괄적 양태가 탈냉전 이후에는 핵 무력의 개발과 진화로 드러났을 뿐 핵 무력 자체가 김일성 국가의 그 최종적인 미래 벡터未來想는 될 수 없다.

원자력이란, 빅뱅이라는 우주적 시간 생성 원리過程와 지구적 물질이 인간과 기술과 함께 결합패턴되어 탄생한 에너지 체계構造이다. 핵 무력이란, 우주적 차원의 에너지 체계의 지구적 파괴를 목적으로 한 무력 체제로의 전환이다. 따라서 2015년 말 현재, 한반도 비핵화와 북핵 폐기 협상이 실패하고 북한이 핵 무력 체제를 구축한 시점이라면 북한 국가 정체성에 대한 재검토와 재인식이 요구된다.[91]

---

91 북한 정체성이 시간성 속에서 변화한다는 사실을 처음 간파한 국내 학자는 구갑우로 보인다. 전술한 바와 같이 그는 그의 역저 『국제 관계학 비판』을 통해 알렉산더 웬트의 구성주의를 비판하는 과정에서 공간이 시간을 뛰어넘을 수 없음을 지적했다.

> 2 <
북한 주체 시간 생성의 근원과 동력
: 전상 체제와 군선 독재

1) 전상국가(戰常國家): 김일성 유일사상 체계의 근간

북한의 시간 생성과 통제 그리고 시계 제작 방법의 근원과 동력은 바로 북한 체제가 전쟁이 상시화된 특수한 체제戰常體制라는 상황에 있다. 북한은 김일성 항일 무장 투쟁으로부터 정부 수립, 한국전쟁과 정전협정 그리고 현재에 이르기까지 어디까지나 평화가 아닌 전쟁이 상시화된 체제인 것이다이하 戰常國家. 그 전쟁의 주적이 일본 제국주의에서 미국 제국주의로 변경되었을 뿐 전쟁의 양상은 지속되고 있다. 戰常國家 war holic nation, 북한이 1994년 김일성 사망 이후부터 주체력과 서기를 함께 사용하는 명분과 사활적 이유가 여기에 있다. 역사성, 민족 형식, 전쟁 권력의 독재성과 초법적 군선적 무력 공포 통치, 유일사상 체계와 전체주의는 주체력으로서 시간과 운명과 권력이 통괄적 관계 생명 연결망으로 신체화되어 있다.

그 동력과 통제 방법을 구분하자면 ① 김일성 + 김정일 + 김정은으로 전승되는 운명 정체성의 전승성과 이행성의 축적 속에 ② 시간의 벡터가 향하는 경로이자 결합 거점인 국경 도시 그리고 정보와 물질의 집결 수도인 평양의 보존과 차단을 위해 연결 거점 도시 공간을 개폐하고 ③ 전략적 선택에 의한 특정 장소를 지정하여, 연결 창의 개방과 일방적 경로를 설정하는 데 있다. 나아가 ④ 전체적으로 국가는 닫혀 있으며, 그 내부에서는 주체 시간에 따라 통제와 조정 속에 열람과 세포 단위 조직별로 자발적인 신진대사를 반복하는 되먹임 구조feed back loop를 강제화한다. 본 연구가 시간을 중심축으로 붙잡고 추적하여 들춰낸 번역이 정합성을 갖는다면, 북한 체제의 전쟁상시화戰爭常時化 체제가 바뀌지 않는 한 북한 사회의 전면 개방, 즉 전방위적인 개혁 개방은 요원하다.

무엇보다도 북한은 이 되먹임 구조나 자생적 조직화 메커니즘에 이상 징후가 발생했다고 판단될 경우 ⑤ 도발한다. 도발은 지금까지의 관계 생명으로서의 시간을 무효화시켜 버리고, 새로운 혼돈 구조와 새로운 국면의 시간을 생성하는 ⑥ 처방전對症療法이다. 예를 들어 우발적이든 고의적이든 박왕자 씨 피격사건, 연평도 포격사건 등이 모두 북한이 의도한 처방전의 시간성에 수렴된다.

일단 사건이 발생하면 한반도의 시간의 양상에는 혼돈의 불안정성과 불가측성 그리고 가역성과 질서가 뒤엉켜 공진하면서 시간의 8양상의 상호 작용과 공명, 교직과 융합의 제작 과정이 일어나며 이를 통하여 외교 테이블에서는 무시, 협박, 만남, 단절, 부인, 동의, 지연, 교착, 의심, 불신, 배신, 분도, 도발, 우회, 위장, 의혹, 공포, 결렬, 실망, 감사, 인정 등의 모호와 긴장 강화 행태가 나타나며, 북한은 은폐된 전장 국가war holic battlefield로 그 모습을 위장한다.

서훈은 이 기계적인 패턴들을 그의 박사 학위 논문에서 선군의 외교 전략 모델로 도표화하여 북한의 tit·for·tat식 대미협상 전술로 제시했다서훈, 2008, p.90, p.113. 척 다운스는 북한의 협상전략의 특징으로 꼽아 기술했다척 다운스Chuck Downs, 1999. 신일철은 2002년에 이미 김일성 독재 교조주의 체제에서만 가능한 시네마 폴리티카로 규정하여 제시했고신일철, 2002, 권현익·정병호는 극장 국가 북한으로 은유하여 규정했다현익·정병호, 2013.

극장의 무대에서는 모든 시간은 주인공의 생명에 달려있다. 연출자는 주인공의 생명이 조속하는 시간 속에서 관계를 엮고 매듭짓고 재량권을 갖는다. 북한의 통치자는 불세출의 주인공이자 연출자이자 화신에 해당하고, 김정일의 운명 정체성은 제2대 김일성, 김정은은 제3대 김일성으로 자기 제작된다.

본 연구는 북한 체제가 자신 스스로의 공간을 분할하고 연결망의 통로를 개폐하여 그들만의 별도의 시간을 생성하고 패턴을 자기 조직화하는 과정을 기술하였다. 결국 북한의 시간에는 내·외부를 막론하고 뉴턴적 시간과 현대 과학의 시간이 상호 공명하면서 선택적으로 공진한다.[92]

정리하자면, 북한은 시간 기준을 체제 내부의 시간, 한반도의 시간,

---

92 따라서 세칭 내재적 접근법은 곧 주체사상 체계로 북한을 자주적으로 본다는 것인데, 바로 이 되먹임 구조의 군선적 강제화 때문에 환원주의에 빠지게 된다.

미국 주도 세계의 시간, 핵 무력 진화의 시간 등으로 구분하고 이 기준에 따라 전쟁의 시계, 평화의 시계, 핵 무력의 시계 등 세 갈래의 패턴을 엮어 시계를 조립하고, 변형하고, 데커레이션하여 외교무대에 내놓는다.[93]

2) 주체 시간의 북한 국가 운명 정체성 구축 과정

북한의 국가 정체성은 김일성 유일사상 체계 국가약칭: 김일성 국가로 집약된다. 유일사상 체계는 주체사상에서, 주체사상은 주체 시간에서, 주체 시간은 전쟁의 세계관 속에서, 전쟁의 세계관은 현대 과학이 제시한 시간론과 부합된다. 전쟁의 세계관 속에서 탄생한 김일성 국가의 시간성 개념 속에는 혼돈 속의 질서 과정과 역사적 과정으로서 북조선 민주주의인민공화국의 건국 과정, 조직 패턴, 구조가 모두 함축되어 있다. 북조선의 역사는 세계 체제를 전쟁의 혼돈chaos의 비평형 불안정성의 세계로 전제하고, 그 속에서 개별적인 국가 운명의 생존과 번영을 위해서 자주적인 시간질서cosmos를 생성하여 대응하여 온 축적된 변증법적 역사에 해당한다.

북한 체제는 그 기원부터 현재, 나아가 미래 벡터인 핵 무력과 경제 병진 노선에 이르기까지 시간과 역사성을 국가 근간의 중심축으로 삼

---

93 로고스 게임이란 '누가 옳으냐'라는 진리성 검증 게임이다. 북-미 간에는 말 대 말, 행동 대 행동, 언행일치로 나타났다. 한·미동맹의 군사 훈련에는 도발하였고, 미국의 경제 제제 조치에는 핵 실험과 로켓 발사로 대응했고, 말에는 핵 무력 전쟁만이 가능한 공포의 심리전으로 대응했다. 이를 총칭하여 로고스 게임이라고 칭한다.

는 현재 진행형 체제로서, 전쟁이 상시화된 왕조적 유일사상 독재 체제로 규정할 수 있다. 북한 국가 운명 노선은 세계의 시간 질서와는 전혀 다른, 그들만의 독자적인 시간을 생성하여 외교와 내치에 적용하여 왔고, 탈냉전 이후에는 국가 운명의 생존을 위한 핵 무력의 개발과 진화 전쟁, 즉 시간의 쟁탈 전쟁을 벌이게 된다.

[그림 4-1] 북한의 주체 시간 생성 및 외교 역량 구축 원리 [94]

___

94 개인이든, 집합이든, 거대 집합 연결망이든 그들의 정체성은 시간의 역임 속에서 구성되고 북한의 국가 정체성은 그리고 외교 시간은 전쟁 상시화 구조의 시간 양상 속에서 동력을 되먹임 구조 속에서 역동화한다.

시간을 중심축으로 따라갈 때만 북한의 국가 운명화의 과정, 조직패턴, 구조의 권력 흐름의 양상, 즉 그 총괄적 양태인 운명 정체성을 열람할 수 있다는 주장이 필자의 논지다.

① 북한의 국가 운명 정체성을 요약하면, 김일성 국가는 항일 제국주의 무장 빨치산 투쟁으로부터 출발하여 건국, 항미 반제국주의 민족해방전쟁, 주체사상, 김정일 선군 사상, 김정은 핵 무력과 경제 병진 노선에 이르는 미래 벡터the arrow of time가 모두 김일성 유일사상 체계의 통시성, 즉 역사적 과정historical streamings으로서 통괄되어 융합·축적되어 있다.

김일성의 역사적 지위는 고조선의 단군, 고구려의 주몽과 같은 건국의 시조와 같은 역사의 설립자로서 추앙되고, 그의 사망과 함께 주체력self-calender을 탄생시켜 사회적 생명으로서 시간성을 연장한다. 그의 강시는 영생불멸하는 역사 속의 전쟁의 화신化神 incarnation으로서 만수산 궁전에서 존속되고, 주체사상연구소, 전 가정에 걸린 어버이 수령의 초상화, 마을 단위의 생활 현장마다 존치된 주체사상연구소와 동상의 형태로 부활하여, 인민들과 삶에 함께 일상화된다.

② 조직 패턴의 양상으로는 변종성 사회주의, 초법적인 독재, 교조적 전체주의, 전쟁의 일상화 속에서의 군선軍先적 핵심 권력 집중으로 계층화된 군선전체주의 독재국가로서 그 양상이 다층화, 복합화, 자기조직화, 군사화되어 적어도 표층적으로는 살아서 혁명하는 유기적인 사회정치생명체로서 조직화되어 있다. 개개의 인민은 당을 위하여, 당은 수령을 위하여, 수령은 인민을 위하여 운명공동체적 사회적 생명체로

재탄생하여, 민족의 재통일과 남한 인민을 미제 속에서 자주적, 주체적 인민으로 구명해내야 할 영구 혁명을 위한 역사적 소명_{지위. 역할. 기능}이라는 벡터를 지향한다_{서동만, 2010, pp.291-297}.[95]

③ 권력 시스템 구조의 관점에서 분석할 때 북조선의 수령, 군당, 인민의 사회 유기체적 결합 양식은 민족주의적 사회주의 국가 형식으로 출발하였으나 전쟁의 생태적 상시화와 수령의 절대 권력화 과정이 되먹임 구조로 역사화되면서 소수의 과두적 파워엘리트에 의해 통치되는 전쟁 군선 권력, 즉 3대 세습의 김씨 왕조 유일사상_{종교화}체계가 누리는 전쟁독재 전체주의 국가로 현실화되어 있다. 이 전상체제_{戰常獨裁}와 군선_{軍先} 전체주의 국가가 바로 북한만이 가능한 자주적이고 독자적인 시간 생성과 함께 그 시계의 조립이 가능한 공장에 해당하는 구조적인 틀_{시간과 시계 조립 공장}이다.

전상국가_{戰常國家}로 역사화된 김일성 국가에서는 김정일은 제2의 김일성, 김정은은 제3의 김일성으로서 그 정체성과 권력이 운명화되어 계승된다. 현대 과학이 제시한 비평형 불안정성의 세계, 즉 혼돈 속의 질서화 과정을 국제 관계에 적용하면 세계는 불안정 속에서 요동치는 지구적 차원의 전쟁 생태계를 의미한다. 요동치는 국제 정세의 불안정성의 핵심에 미국 등 핵 무력 패권 국가들이 존재하고, 이들과 맞서 승리할 수 있기 위해서는 군선 독재적 권력이 생성하는 주체 시간뿐이라는 논리가 생성된다. 결국 북조선 군선독재라는 초인권적·초법적 권

---

95 북한의 운명 정체성의 개념은 서동만의 사회 정치적 생명체론의 해석에 가장 근접한다. 필자는 청년 서동만의 첫 제자였다.

력자 집단연결망은 세계는 전쟁의 통시적인 시간으로, 북한 내부는 전쟁의 세계에 맞서 평화를 강제하는 공시적인 주체 시간 체제로 규정한다. 그 현상화된 캘린더가 김일성 사후에는 주체력이고, 김정일 사후에는 평양 표준 시간이다.

북조선이라는 초법적 초인적 권력자 집단 연결망은 통시적인 전쟁의 시간을 카오스로, 공시적인 평화를 코스모스의 시간으로 규정하고, 핵 무력의 연결망과 상호 공명, 융합 교직을 통해 주체 시간으로 패턴화되어 생성된다. 그 현상화된 캘린더가 김일성 주체력이고, 평양 표준 시간이다.

북조선이라는 초법적 초인적 권력자 집단 연결망은 통시적인 전쟁의 시간을 카오스로, 공시적인 평화를 코스모스의 시간으로 규정하고, 핵 무력의 연결망과 상호 공명, 융합 교직을 통해 주체 시간으로 패턴화되어 생성된다. 그 현상화된 캘린더가 김일성 주체력이고, 평양 표준 시간이다.

시간을 중심축으로 하여 역사적 과정에 천착하여 들어갈수록 어쩌면 우리가 알고 있는 북한은 빙산의 일각에 지나지 않을 수 있다는 의구심이 깊어진다. 표면적으로 북한은 미국 주도의 세계 연결망 구조로부터 고립되고 유폐된 '멀지 않은 시기에 곧 무너질 수 있는' 세계 최빈국의 고립된 섬isolated island으로 보인다.[96] 그러나 심층적으로는 미국

---

96 **공간성**을 한반도의 분단의 중심축의 개념으로 삼을 경우 북한은 고립되고 폐쇄된 섬으로 간주되는 오류를 범하게 되고, 그 결과 전쟁을 배제하지 않는 북한 체제 붕괴론, 확실한 평화 체제의 틀의 구축이 없는 포용 정책이라는 양극단의 진영 논리의 어느 한편에 배치되게 된다.

이 강제한 폐쇄성 속에서 근근이 숨을 쉬면서, 최소화된 연결망 조직을 갖추고, 되먹임 구조feedback loop와 자생적 조직화selforganization를 유지하고 자위적 전쟁 동력을 비축해 오고 있는, 은폐된 핵 무력 요새hidden nuclear battlefield 라는 숨은 얼굴을 찾아낼 수 있다.

3) 북한, 외교 시계의 시간 구축 원리

북한의 시간과 시계는 그 집합 연결망의 내부, 즉 북조선 내부에서 뉴턴의 절대 법칙이 본질인 주체 시간의 일상화를 강제화한다. 북한 국가수립의 기원은 항일무투 원년인 1932년으로 소급하고, 1950년 한국전쟁과 53년 정전협정 그리고 2011년 말 '제3대 김일성김정은'이 승계하고 있다. 이에 따라 한반도는 전쟁이 상시화 체제인 1932년의 시간으로 정지되고 북한은 전쟁 수행을 위한 요새의 공간으로 획정된다. 전 세계사적으로 초유의 강제화된 질서 속에서 카오스가 탄생하는 사건의 지점이다.[97] 그리고 그 집합의 연결망의 외부에는 철저하게 이 전쟁의 카오스적 시계를 적용한다. 즉 내부 통치는 주체 시간 질서self time cosmos를 강제화하고, 외부 연결망에는 카오스의 시계를 내민다.

관찰자의 입장에서 볼 때 북한 체제는 현대 과학이 제시한 혼돈 속의 질서Cosmochaosing과 뉴턴 역학인 질서 속의 혼돈Chaosmosing으로서의

---

97 이 시간의 반전과 역진과 겹침 그리고 구겨짐의 행위는 거의 마술 행위에 해당한다. 클라우지우스의 열역학의 법칙이나 카오스모싱으로 과학혁명을 주도한 프리고진과는 동떨어져 있다. 이 조작 행위는 조지 오웰의 『1984』의 사회에서나 가능하다.

구조가 융합되어 구동되는 듯한 착시현상이 야기된다. 결국 북한 주체 시간의 원형적 구동시스템은 시방삼세_{시방팔방: 아래, 위, 과거, 현재, 미래} 어느 관점에서 접근하여도 전쟁상시화_{戰爭常時化}이라는 현재 진행형의 회전하는 연결망 세계로 환원된다.

북한은 기본적으로 세계를 전상 체제의 정세 속에서의 카오스 구조의 연결망으로 간주하고 있고, 김일성 유일사상 체계_{항일 무장 투쟁, 한국전쟁, 주체사상, 선군 사상} 등은 통시성 속에서 공시성을 따라서 모두 전쟁과 등가성을 갖는 실천 역량으로 변용한다. 그 주적인 미국과의 역사적 전쟁 수행을 위한 결정적 억지와 타격 능력으로서 핵 무력은 운명선상에서의 사활적인 필연성의 논리를 확보하게 된다. 당연히 북한의 주체 시간 외교는 체제와 국가의 생명선이 걸린 운명 정체성 외교형태로 나타난다.[98]

김정은 체제 운명선의 벡터는 전쟁의 방식을 포함한 한반도의 주체적 통일에 있다. 그 주체적 통일을 실현하는 첫 단계는 핵 무력이 강제하는 북한의 영구 평화 보장이요, 목표는 핵 무력과 경제 부흥이 동반된 시점에서 북한 주도 한반도 통일과 '조국 해방'에 있다. 그 시간성은 '핵 무력과 경제 강성 대국이 완성되는 시기'라는 주체 시간의 무제한성과 영구 혁명으로 연결된다. 영구혁명은 레닌 이래 사회주의 국가의 지고무상한 가치의 척도이자 비합법적 폭력의 명분이다.

---

98 최근 북한의 벼랑 끝 외교의 기원을 북한 핵 협상 과정에서 발생한 것처럼 주장하는 축들이 있다. 그러나 북한의 벼랑 끝 전술(brinkmanship)의 기원은 항일무장투쟁기로 소급된다고 할 때 북한 외교사 전체가 벼랑 끝 외교에 해당한다. 김일성이 중국과 소련을 다중 왕래하며 한국전쟁의 명분과 지원을 요청한 것, 정전협정 과정과 분단 체제에서 수행된 도발과 협상이 모두 국가의 운명을 건 벼랑 끝 외교에 해당한다.

> 3 <
주체 시간의
외교 정체성 역량 변환 과정

1) 적용: 북한 주체 시간의 외교 시계 조립 과정

북한의 시간 외교는 곧 국가와 체제의 존속을 위한 생명이 걸린 운명 정체성 투쟁의 형태로 나타난다. 주체 시간은 외교 협상 테이블과 언론 그리고 군사적 행동 등에서 말 대 말, 행동 대 행동, 언행일치 등 군사력을 동반한 실력 행사, 진리성 입증을 위한 로고스 게임, 협상 테이블 전략으로 전개되며 그 전 과정은 북-미 간 시간의 쟁탈 전쟁으로 기술하였다.

[그림 4-1(220p)]은 북한의 시계가 체제 내부의 시간, 한반도의 시간, 세계의 시간, 대중, 대미, 대일, 대러 등 개별적인 시간을 그들이 걷고 있는 역사 전쟁 과정에 적용하고 있는 양상을 담고 있다.

북한의 주체 시간 생성을 위한 척도기준가 되는 주체 역사적 사건을 모두 9가지 정도로 꼽을 수 있다. ① 김일성이 중국 인민혁명군에 배속되어 항일 무투를 시작한 1932년을 주체의 기원으로 하여 ② 그리고

1941년 김일성이 다시 소련 연해주 군 소속으로 변경된 빨치산 투쟁의 시기, ③ 소련군 소속으로 환향한 1945년 해방 국면, ④ 북조선 건국 이후 동북 3성을 중심으로 중국 국가 수립에 참전기, ⑤ 1950년 한국전쟁 시 소련의 지원과 중국의 참전 이후 냉전기 동안 양국과의 밀월 관계, ⑥ 1953년 북-중-미 간의 정전 협상 테이블, ⑦ 1990년 전후 탈 냉전기 한-러 수교와 한-중 수교로 인한 배신 국면, ⑧ 2003년 이후 6자회담 협상 주도국으로서 남한과 미국의 입장을 대변하며 실리를 챙긴 중국의 배신, ⑨ 2013년 북한의 핵 무력 실험과 로켓 발사 성공과 핵 무력과 경제의 병진 노선의 시간으로 구분된다. 북한의 주체 시간 생성의 9가지 기준의 요람은 모두 전쟁이 상시화된 카오스의 비평형 불안정성의 연결망구조에 해당한다.

2) 북한의 대미국 운명 정체성 시간 외교의 벡터

북한에게 미국은 민족이라는 모태로부터 국가 수립에 이르기까지 철천지원수 국가이다. 1945년 해방과 함께 항일 무장 투쟁1932을 미제 타도 전쟁으로 전환한 시점부터 북한의 국가 구조는 '조-미전쟁의 전쟁 상시화 체제로 그 적대적 구도가 설정되었다.

1948년 건국 이후 현재까지, 북한의 모든 시계의 알람은 오로지 대미 무력 항쟁의 시간에 맞춰져 있고, 대미국 외교 시계는 1953년 정전협정의 당사국, 즉 전쟁 중인 주적국으로 설정되어 현재 진행형 과정에 있다. 1990년대 탈냉전의 안보 위기와 경제난 속에서 체제 운명선의 존속 위기에 몰린 북한은 1993년 핵 협상 카드로써 돌파했다. 1994년 김일성 사후 후계 계승 작업과 유훈통치의 숨은 시간 속에서 고난의 행군기 등 최악의 경제난을 버티었고, 2015년 현재까지 오로지 '조미전쟁' 이행 과정의 통괄선상 위에 있다.

2000년 김대중 정권은 북한 김정일 체제의 국제사회 연착륙을 기조로 하는 햇볕정책을 추진하였다. 그 햇볕정책의 요체를 볼 때 김대중은 북·미 관계에 시간의 우선 순위성을 부여하고, 남한의 중재하에 북한 김정일 정권과 미 클린턴 행정부와 공동의 시간 제작을 꾀하였다. 그 목표는 북-미 평화 협정이었고, 그 벡터는 북한의 친미국가화에 있었다.

그러나 김대중의 전략은 낭만주의라고 코웃음을 친 부시 미 행정부의 실패한 외교 때문에 이는 수포로 돌아갔다. 10여 년 뒤인 2013년 3대 세습의 27세 지도자 김정은은 인공위성의 우주 궤도 안착에 성공하는 동시에 제3차 핵 실험을 감행함으로써 북한이 최소한 양탄일성 핵 무력 체제의 시계를 완성했음을 미국에게 과시했다. 연이어 2013년 말 친중국 실력자 장성택을 처형시킴으로써 아들 부시 미 행정부가 대리 위임한 중국 주도 6자회담 시계를 아예 파쇄시켜버렸다. 부시는 살아있는 동안에 자신이 행한 가장 잘못된 선택의 종말을 목도해야 했다.

시간중심축을 따라가면 북한의 대미전쟁, 즉 '조-미 전쟁'의 기원은 최소한 1945년 해방시공간이며, 그 기원을 쫓아 올라가면 1866년 제너럴셔먼호의 대동강 약탈 사건까지 소급한다이종현. 1984. pp.25-29.[99] 핵

---

[99] 이 지점이 백낙청이 브루스 커밍스로부터 간파하지 못한 국면에 해당한다. 본 연구에 따르

무력은 전 지구적 차원의 공동 딜레마이다. 한반도 비핵화의 결정 권력과 무한임 행위자인 미국이 20년간 시간을 모두 망실하고 북한 핵은 양탄일성의 우주를 넘어서 진화하고 있다면, 미국이 향후 한반도의 비핵화 혹은 북한 핵 억지를 위해 어떤 행위를 할 수 있는지에 대한 논쟁이 필요한 시점에 봉착했다.

3) 북한의 대중국 운명 정체성 시간 외교의 벡터

북한의 대중국 외교를 위한 주체 시간 생성과 시계의 조립 기준은 크게는 6가지 정도의 기준에서 출발한다. 북한에게 중국이란 무엇일까? ① 1932년 항일 빨치산과 49년 북한의 중공 인민해방전쟁 참전, 50년 중공의 항미 원조 전쟁 참전 그리고 냉전기에 지속된 밀월 관계를 모두 합하면 북-중 혈맹은 50년 정도이다. ② 1990년 냉전 해체 후 한-중 수교와 배신 ③ 2003년 이후 6자회담 주도국으로서 자국 이익주의에 매몰된 중국에 대한 불만과 긴장 ④ 로켓 발사 및 인공위성 우주궤도 진입2012.12.11, 제3차 핵 실험2013.2.11으로 인한 북-중 간의 긴장 고조 ⑤ 장성택 처형2013.12.15과 중국 주도 6자회담 시계 파쇄 ⑥ 국경을 맞댄 중화국가와 핵을 지닌 오랑캐 국가라는 5000년 역사적 긴장 관계로 특징지어진다.

역사적 맥락에서 볼 때 북-미전쟁의 기원과 전개 과정 70년2015년 기

면, 북한은 변종 역사법칙주의 국가가 확실하다.

준은 북-중의 국경 긴장 관계에 비교하면 새 발의 피다. 조-중 긴장 관계의 기원은 고조선과 고구려, 고려, 조선에 이르기까지 반만 년에 이르는 역사전쟁the war of historical streaming에 따른 긴장 관계로 점철된다. 특히 핵 개발 프로그램의 프로세스에 관한 한 북한은 중국의 핵 보유와 진화 과정을 본보기로 삼아 똑같은 논리의 명분과 절차를 반복했다는 점에서, 핵에 관한 한 북한은 중국에게 단 한마디의 발언권도 허락하지 않는다.[100]

2014년 장성택과 그 파워 연결망의 소멸은 그들이 중국의 시간을 대변하였다는 점에서 외교적 침략 행위로 간주하여 중국 주도의 6자회담의 시간을 파쇄한다는 통보에 다름 아니다. 북한은 더 이상의 중국의 영향력과 중국 주도의 6자회담은 체제와 국가 운명선의 존속 위기에 걸림돌로 작용한다는 판단 아래 자기여과self-filtering를 단행하여, 친중 시간 노선을 걸어온 집단을 응징했다. 김정은 체제는 언제든지 미사일의 궤적을 베이징을 향해 돌릴 수도 있는 핵 무력을 보유한 오랑캐 국가임을 과시하면서 이는 이후 야기될 북-중 관계의 긴장성은 모두 중국에 있음을 통보한 전환적 고육지책으로 분석된다.

6자회담 10년간은 말해줬다. 북한 핵의 불가역적인 폐기라는 지점

---

[100] 북한에게 있어 핵에 관한 발언권의 자격이 전혀 없는 중국에게, 2003년 북-중 간의 첨예한 역사적 긴장 관계를 무시하고 부시 미 행정부가 핵 협상 중재권을 남한에게서 환수하여 6자회담의 주도권을 위탁한 어리석은 지점 그리고 노무현 정부가 이 지점의 함정을 부시 미 행정부에게 이해시키고 설득하지 못한 지점, 그 이전에 클린턴 행정부와 시간을 너무 끌었던 북한, 2002-2003년의 착오가 2013년의 모두의 불행한 딜레마를 예고하는 시간의 선행 양상이었다.

에 고정된 미국과 중국의 6자회담 공동 시계는 처음부터 가동될 수 없는 무태엽의 시계였다. 그 이상도 이하도 아니라는 것을. 본 연구는 규정한다. 장성택의 사망과 함께 6자회담은 그 병운알파와 오메가을 다하였다. 장성택과 그 인맥의 처형은 북한이 더 이상 중국의 핵 중재 협상 시간을 인정하지 않겠다는 중국과의 관계 파기 선언, 즉 6자회담의 생명선을 잘라버린 것에 다름 아니다. 이로써 중국에게 북한의 국가 정체성은 세계에서 가장 골치 아픈 양탄일성 핵 무력을 보유한 오랑캐 국가임이 입증되었다.

요컨대, 중국이 북한에게 장성택 처형 사건 그 이상의 대가를 제공하지 않는 한 북한은 중국 주도의 6자회담장에 모습을 드러내지 않는다. 이제 중국과 북한 간의 역사 게임 양상은 주도권이 북한으로 넘어갈 수도 있는 새로운 전환적 국면에 접어들었다. 중국은 핵 무력을 보유한 북한을 침공할 수도 없고, 중국 문화가 티베트를 병탄한 사례처럼, 5000년 한민족 특유의 역사 문화에 영향을 미칠 수도 없다.

4) 북한의 대 한국 운명 정체성 시간 외교의 벡터

북한이 남한에 주장하는 시계는 자주성과 하나의 민족이라는 양가성의 문양으로 데커레이션되어 있다. 즉, "남조선은 미제에 의해 자주성을 상실한 국가이지만, 북조선은 남조선을 우리 민족으로 인정한다."는 우월적 지위를 강제화한다. 그 시침은 ① 1945년 민족해방기의 평화 공존의 시계 ② 1950년 한국전쟁기의 공포 시계 ③ 핵 무력 체제의 시계로 나누어진다. 개성공단과 개성시 관광, 금강산 관광 등은 사실상 남북한 경제특구에 해당하는 1945년 해방 공간의 평화 공존이 재현된 시간에 해당한다.

동시에 천안함 피침, 연평도 포격 등은 1950년 한국전쟁 시간으로의 역행을 의미한다. 또 북한 핵 무력의 가장 실질적인 위협 대상은 미국이 아닌 '주전장主戰場'으로서 남한임은 두말할 나위가 없다. 연례적인 한·미합동 군사 훈련에 대응하는 북한의 크고 작은 도발은 한반도가 현재 진행형의 전쟁구조의 시간성 속에 있음을 상호 환기시키며 그동안의 협의와 약속을 무효화, 퇴행시키곤 한다.

반면 남한의 시간은 ① 북한 대응책으로서의 시계, ② 한·미동맹으로서의 시계 등 두 개의 시계로 한정되어 있다. 대북한 시계란 북한의 전쟁의 시간에 맞추어 상호주의에 입각하여 작동되는 만큼 그 주도성이 북한 측에 있다. 한·미동맹의 시계 또한 미국 주도의 시간을 은유한다. 따라서 현재 남한은 독자적이고 자주적인 외교 시간과 시계가 확보되어 있는지에 대한 심각한 자기반성의 물음을 던져야 한다.[101]

미국에 자칫 북-미 간에 핵 전이와 핵 확산, 핵 불용과 핵 억제를 놓고 협상을 벌이는 해괴한 대화 협상 창구가 개설된다면, 한·미동맹의 경직성과 핵 개발의 구조적 제한에 걸린 채 스스로의 시계조차 조립하

---

101 자칫 남한이 외교무대에서 자주적인 외교 시간 생성을 상실한 채 미국의 시계를 차용할 경우, 핵 무력 주권국가 간 협상 테이블에서 제외되어 국가 정체성의 실종 상태로 이어질 가능성이 잠재하다. 이런 함정을 간파한 김대중 정권은 현실적으로 한반도의 시간을 1945년 8월 해방기로 되돌려 평화의 공간을 열고, 북-미 간의 공동시간과 시계 제작을 우선순위에 두었다. 그러나 뒤를 이은 노무현 정권은 부시 미 행정부의 강요에 의하여 남한의 시간 주권의 포기를 강요당하고, 중재 시계는 중국의 시간으로 넘어갔고, 이명박 정권은 그나마 남아있던 남북 공동의 시계를 완전히 포기하고 부시의 시계를 차용했으며, 이 시계를 승계받은 박근혜 정권은 2014년 현재 고뇌하고 있는 국면에 해당한다.

지 못한 남한은 돌이켜 봐야 한다. 핵 주권은 물론, 국가 운명 정체성과
그 벡터의 실종이라는 심각한 사태에 직면할 수 있다.

> 4 <
평양 표준 시간 구축의 속뜻
: 김정은 체제 선언

"일본제국주의자들이 우리나라 표준 시간까지 빼앗았다……. 조국
해방 70돌, 일제 패망 70년을 맞아 최고인민회의 상임위원회 정령으로
동경 127.5도를 기준으로 하는 시간을 표준 시간으로 정한다."

노동신문 2015년 8월 7일자 1면 기사의 요지이다. 북한은 광복 70주
년인 8월 15일부터 지금보다 30분 늦춘 표준시를 정하고 이를 '평양의
시간'으로 명명했다. 이를 두고 일부 언론은 표준시에서도 남북이 분단
이 되었다고 보도했다_{윤완준, 동아일보, 2015년 8월 7일자.} 한국 정부의 입장
또한 다르지 않았다. 통일부 정준희 대변인은 북한의 표준시 변경에 대
해 "개성공단 출입 등 남북교류에 지장이 생기고 장기적으로는 남북 통
합, 동질성 회복 등에 지장을 초래할 것……. 금융, 항공_{관제} 등 여러 경
우에서 비용이 발생하여 기회비용 측면에서 손해가 발생할 것"이라는
입장을 내놨다.

이와 같은 입장은 북한의 시간과 분단, 전쟁과 민족의 현재 진행형이라는 통 논리 속에 갇히는 위험한 대응이다. 1908년 대한제국의 표준시는 한반도 중심을 지나는 경도 127.5도를 기준으로 했고, 조선을 강제 병합시킨 일제는 1912년 일본 중심을 지나는 동경표준시 135도를 도입하여 조선의 시간을 일본으로 병합시켰다. 지금까지 한국과 북한은 모두 동경표준시를 기준으로 사용하여 왔다. 따라서 우리는 '아직도 일제의 시간 속에 있었는가?'라는 질문을 스스로 일으키고, 표준 시간을 회복하겠다는 북한의 입장만이 당위성을 갖고 주목받게 된다.

시간은 분단되지 않는다는 '역사의 신'이 보여준 장엄한 진리성을 통찰해야 한다. 이스라엘의 역사가 간단하게 보여준다. 이스라엘은 BC 732년에 북이스라엘이 무너지고, BC 587년에 남유다가 망했다. AD 1세기경 이스라엘은 로마제국에 저항하여 독립 전쟁을 일으켰으나 패배하고, 그 민족은 디아스포라Diaspora의 신세로 전락하여 세계 곳곳의 공간 속으로 산산이 흩어진다.

그러나 세계 제2차 대전이 끝난 직후 1948년 5월 14일 이스라엘은 재건국된다. 실로 인간의 상상력을 비월한 사건이다. 이스라엘을 멸망시킨 로마도 1500여 년 전에 망했거늘, 시간은 2600년을 거슬러 올라와 가나안 민족을 세계무대에 부활·컴백시킨 것이다.

민족과 국가 운명에도 생명의 알파와 오메가가 있음을 이보다 더 명증하고 생생하게 보여줄 수 있겠는가? 우리의 일제 치하 40년사를 이스라엘 2600년사에 비한다면 그야말로 '새 발의 피'다. 분단 70년사를 공간으로 환원하면 멀게 느껴진다. 그러나 민족, 시간과 사건의 통괄적 차원과 축적인 역사에는 분단이란 없다.

필자는 2014년 12월 건국대학교에서 열린 북한연구학회 동계학술회의에서 「북한 핵 무력의 주체 시간 생성과 외교역량 구축과정」을 발표했다. 그 주장의 요지는 북한 핵 무력과 국제 관계 연구는 전통적인 공간성 분석 틀에서 전회하여 시간을 중심축으로 삼아야만, 축적된 오늘과거과 오래된 미래현재 그리고 시간의 화살표미래 벡터에 대한 실사구시적 성과를 얻을 수 있다는 방법론의 제시였다. 그 내용으로 북한은 전쟁의 세계관 속에서 군선독재 체제를 구동한 통괄적 역사적 과정 속에서 주체 시간을 자주적으로 생성시켜 국제 관계와 체제 내부에 적용시켜 왔다고 강조했다.

2015년 8월, 북한의 평양 표준 시간 변경 방침은 필자가 지적한 관점이 현재화되었을 뿐이다. 북한의 의도와 자신감의 근거는 자주성과 핵 무력이다. 2015년 8월 15일을 기준으로 하여 김정은 정권은 김정은 체제의 길로 들어섰다는 자신감을 표방하고, 평양은 자주적인 세계의 중심이며, 그 물리적 기반은 핵 무력에 있다.

북한의 입장에서 한국은 한·미·일 안보동맹관계라는 특수성이 있어 표준시를 변경하기 어렵고, 핵 무력 또한 한·미동맹의 구조적 제한에 걸려있다. 따라서 핵 무력과 평양이 동북아 안보의 허브이고, 김정은 체제를 중심축으로 세계의 시간은, 지축은 돌아간다.

북한은 김일성 유일사상 체계 국가이다. 제1의 김일성인 할아버지 김일성 시대에는 주체사상의 시간 속에서 북한의 체제와 역사가 이뤄졌다. 제2의 김일성인 아버지 김정일 시대엔 김일성의 시간인 주체력주체연호과 군선에 의한 통치가 이뤄졌다. 이제 제3의 김일성인 손자 김정은 시대에는 평양 표준 시간을 구축했다. 일련의 시간들이 모두 자주성의 철학과 자주 국방의 현실 바탕 위에서 그 노선이 진행되고 있다. 따라서 북한은 2012년 말부터 2015년 8월 이전까지는 김정은 정권으로, 2015년 8월 이후부터는 김정은 체제로 규정하는 것이 합당하다.

정확히 꿰뚫어보아야 한다. 평양 표준 시간은 시간의 분단이 아니다. 그냥 제3의 김일성, 김정은 체제 자신들만의 시간 규정일 뿐이다. 한국과 협의하지 않았다면 우리와는 상관성이 없다. 70년 동안 그렇게 살아온 그들만의 자폐적인 시간일 뿐이다.

김정은 체제, 어디로 향하고 있는가?
북한 핵의 역설: 핵 무력이 강제하는 한반도 영구 평화
한국 역대 정권의 시간 철학과 대북한 전략평가
병진 노선 딜레마: 자폐적 주체 시간과 종이호랑이 핵
김정은 미래상: 유전부국이 펼치는 주체적 사민주의

제 5 장

김정은 최후의 도박
: 핵 무력이 네트워킹하는 산유국

김정은 체제,
어디로 향하고 있는가?

이 장에서는 2014년 이후 북한 김정은 정권의 성격과 그 벡터를 구명한다. 김정은은 2011년 말 김정일 후계 권력의 중심에 서고 2012년 말 제3차 핵 실험과 로켓 발사 성공에 이어, 2013년 말 권력의 또 다른 한 축인 장성택과 그 세력을 숙청하면서 1인 집권 체제를 정립했다. 김정은으로서는 아버지 김정일 사후부터 3년 동안의 후계 작업의 완성이자 기존 파워 엘리트를 혁파하고 권력을 자기 조직화하는 '자주적 혁명 과정'에 해당한다김정은, 노동신문, 2013.12.4.[102]

국내 연구는 그러나 주로 안보·경제적 측면에서 북한 핵 무력 역량

---

[102] "혁명적 신념에서 틀신하면 그가 누구이든 혁명의 원칙이 절대로 용서치 않는다……. 위대한 장군님(김정일)께서는 지난날 아무리 오랜 기간 당에 충실했다고 하여도 오늘 어느 한순간이라도 당에 충실하지 못하면 충신이 될 수 없다. 한순간이라도 딴생각을 하거나 딴 길을 걷는 사람은 때묻은 인간, 병든 사람으로 혁명대오에서 떨어져 나가 역사의 버림을 받게 된다. 충신은 99%짜리란 있을 수 없으며 오직 100%짜리만이 있을 수 있다고 하셨다."라며 충신과 간신을 가르는 시금석과도 같은 귀중한 가르침이다.

의 진화 정도와 남북 안보 관계의 변화, 경제적 측면에서 북한 내부의 심각한 식량난과 물자난 그리고 파워 엘리트의 변이에 따른 북한 권력 구조와 경제난의 상관관계의 변동에 주목하는 연구 양상이다.

이와 같은 우리 연구 태도의 배경은 2013년 2월 박근혜 정권이 출범 시에 제시한 '한반도 신뢰 프로세스'와 2014년 초 제시된 '통일대박론' 의 목표와 그 지향 노선이 서로 다른 점과 상충되는 모호성 때문이다. 한반도 신뢰 프로세스는 그 벡터가 안보 뒤의 경제 협력이라는 기존의 부시-이명박 노선으로, 통일대박론은 경제 협력에 방점이 찍히는 노무 현 노선으로 분석될 수 있다. 박근혜 정권은 남한만의 안경을 끼고 북 한을 투시한 외눈박이 노무현, 이명박 정권의 입장을 되풀이하며 내부 적으로 충돌한다.

남북 관계는 동북아 안보경제 관계와 지구적 차원에서 비핵화 딜레 마라는 핵심 현안 속에서 요동친다. 따라서 박근혜 정권이 제시한 '모 호한' 두 가지 화두는 남북 관계는 물론, 미-중-일-러 등이 얽힌 다자 강 국 간의 관계성 연구에도 연동되는 오류를 범한다.

2013년 3월, 북한 김정은 정권이 제시한 핵 무력과 경제 병진 노선의 입체성과 심층성 그리고 그 노선 파악을 위한 천착 역량을 갖추지 못한 다. 결과적으로 김정은 정권에서 나타나는 표층적 현상과 국면적 사건 만을 포착하여 분석·해설하는 한계점을 노출한다. 나아가 남한에는 북한 내부권력의 작동기제와는 동떨어진 '허구의' 담론들이 생산-확대, 재생산되기까지 한다.

북한 김정은 정권의 핵 무력과 경제 병진 노선의 기원과 근거, 경제 발전의 토대와 잠재 역량 그리고 김정은 정권의 총괄적 벡터에 대한 추적에 천착해야 한다.

이와 같은 문제의식 속에서 ① 김정은 리더십 연구의 필요성이 새롭게 제기되고, ② 핵 무력이 경제 정책 기조에 미치는 행위 역량, ③ 북한의 핵 무력과 경제 병진 노선 속에서의 경제가 함유하는 토대와 동력 그리고 비전, ④ 김정은 정권이 장기집권 체제로 나아가기 위한 당-국가의 노선을 포착하여 구명하여야 한다.

약술하면 북한 핵 무력 경제 병진 노선의 기원과 토대, 전개 양상 그리고 그 노선의 벡터를 추적하여 구명하여야 한다. 따라서 본 연구는 그 필수 통과점opp에 해당하는 '핵 무력과 경제 병진 노선'의 목표와 함의, 자위 무력으로서 핵 무력의 지위와 역할, 경제 부문에서의 토대와 상관성, 당-국가 체제의 성격의 노선 변화 등 세 갈래로 방향성을 잡고 추적을 시작한다. 그 과정에서 우리는 왜 병진 노선이 북한 핵 무력의 운명이자 김정은 정권의 운명이고, 김정은의 운명이자 곧 북조선 인민의 운명인가하는 상관성과 특이점을 발견한다.

첫째, 역사적 과정 속에서 김정은 정권을 직시할 때 김정은의 통치 리더십과 정권의 성격이 드러난다. 그 결과 김정은 정권은 핵 무력을 통하여 자위적 안보역량을 구축한 '핵 무력 안보자위국가'로서의 국가 정체성과 리더십을 부여받게 된다.

둘째, 경제면에서 김정은은 '오래된 미래'의 도전과 항전에 직면하고 있다. 북한의 경제개혁은 역사적 맥락에서 볼 때, 한국전쟁 후 복구 사업을 제외하고 크게는 1972년 김일성, 1992년 김정일, 2002년 김정일 정권에서 시도되었으나 모두 참담한 실패로 끝났다. 따라서 2013년부터 시작된 김정은의 경제발전 시도는 제4기로서 김일성-김정일-김정은 체제의 사활이 걸려 있다. 그 기초 동력은 북한 주민들이 가난의 일상화와 최저 생활을 감내하며 버틸 수 있는 지하자원의 수출이다. 자원 강국인 북한이 김정은식 경제 개발을 어떤 형식과 내용으로 전개할지 추적한다.

셋째, 김정은 정권이 핵 무력과 경제 병진 노선을 추진하기 위해서는 새로운 수령-당-국가 체제, 즉 북한 체제의 새로운 구조와 미래상이 제시되어야 한다. 현재 북한의 국가 운명 정체성은 기껏해야 '김일성 3대 세습 왕조적 독재국가'이다. 따라서 새로운 지도자, 새로운 미래 이념, 새로운 구조에 따른 운명 노선의 제시가 요구되는 시점이다. 역사적 맥락에서 대별한다면 김일성의 민족·공산주의-유일사상·공산주의, 김정일의 선군 공산주의를 매듭짓고, 김정은은 어떤 새로운 형태의 이상적 체제[103]를 내세우고 있는지 추적하여 포착한다.

---

103 핵 무력을 보유한 경제 강성 대국은 ① 핵 무력이 강제하는 한반도 영구 평화 ② 핵 무력이 보장하는 유전 개발 ③ 김정은식 주체적 사민주의의 체제 운명 노선과 그 벡터를 의미한다.

> 2 <

북한 핵의 역설
: 핵 무력이 강제하는
한반도 영구 평화

1) "핵만이 한반도 영구 평화를 강제한다."

핵 무력과 북한 핵 무력의 물리적 기원은 물론, 미국에 있다박요한, 2013, pp.125-130. 북한 핵 무력의 기원은 제국주의미국와의 전쟁과 김일성이라는 주도자인간 행위자의 선택 그리고 분단 한반도의 전시체제라는 환경에서 비롯된다.김일성, 1932. 4. 25. 항일 빨치산 투쟁시기를 지나 북조선 정부를 수립한 김일성은 한국전쟁을 시작하면서 북한 과학자들을 소련 등지로 소개시켜 보호했고, 전쟁 중이던 1952년 평양에서 조선과학아카데미를 발족시키고 〈과학원〉을 개원할 정도로 과학 기술과 광물 자원에 대한 인식과 태도가 남달랐던 것으로 확인된다.김일성, 1946. 3. 6.

핵 무력은 세계 2차 대전의 종결 행위자이자 절대성을 지닌 무력으로서 전쟁의 양상을 철제 전쟁과 핵제 전쟁으로 뒤바꾸어 놓았다. 세계

2차 대전이 끝난 뒤 핵 무력을 앞세운 미국과 소련, 프랑스, 영국, 중국 등으로 이어지는 핵 개발 경쟁과 확산노력은 국가의 자위적 안보의 사활이 걸린 경쟁이자, 냉전을 더욱 치열하게 전개했던 주요 요인이기도 하였다.

핵 무력은 전쟁의 시간 속의 국제환경과 미국이라는 국가, 루즈벨트와 트루먼, 운송 수단, 육군과 공군, 연구소, 과학 기술자, 자본, 실험 장소사막 등이 만나 생성한 총화적 결집체의 산물人物性. hybrid이다. 시간의 ANT에 따르면, 행위자로서 핵 무력에는 인성人性이 당연히 포함된다. 핵 무력의 행위 역량은 세계 2차 대전을 종식시켰고, 인간의 상상을 초월한 현상적 무력으로 지위를 차지했다. 이후부터 핵 무력은 국가에게는 자위적 안보의 상징이자 패권 무력의 현상적 실체로서 끊임없이 진화되어 왔음은 두말할 나위가 없다.

행위자로서 핵 무력은 북한에게 세계 2차 대전의 종결 행위 역량항일 빨치산 투쟁 시기, 한국전쟁에서 핵전쟁에 대한 '공포의 증폭burnes fear'이자 진리성 입증게임logos game으로 직접 경험되었다.

1945년 미국 핵의 일본 본토 투하와 무조건 항복 소식을 접하면서 항일 빨치산 세력이었던 김일성 등은 핵 무력의 절대적 위력에 경악했을 것이다. 나아가 한국전쟁에서 핵 투하를 놓고 전개된 트루먼과 맥아더 간의 힘겨루기는 인민군과 중공군에게는 공포의 증폭이자, 1949년 실험에 성공한 소련 핵의 대미국 핵 억제력을 절감하였던 핵 체제 전쟁이었다. 김일성에게 한국전쟁에서 미국 핵 투하를 억제한 행위자는 소련 핵이고 이후 냉전기에는 소련과 중국 핵이 북한의 핵우산을 해주었으며, 냉전 체제의 붕괴와 함께 북한은 운명적·자위적 안보 전략으로서 핵 개발을 선택하게 된다이춘근, 2005, p.72, p.73, p.75.

핵 무력의 정체성은 세계 제2차 대전의 종결자이자 한국전쟁을 공포로 몰아넣은 로고스 게임의 진원이고, 한국전쟁 이후부터는 끊임없이 북한의 안보를 위협한 패권무력이자 제국주의 미국 패권의 현상적 실체로 규정된다.

북한 핵 무력의 기원은 미국 핵 무력에 있다. 한국전쟁과 냉전을 거치면서 소련과 중국 핵 무력이 미국 핵 무력을 대리 억제하여 주었으나 냉전 와해와 함께 자생적, 독자적으로 개발하여 보유해야 하는 자위적 안보무력으로 그 지위와 역할이 주어진다. 북한은 제1, 2차 핵 실험으로 필수 통과점을 통과했고, 자생적으로 2012년 로켓 발사에 성공하여 우주 궤도에 우주사령부인공위성를 안착시킴으로써, 핵 무력을 보유한 안보 무력 강국으로 스스로의 정체성을 정립했다.

동시에 사상적인 측면에서 핵 무력은 김일성-김정일 정권에서 축적된 주체적 공산주의, 수령제와 주체사상, 선군 정치로 이어지는 체제의 계승과 노선의 승계 과정에서 총결집체로서 발현한 물리적 구현체에 해당한다.

김정은 정권의 핵 무력과 경제의 병진 노선이란 곧 행위자로서 핵 무력을 김정은 체제의 성격과 행위 역량, 국가의 운명과 일체화시키고 있다. 즉, 북한은 령도자김일성 · 김정일 · 김정은=당 국가=인민 대중=핵 무력경제발전 추진의 운명적 일체로 공식화된다. 김정은은 2013년 이후 북조선 헌법에 핵을 명시하고, 법률화했고, 핵 무력 체제 전쟁과 전략에 맞추어 국가와 군 시스템을 개편하였다. 김정은은 북조선을 핵 무력 보유

자주적 안보 강국으로 국가 정체성을 규정하고, 핵 무력은 곧 북조선, 북조선은 곧 김정은, 김정은은 곧 핵 무력이라는 등식을 안보와 정치, 두 갈래 노선에서 완성하여 명시하였다.

결국 북한에서 행위자로서 핵 무력은 백두혈통 체제를 계승시켜준 핵심 역량을 발휘하고, 한반도의 평화를 물리적으로 강제화하는 항상적恒常的인 안보 무력에 해당한다. 김정은 정권이 제시하는 '핵 무력과 경제 병진 노선'의 함의는 핵 무력 보유와 진화로 한반도의 영구적인 평화가 유지되고 영세 중립국으로서의 자주적이고 자위적인 안보 능력이 구축되며, 이를 기반으로 경제 발전을 추구할 수 있다는 논리가 성립되는 것이다. 북한이 핵 무력을 보유하여야만 한반도와 평화가 보장되고 영세 중립국의 지위를 점할 수 있다는 북한의 논리를 '김정은, 북한 핵 무력의 역설'로 규정한다.[104] 이와 같은 견해는 북한은 이라크와 리비아의 교훈에서 핵 포기란 없음을 확증했다는 미어 샤이머 교수의 견해와 일치된다.

---

104 '김정은 핵 무력의 역설'을 학습할 국가는 자원강국이면서도 안보취약국가인 아프리카, 중동, 남미 등이다. 이들 국가의 권력자들에게 북한은 텍스트(text), 아카데미화되어 환유성을 학습하게 하는 마력을 지닐 수 있다고 하겠다. 동시에 북한 핵 무력의 벡터는 핵 무력의 전이성, 확산성, 전방위성의 국제 권력으로 네트워킹을 시켜가면서 북-미 관계를 끊임없는 일대일 긴장 관계의 최전선으로 설정하고, 유지하여 간다는 데 있다고 하겠다. 요약하면, 북한 핵 무력은 '핵 무력 아카데미 국가'라는 국제 권력의 확장성을 시도하고 있다는 것이다.

2) 시간의 쟁탈 전쟁 그 '완결판': 장성택 처형

장성택 처형: 앞으로 시간 전쟁에 중국 주도 6자회담은 없다.

관계적 존재론과 시간을 준거 축으로 북한 체제를 바라보면, 북한이라는 연결망 내부는 뉴턴의 절대 법칙이 강제하는 독재적 절대적인 주체 시간이 집합 전체의 일상을 지배한다. 한마디로 북한 체제의 정체성은 '군선 독재 왕조적 전체주의 국가 체제'이다. 북한 국가 수립의 기원은 항일 빨치산 투쟁 원년인 1932년으로 소급하고, 이는 1945년 미소의 분할 점령, 1950년 한국전쟁과 53년 정전협정을 분기점으로 분단이 고착화된 뒤 2012년 '제3대 김일성'김정은이 승계하고 있다. 당연히 한반도의 시계는 1932년 전쟁의 상시화된 항일 빨치산 투쟁의 시간으로 정지되고, 한반도는 조국 해방 전쟁터가 되며, 북조선은 해방전쟁 수행을 요새의 공간으로 획정한다.

북한은 1932년의 시간성으로 한반도 전체를 현재 진행형 전쟁공간의 역사로 번안하고 있다. 전쟁역사의 현재 진행형적인 시간이라는 논리가 김일성 주체사상과 김정일의 선군정치를 관통하는 핵심 철학이다. 이 현재 진행형적 전쟁시간논리가 전 세계사적으로 유례가 없는 강제화된 질서 속에서 카오스의 시간이 탄생하는 사건의 지점이다신일철, 2002.[105] 그 사건과 시간의 주인은 군선독재 전체주의 왕조체제로서 김

---

105 이 시간의 반전과 역진과 겹침 그리고 구겨짐의 행위는 거의 마술 행위에 해당한다. 클라우지우스의 열역학의 법칙이나 카오스모싱으로 과학혁명을 주도한 프리고진과는 동떨어져 있다. 이 조작 행위는 조지 오웰의 『1984』의 사회에서나 가능하다. 서훈은 바로 이 측면들을 그의 박사학위 논문에서 선군의 외교전략 모델로 도표화하여 북한의 맞짱 (tit · for · tat)식 대미 협상 전술로 제시했고, 척 다운스는 북한의 협상 전략의 특징으로 꼽

일성 유일사상 체계의 총화약칭 김일성 국가에 해당한다.

　김일성 국가는 '주체 시간 NK$_{self\text{-}time}$'을 생성한다. 은폐된 내부 통치는 획일화된 평화 질서$_{self\text{-}cosmos}$의 주체 시간을 강제화하고, 외부 연결망에는 전쟁 혼돈의 시간을 내밀어, 관측자들에게는 혼란과 불확실성을 야기한다. 연결망 외부, 즉 국제 관계에는 철저하게 전쟁과 카오스의 외교 시간을 적용한다.

　북한은 시간 기준을 체제 내부의 시간, 한반도의 시간, 미국 주도 세계의 시간, 핵 무력 진화의 시간 등으로 구분하고, 이 여러 가지 기준에 따라 전쟁의 시계, 평화의 시계, 핵 무력의 시계 등 세 갈래의 패턴으로 엮어 시계를 조립하고, 변형하고, 데커레이션하여 외교 무대에 올린다.[106][107]

　국제사회 등 관찰자의 입장과 관점에서 볼 때 북한 체제는 질서 속의 혼돈Cosmochaosing과 혼돈 속의 질서Chaosmosing로서의 구조가 뒤섞여 무질서하게 구동되는 듯한 착시현상이 야기된다. 결국 북한 주체 시간

아 기술했다. 신일철은 2002년에 이미 김일성 독재 교조주의 체제에서만 가능한 시네마 폴리티카로 규정하여 제시했고, 권헌익·정병호는 극장국가 북한으로 은유하여 규정했다. 극장의 무대에서는 모든 시간은 주인공의 생명에 맞춰 연출자가 엮고 매듭짓고 재량권을 갖는데, 북한의 통치자는 불세출의 주인공이자 연출자이자 화신에 해당하고, 김정은의 정체성은 제3대 김일성이다.

[106] 따라서 세칭 내재적 접근법은 곧 주체사상 체계로 북한을 자주적으로 본다는 것인데, 바로 이 되먹임 구조의 군선적 강제화 때문에 환원주의에 빠지게 된다.

[107] 로고스 게임이란 '누가 옳으냐.'라는 진리성 검증 게임이다. 북-미 간에는 말 대 말, 행동 대 행동, 언행일치로 나타났다. 한·미동맹의 군사 훈련에는 도발하였고, 미국의 경제 제재 조치에는 핵 실험과 로켓 발사로 대응했고, 말에는 핵 무력 전쟁만이 가능한 공포의 심리전으로 대응했다. 이를 총칭하여 로고스 게임이라고 칭한다.

의 원형적 구동시스템은 시방삼세사방팔방: 아래, 위, 과거·현재·미래 어느 관점에서 접근하여도 전쟁 상시화戰爭常時化와 군선 독재라는 현재 진행형의 회전하는 전쟁 연결망 세계와 주체 시간으로 환원된다장달중·이정철·임수호, 2011, pp.8–13.[108]

북한은 기본적으로 세계를 전쟁이 상시화된 카오스적 시간구조의 연결망으로 간주하고 있다. 이와 같은 전쟁의 통시성chaos of historical streaming 속에서 김일성 유일사상 체계항일 무장 투쟁, 한국전쟁, 주체사상, 선군 사상 등은 주체적인 질서의 공진성going을 생성한다. 따라서 모든 시간은 현재 진행형이자 전쟁과 맞물려 등가성을 갖고 실천 역량으로 변환되어, 탈냉전 이후부터는 핵 무력 개발과 진화가 그 주적인 미국과의 역사적 전쟁 수행에서 국가 운명을 보위하는 사활적 무력 역량이 된다. 그 결과 북한의 외교는 전쟁 속에서 김일성 체제와 국가의 생명이 걸린 주체 시간의 운명 정체성 외교형태로 나타난다.[109]

김정은 체제 미래 운명선의 벡터는, 무력 전쟁의 방식을 포함한 한반도의 주체적 통일에 있다. 주체적 통일을 실현하는 첫 단계는 핵 무력이 강제하는 북한의 영구 평화 보장이요, 목표는 핵 무력과 경제 부흥이 동반된 시점에서 북한 주도의 한반도와 민족 통일에 있다. 그 오래된 미래의 시간성은 '핵 무력과 경제 강성 대국이 완성되는 시기'라는

---

108 책의 제목이 직시하듯이 그들은 한반도를 냉전의 지속으로, 북한의 전략적 선택을 합리성에 가까운 것으로 평가하여 기술하고 있다.

109 최근 북한의 벼랑 끝 외교의 기원을 북한 핵 협상 과정에서 발생한 것처럼 주장하는 일부 연구들이 있다. 그러나 북한의 벼랑 끝 외교(brinkmanship)의 기원은 항일 무장 투쟁기로 소급된다고 할 때 북한 외교사 전체가 벼랑 끝 외교에 해당한다. 김일성이 중국과 소련을 다중 왕래하며 한국전쟁의 명분과 지원을 요청한 것, 정전협정 과정과 분단 체제에서 수행된 도발과 협상이 모두 국가의 운명을 건 벼랑 끝 외교에 해당한다.

주체 시간의 무제한성과 영구 혁명론과 연결된다.

[그림 3-4, 5, 6, 7]은 부시 미 행정부의 출범과 중국 주도의 6자회담, 이명박과 오바마 미 행정부의 출범에 이르는 10년간 북-미, 중국 주도의 6자회담 간에 진행된 시간 쟁탈 최전선 격돌 과정을 보여준다.[110] 부시 미 행정부는 노무현-이명박 정권에 이르는 10년 동안 북한에 대해 전략적 무시 전략을 펼치면서 북한 핵 폐기의 처리를 중국에게 아웃소싱했고, 봉쇄와 경제제제를 강화하면서 김정일 체제의 붕괴를 유도했다.

그러나 북한은 로고스 게임을 펼치면서 핵 무력의 진화를 위한 시간 쟁탈 전쟁을 벌였고, 마침내 김정은 체제에 이르러 실질 핵 보유와 운반 수단로켓의 실력을 입증한다.

결국 북한 핵 진화는 곧 중국 주도 6자회담의 강제적 폐기로 이어졌다는 점에서 역설적이다. 아들 부시 미 행정부의 북한 핵 실력 과소평가와 한민족과 한반도의 두 개이자 하나인 운명선을 제3국인 중국에 위탁시킨 발상 자체가 미치광이 정책mad policy이자 실패한 외교라는 지적이 반증되었다.

한마디로 중국 주도 6자회담의 대북한 핵 협상과정은 들러리에 불과했고, 심층적으로는 북-미 간에 진행된 시간의 쟁탈 전쟁이 치열하게 전개되었다. 미국은 경제 제재와 고립으로 북한 체제의 급변사태 등 붕괴의 시간을 유도하며 기다렸고, 북한은 말과 행동을 통한 로고스 게임을 벌이면서 핵 무력 개발과 진화를 위한 시간을 축적하려 했다. 북한

---

110 이 책 73쪽부터 80쪽 참조.

이 2012년 말을 전후하여 핵 무력의 고도화와 우주적인 운반 수단_{로켓} 획득에 성공함으로써 시간은 결국 북한의 편임을 자증하였다.

> 3 <
한국 역대 정권의
시간 철학과 대북한 전략평가

북한 연구에 대한 시간 중심축 접근론이 자명한 설명력을 확보하는가를 검증하기 위해 역대 남한정권의 남북 관계의 철학과 전략 기조를 추적하여 보기로 한다. 분단 이후 지금까지 남한에는 모두 3갈래 정도의 시간이 있고, 어느 시계를 사용키로 합의하느냐에 따라 그 내용이 달라진다. 미국의 시간, 남한의 시간, 한민족^{북한을 포함한}의 시간이 있다.

지구적 단위 속에서 미국USA의 시간은 최소한 안보 차원에서는 전 세계의 시간을 생성·관리하는 집결지라 할 수 있고, 한반도에서는 미일동맹과 한·미동맹의 시간을 병진시킨다. 상대적으로 남한에게는 한-미동맹의 안보의 시간이 남한의 독자적인 시간을 예속하게 된다.

박정희는 냉전과 민족의 시간으로 공존하는 한반도의 시간을 인식했다. 박정희는 1972년 미중 정상회담 전까지는 한-미동맹의 외교 시간과 박정희 독재의 내치의 시간을 공존시켰다. 박정희는 1968년 1·21 무장공비 청와대 습격사건이 있었음에도 불구하고, 1년 뒤 1969년「아시아는 아시안에게로」라는 닉슨의 괌 독트린 선언에 이어 1971년 닉슨과 마오쩌둥 간에 미-중 정상회담이 전개되는 국제 정세의 변화에 적극 대응하여 김일성에게 대화를 제안한다.

박정희는 물렁물렁할 정도로 유연한 외교적 자세로 김일성과 함께 1972년 7·4 남북공동성명을 이끌어냈다. 남과 북이 모두 국가 운명을 담보할 안보무력으로, 외세가 아닌 핵 개발을 추진하는 실사구시와 실용을 과시했다. 7·4 남북공동성명과 핵 무력 개발이 박정희 독재정권의 연장이라는 내치, 자주국방의 외치 중 그 숨은 목적이 어디에 있었든 7·4 남북공동성명은 박정희와 김일성이 확인하고 생성시킨 한민족 남북공동의 시간임에 틀림없다.

박정희의 시간 철학은 김대중 정권에 의해 훼손 없이 계승·발전한다. 김대중과 김정일 간의 만남은 박정희·김일성 간의 7·4 남북공동성명의 계승이자 재현이었고, 그 차이점이 있다면 박정희 때는 실질적인 교류협력 단계로까지 발전하지 못했다는 점이다. 시대가 허락하지 않았다. 1972년만 해도 남북 간 경제 격차의 우위를 북한이 점하고 있었다.

박정희의 경제 발전 토대 위에 선 김대중 정권에서는 정주영이라는 자본과 기술의 물리적 시간이 촉매자로 참여하여 전방위적인 남북 교류 협력의 시간을 열었다. 김대중-정주영-김정일은 금강산 관광과 개성공단을 묶어 1945년 8월 15일 한민족 해방 국면에 잠시 누렸던 민족 평화의 시간을 되돌렸다. 같은 맥락에서 김대중-정주영-김정일의 '옥동자'인 개성공단은 한반도 통일의 모든 접근법과 프로그레스progress를 환유하고 있다.

김대중은 북-미 간 공진의 시간을 생성시키려는 전략 노선을 선택했다. 남한은 한 발짝 물러나 북한과 미국에게 주도자와 반려자의 자리를 내어주고, 촉매자의 역할과 기능을 수행했다. 김정일과 클린턴 모두를 설득하여 한반도 비핵화와 북·미 간 평화 프로세스를 추진할 수 있는 북·미 정상 회담이라는 공동시간 계획표를 제작했다. 그러나 부시 미 행정부의 출범과 함께 북-미 공동 시간의 생성 기회는 수포로 돌아갔고, 김정일은 핵 무력 개발의 시간으로 노선을 선회회귀, 역진하고 만다.

노무현 참여정부는 김일성, 김정일의 시간 개념은 물론 박정희와 김대중의 민족 공동의 시간 철학을 학습·적용하지 못했다. 노무현 정권은 집권 초 부시 미 행정부 압박의 속뜻을 정확히 이해하거나 설득하지 못했다.

김대중은 클린턴에게 양해를 받아 한반도 비핵화 협상 중재권을 노무현에게 물려줬다. 노무현이 물려받은 카드는 남북 관계의 운명선이 걸린 한반도 비핵화와 북한 핵의 불가역적 폐기 전략의 사활적 권력인 북-미 간 핵 협상의 당사자로서의 중재권이었다. 부시는 이 카드를 노무현에게서 빼앗아 중국에 넘겨주는 대착을 일으킨다. 결과적으로 중국은 대박의 횡재였고, 북한 핵은 진화한다.

노무현은 대통령직에 당선될 때까지 한 번도 미국을 방문해보지 않은 정치인이었고, 대선 과정 말미에서는 미선, 효순 양 사망사건으로 인하여 반미시위가 절정에 이르렀다. 이 때문에 네오콘과 부시 미 행정부는 노무현 대통령은 반미주의자라는 선입견과 불신감에 차 있었다. 2003년 5월 첫 한-미 정상회담은 이와 같은 바탕과 분위기 속에서 진행됐으나 노무현은 부시 측이 제기한 정체성의 오해를 불식시키거나 한반도 핵 협상 중재권을 지키려는 적극성을 보이지 않았다.

살상가상으로 취임 초기 단행한 김대중 정권의 대북한 송금 특검은

1년 뒤인 2004년 총선을 통한 남한 내부 진보진영의 구세력 교체의 발판은 되었으나 남북 관계 미래전략에는 결정적인 족쇄로 작용하였다. 임동원은 그의 회고록에서 강력하게 비판했다임동원, 『피스메이커』, 2008, p.719.

"이 특검 사건이 우리에게 남긴 상처는 대단히 깊었다. 민족 문제와 남북 관계에 대한 올바른 철학과 비전이 결여된 노무현 대통령은 취임 초부터 첫 단추를 잘못 끼움으로써 남북 관계를 경색케 하고 국론을 분열시키는 결과를 초래했다. 이는 남북 화해 협력과 통일문제에 대한 국민들의 관심과 흥미를 감퇴시키고 남북 관계 개선을 위한 추동력을 잃어버리는 결과를 초래했다."

요컨대 노무현 정권의 패착은 김대중 정권이 물려준 유산인 북핵 교섭 당사자 중재권을 완전히 망실하여 버렸다는 데 있다. 노무현 정권은 북한 핵 딜레마의 직접 당사자국인 남한이 쥐고 있던 대북핵 협상 중재권을 빼앗아 중국 주도의 6자회담으로 전환시키려는 부시 미 행정부의 잘못된 결정을 무기력하게 수용하고, 그 결과 남한은 6자회담의 일원 one of them으로 전락했다.

김정일의 입장에서 볼 때 6자회담은 김대중과 합의한 한반도 비핵화와 영구 평화 협정 체제로 가는 평화 노선의 출구 전략이자, 남북 공동의 경제와 전방위적 협력의 시간 계획과 합의를 파기한 현상적 기구에 다름 아니었다.

북한은 이때부터 ① 중국 주도 6자회담에는 마지못해 참여하는 모양

새만 갖추면서, ② 독자적으로는 미국과 핵 실력 검증이라는 일 대 일 최전선 로고스 게임을 벌이는 동시에 핵 무력 개발과 진화의 시간을 공진시키고, ③ 경제 협력은 남한이라는 다중 트랙multi-track노선을 추구한다. 부시 미 행정부를 설득하지 못한 채 북한 핵 협상 중재권이자 6자회담의 주도국 지위를 중국에 넘겨준 노무현 정권의 실패한 외교는 마침내는 임기 중에 1차 핵 실험2006.10.9을 당하고,[111] 이명박 정권의 시간에도 똑같이 재현된다.

노무현 정권이 부시의 강요에 밀려 북한 핵 무력의 개발과 진화의 시간을 방치해버렸다면, 이명박의 시간은 아예 한-미 안보 동맹이라는 미명 아래 부시 미 행정부의 시계를 차용하고 말았다. 이명박 정권의 원칙 있는 대북정책을 통해 북한의 버릇을 고쳐놓겠다는 발상은 부시의 악의 축과 시간을 실행하는 대행 로드맵에 불과했다. 결국 이명박 정권때 발생한 박왕자 씨 피습사건과 5·24 조치, 천안함 피침과 연평도 포격 사건 등은 남과 북의 시간을 냉전의 대결 시계로 되돌려 놓고 말았다.

미국의 북한 핵 요충지 선제타격 발언과 급변사태에 의한 북한 조기붕괴전망 시나리오가 쏟아지고, 한·미동맹의 안보 시간이 강화되면서 개성공단을 제외한 남북 공동의 외교 시계는 아예 작동을 멈췄다. 북한

---

111 노무현 정권이 치적으로 내세우는 9·19 합의, 2·13 조치는 궁색한 사후약방문에 불과하다. 노무현은 취임 초기 틀어쥐었어야 할 핵 협상 중재 권한을 포기하고 부시에게 빼앗겼다. 부시는 중국에게 이양했다. 마치 논 권리문서를 내준 격과 같은데, 부시의 강제력과 노무현의 대북 송금 특검 수용이 그 원인이다. 9·19 합의는 3년이나 지난 뒤 노무현이 뒤늦게 현실과 김정일 노선을 깨달고 난 뒤 정동영을 통해 이뤄진 조치이다. 그러나 이 사건은 핵 주권에 관한 한 미국에게 권한이 있다는 현실을 확인해 주는 사례로서 중요하다. 부시는 노무현과 김정일 간 9·19 합의를 거칠게 폐기해 버렸다.

의 제2차 핵 실험2009.5.25이 실행되었고, 제3차 핵 실험과 로켓 발사 준비 시뮬레이션을 진행 중이었음을 감안하면, 이명박 정권의 시간에 북한 핵 무력의 진화와 네트워킹이 사실상 가장 왕성했고, 사실상 자기완결에 이르렀던 시간으로 분석된다.

요컨대, 부시는 김대중-김정일-클린턴 간에 조립될 남-북-미 공진의 시계를 빼앗아 폐기하고 중국의 시간으로 넘겨주었다. 대북 송금 특검으로 제 발이 묶인 노무현은 부시의 일방적인 강요를 수용했고, 이명박은 한걸음 더 나아가 부시의 시계를 차용했다. 결국 부시의 실패한 외교는 노무현 정권에 전이되고, 이명박 정권에 들어와 최악의 결과로 확장되었고, 그 일련의 시계는 고스란히 박근혜 정권에 승계되었다.

박근혜 정권의 한반도 프로세스나 통일대박론에는 시간 철학의 학습과 인지가 결여되어 있다. 북한이 배고픔에서 벗어나려면 핵을 포기하라는 입장이 전제된다는 점에서 부시와 이명박식 한·미동맹의 시간을 글자만 바꾸어 계승하고 있다. 박근혜에게는 아버지 박정희 대통령의 남북 관계에 대한 기초적인 시간 철학은 물론 김대중의 시간도 학습되지 않았고, 부지불식간에 부시-노무현-이명박의 시간 축의 궤적선상에 서고 말았다. 한마디로, 북한의 주체 시간과 한·미동맹의 시간의 벡터가 핵 무력 실력 입증 최전선에서 충돌하고 있는 현실을 직시한다면, 박근혜 정권이 제시한 한반도 신뢰 프로세스나 통일대박론은 부자 교회 교인들이 가난한 불교사찰을 찾아가서 찬송가를 부르며 회개와 개종을 강요하는 듯한 공허한 행동으로 비유될 수 있다.[112]

---

112 비유이므로 불교계와 기독교계의 오해가 없기를 바란다.

> 4 <
병진 노선 딜레마
: 자폐적 주체 시간과 종이호랑이 핵

김정은 체제의 국가 미래상은 핵 무력을 보유한 경제 강성 대국이고, 그 노선은 안보와 경제의 병진 노선이다. 이 군선과 경제 병진의 구조와 패턴은 김일성, 김정일 체제에서도 언제나 동일하였다. 본 연구는 핵 무력을 보유한 김정은 체제가 지향하는 미래 벡터의 난점, 즉 김정은 체제 핵 무력과 경제 병진 노선에서 새롭게 발견된 핵심적인 딜레마를 4가지 맥락에서 추적코자 한다. 김정은의 새로운 딜레마는 첫째 주체 시간, 둘째 핵 무력, 셋째 자원 개발, 넷째 체제의 미래상이고, 이는 북한 국가 운명 노선의 벡터에 해당한다.

첫째, 주체 시간은 핵 무력 개발과 진화를 위한 시간의 쟁탈 전쟁을 승리로 귀결시킨 핵심적 역량을 발휘한 행위자이다. 그러나 주체 시간의 특징은 오로지 북한만의 시간으로서 세계 시간 질서를 인정하거나 거기에 부합되지 않는 시간이다. 즉, 주체 시간성 속에서 전개되는 교조화된 김일성 유일사상 체계, 군선적 독재 체제, 몰인류적 전체주의 양상들은 세계시간 질서와는 부합될 수 없고 네트워킹할 수 없게 된다.

둘째, 핵 무력의 정체성에는 극단적인 양면성이 존재한다. 1964년 중국이 핵 실험에 성공한 직후 저우언라이는 "중국이 핵을 보유한 만큼 이제 미국의 핵은 종이호랑이에 불과하다"고 선언했다. 이를 북한 핵에 대입하면 북한 핵은 미국이나 남한의 침공을 방어하기 위한 '절대무력의 억지'로 확보되었을 뿐이다.

다시 말해 미국이나 남한이 북한을 침공하지 않는 한 북한 김정은은 북한 핵 무력의 진화의 수준에 전혀 상관없이 단 한 방울의 핵물질도 미국이나 같은 민족인 남한에 사용할 수 없는 그야말로 '종이호랑이'에 불과하다. 또한 UN질서와 협약, 그리고 미·중·소 등 패권 강국들이 지구적 차원에서 핵 무력의 전이와 확산 금지라는 입장과 원칙을 포기하지 않는 한 북한의 중동이나 아프리카, 남미 등에 대한 핵 무력 아카데미 국가화로의 네트워킹 또한 난망하다.

셋째, 병진 노선의 핵심은 북한의 지하자원 개발에서 출발한다. 그러나 한반도의 비핵화와 핵 폐기의 명분으로 사실상 봉쇄된 북한 체제가 자원의 수출 대상 국가를 다변화하지 못한다면, 북한의 자원은 그야말로 헐값에 빨대를 들이댄 중국의 자원 창고에 불과하다. 지리적 교통 연결망의 공동화空洞化 고립된 자원부국 몽골 부존자원의 중-소 헐값 거래라는 뼈저린 경험이 북한에게는 생생한 교훈이다.

북한의 풍부한 자원이 체제의 생명줄을 간당간당하게 유지하는 수단은 될 수 있으나 북한이 산업 강국으로 비월한다는 상상은 공상적이다. 따라서 김정은 체제의 최후의 전략적 선택지는 북한의 자본과 기술의 투자 없이도 가능한 경제 방면 핵 무력에 다름 아닌 유전 개발로 향할 수밖에 없다.

넷째, 북한 체제의 폐쇄성과 은폐성 그리고 불가측성과 몰인권성은 국제사회의 투자 유인에 절대적이고 절망적 영향을 미친다. 군선독재 전체주의 국가는 예측 가능한 국제적인 교역 시스템과 질서가 아니라 독재 권력 집단의 의중에 따라 조변석개할 수 있는 혼돈상이 현실화되어 있기 때문이다. 나아가 산업화와 민주화에 성공하고 고도 산업사회 문턱에 진입한 남한 체제의 경쟁력을 따라잡을 수 있다는 것은 발상조차 하기 어렵다.

결론적으로 주체 시간의 경직성과 핵 무력의 절대적 행위 역량은 오히려 자원 개발 중심의 경제 병진 노선 추진에 치명적인 걸림돌로 작용할 수 있다. 나아가 군선독재 체제는 국제자본과 기술의 북한 투자 의지를 원천적으로 봉쇄하는 결함으로 작용하고, 국제 질서 속에서 인정받지 못하는 북한의 자원은 중국에게 헐값에 빨려 들어가는 자원 창고 역할에 그치게 된다. 역사적으로 검증된 중국의 대북한 정책의 기조는 '허약한 변방 오랑캐 국가'에 있다. 역사상 '부강한 오랑캐 국가'는 중국을 점령했던 고구려로 상징되는 만큼, 중국으로서는 북한 핵 무력과 경제 병진 노선의 성공을 결코 바라지 않는다.

병진 노선의 새로운 딜레마는 김정은과 북한 체제의 운명과 그 미래 노선을 가로막는 거대한 장벽과 같다. 따라서 김정은 체제의 미래상이 핵 무력을 보유한 경제 강성 대국이라면 그 최후의 벡터는 경제면에서는 유전 개발, 정치 체제면에서는 주체적 사민주의의 길에 대한 선택과 집중으로 경로가 설정될 수밖에 없다. 후나바시 요이치가 명명한 김정일이 선택한 핵 무력 개발과 진화가 체제 생존을 위한 최후의 도박이었다면, 필자는 김정은 최후의 도박은 경제면에서는 유전 개발에 있고 정치면에서는 김정은식 사민주의의 길에 있다고 명명하여 제시한다. 그러나 김정은 최후의 도박, 산유국의 꿈은 중국이 직접 당사자 국가로 둔갑할 수 있다. 미국을 상대로 한 핵 무력 개발의 길보다 더 험난할 수 있다.

> 5 <

김정은 미래상
: 유전부국이 펼치는
주체적 사민주의

김일성-김정일-김정은에 이르는 체제의 공통된 목표는 ① 국가의 자위 안보 무력의 확보 ② 주체적 삶을 위한 기반 확보 ③ 먹고사는 문제의 해결 ④ 삶의 질 향상 문제의 해결에 있다. 김정은 정권은 현재 ③의 어느 지점에 와 있다.

쌀을 주식으로 하는 북한은 중국과 베트남, 미얀마, 남한과 교역을 통해 쌀을 교역하면 되기 때문에 먹고사는 문제를 해결하는 것은 난제가 아니다. 또 지하자원의 막강한 잠재성을 광고하여 남한을 중심으로 한 다국적 경제 교류 협력을 주도하여 간다는 노선을 꾀할 수 있다. 핵무력이 보위하는 안보 능력 속에서 김정은식 사민주의를 의미하는 '주체적 사민주의'를 통해 경제 발전을 도모한다는 전략에 있고, 그 선택과 집중은 유전 개발이다.

북한 체제의 역사적 과정에서 김일성은 마오쩌둥의 혁명 과정을, 김정일은 덩샤오핑의 후계 계승을 반면교사로 삼게 된다.[113] 북한의 후계자 계승 논리는 간명하다. 중국은 혁명 전통이 미완성이었기 때문에 장쩌민으로 후계가 계승되었다백학순, 2010, pp.665-667: 박요한, 2013, pp.166-168.[114]

북한의 경우 김일성 대에서 이미 혁명 전통이 완성되었기 때문에 혁명 전통의 순혈주의와 모순 배제 원칙에 따라 백두혈통의 장자인 김정일에게로 승계가 이뤄질 수 있었다는 논리를 펼친다. 이로써 김정일은 혁명 전통의 순혈 계승자이자 김일성의 육체적 핏줄DNA이 되며, 백두혈통이라는 용어는 '혁명 전통의 순혈론'을 북한의 인민 대중에게 운명적으로 각인시키는 동력으로 전화된다.

이와 같이 제1김일성에서 비롯되어 제2김일성김정일로부터 27세의 제3김일성김정은이 국가권력을 승계받을 수 있었던 지점에는 혁명 전통의 완성에 따른 순혈, 백두혈통 유전자라는 김일성-김정일의 역사적 과정으로서의 정통성과 육체적 핏줄DNA이 융합되고 김정일이 상속해 준

---

113 김일성, "조국통일의 3대 원칙에 대하여", (1972. 5. 3; 11. 3), 『김일성저작집』 제27권 (1972.1-1972.12), (평양로동당출판사, 1984); 김정일, "반당반혁명분자의 사상여독을 뿌리 빼고 당의 유일사상 체계를 세울 데 대하여"(1967. 6. 15), 『김정일저작집』 제1권 (1964.4-1969.9); 김정일, "일군들은 〈고난의 행군〉 정신으로 살며 일해야 한다.", (1996. 10. 14.), 『김정일 저작집』(1995.1-1999.9) 제14권, (평양: 로동당출판사, 2000)

114 백학순, 이종석 등은 북한에서 김일성과 김일성 사상의 신격화와 절대화는 중국에서 마오쩌둥과 마오쩌둥 사상의 신격화와 절대화로부터 큰 영향을 받았다고 주장한다. 1969년 4월 중국에서 문화혁명과 함께 조-중 갈등이 악화되는 상황에서 북한은 마오쩌둥과 마오쩌둥 사상에 대항하는 자신의 수령과 사상이 필요했고, 그 결과 '김일성 수령'과 '김일성 사상'의 탄생으로 이어졌다는 점. 나아가 마오쩌둥이 린빠오(林彪)를 후계자로 삼았다가 1971년 9월 13일 반란사건을 당한 값비싼 경험 끝에 1973년 8월 젊은 왕홍원(王洪文)을 새롭게 확정한다. 김일성은 그 해인 1973년 9월 4일에 개최된 조선로동당 제5기 7차 전원회의에서 김정일이 당 비서로 선출되었고, 이듬해인 1974년 2월 후계자로의 공인을 의미하는 당 중앙위 정치위원으로 선출되었다는 점을 들고 있다

핵 무력과 그 운반수단로켓 기술력이 결합되어, 전혀 다른 제3의 존재 hybrid, 人物性로 탄생한다.[115]

제3의 김일성인 김정은의 정체성은 김일성 백두혈통을 계승하고, 김정일의 핵 무력과 로켓을 보유한 젊은 영도자로서 당국가와 인민과 일체화된다. 나아가 김일성시대의 자위적 안보와 자립경제는 핵 무력과 경제의 병진 노선에 의거한 강성 대국이라는 국가 목표이자 혁명 과업으로 전승되는 그야말로 오래된 미래가 된다.[116] 북한의 그 '오래된 미래'는 곧 '핵 무력을 보유한 경제 강성 대국'이라는 언명으로 압축된다.

따라서 김정은 체제는 할아버지 김일성이 마오쩌둥에게서, 아버지 김정일 덩샤오핑 체제를 반면교사로 삼았듯이 동일한 방식으로 스위스나 스웨덴의 사민주의 모델을 김일성 유일사상 체계라는 북한식으로 수용하여 변용할 수밖에 없다.[117] 즉, 북유럽 강소국가들의 사민주

---

115 김정일, "수령님의 탄생 60돐을 민족최대의 명절로 맞이하기 위하여" (1971.10. 29), 『김정일저작집』 제2권, (1970.1-1972.11); 김정일, "온 사회를 김일성주의화 하기 위한 당 사상사업의 몇 가지 과업에 대하여" (1974. 2. 19), 『김정일저작집』 제4권; 김정일, "전군을 김일성주의화 하자" (1975. 1. 1), 『김일성저작집』 제5권 (1975-1977)

116 김일성, "당면한 경제 사업에서 혁명적 대고조를 일으키며 로동행정사업을 개선할 데 대하여, - 경제건설과 국방병진 노선 관철을 위한 사상적 준비와 투쟁 강화 - (1967. 7. 3), 『김일성저작집』 제21권, 평양: 조선로동당출판사, 1983
김정일, "올해를 강성 대국건설의 위대한 전환의 해로 빛내이자", (주체88. 1999. 1. 1.), 『김정일 저작집』 제14권, 평양: 조선로동당출판사, 2000

117 다만 이들 국가들은 핵 무력을 보유하지 않은 영세 중립국이라는 점에서 북한과의 논쟁적 차이가 있다고 하겠다. 본 연구는 김정은 정권의 관점과 입장에서는 스위스나 스웨덴 등은 군사 안보적인 전략적 가치가 높지 않은 변방적 영세 중립국으로 보고, 한반도는 지구적 안보와 국가 이익의 요충지로서 확장성을 담보한 중심적 영세 중립국이라는 차이로 구분하여, 북한 핵 무력 보유의 국제 관계적 당위성을 주장하여 갈 것으로 예측된다.
김정은의 선택지를 추적하기 위해서는 그가 받은 교육의 기원을 열람할 필요가 있다. 그

의[118]를 소위 김일성 유일사상 체계 속에서 변용하여 북한식 주체적 사민주의, 즉 김정은식 제3의 길이란 벡터가 생성된다.[119]

주목할 점은 스위스와 스웨덴 등은 영세 중립국이자 사민주의 체제 강소국가의 본보기에 해당한다. 스위스나 스웨덴 등은 산악국가, 인구, 지정학적 위치 등의 면에서 북한과 유사하다. 다만 이들 국가들은 핵무력을 보유하지 않은 영세 중립국이라는 점에서 북한과 논쟁적 차이가 있다.

북유럽 사민주의 국가에서 나타나는 문화 의식의 특징은 ① 더불어 산다는 의식성, ② 약속 이행성, ③ 항상적 속도성, ④ 가치의 공유성으

기원은 두 갈래로 나누어지는데 그 한 축은 김일성-김정일의 주체사상과 선군 정치 노선이고, 또 다른 한 축은 스위스 등 선진 북유럽의 사민주의에 대한 학습에 있다. 스위스에서 유년 시절과 청소년 시절을 보내는 동안 김정은은 자유주의와 사회주의, 민주주의의 공진성을 보고, 나누고, 느끼고, 체험했고, 동시에 격변의 동북아와 한반도 관계, 중국의 부상과 북한의 고립과 침체, 6·15 공동선언과 10·4 남북공동선언을 목도하면서 미래의 잠재적 북한 통치자로서 학습하고 성장 과정을 보내었을 것은 어렵지 않게 추정된다. 그리고 북한에 돌아와 후계자로 확정된 뒤 아버지 김정일이 죽음을 맞기까지 2~3년 동안 아버지와 함께하며 받았을 북한 체제의 '제왕학'에 대한 총괄적이고 비약적인 대화와 학습은 승계자로서 필요충분조건에 해당한다. 주목할 점은 스위스와 스웨덴 등은 영세 중립국이자 사민주의 체제 강소국가의 본보기에 해당한다. 스위스나 스웨덴 등은 산악국가, 인구, 지정학적 위치 등의 면에서 북한과 유사한 점이 적지 않다.

118 김정은으로서는 프랑스로 유학을 가고 홍콩을 터전으로 사업을 전개하는 장남 김정남의 경우에 이미 혁명 전통의 노선에서 벗어난 자로 판정될 수 있고, 장성택의 처형도 같은 맥락의 연장선상에서 일어난 국면적 사건에 해당한다고 하겠다.

119 주체적 사민주의란 본 연구가 명명하였고, 논란과 논쟁이 야기될 수 있는 지점이라 하겠다. 유럽식 사민주의는 개인의 자유와 직접민주투표제도에 의거하여 보편적 인권과 보편적 복지를 지향한다는 출발점과 벡터이다. 그러나 '주체적 사민주의'는 인민 대중을 우선시사는 보편적 복지 속에서 개별적 인간 안보의 위상이 설정되는 위계상의 배열순서가 달라지게 된다.

로 나타난다. 이 같은 의식은 삶 자체로서의 도덕성, 높은 과세에 대한 컨센서스, 숨겨진 약속hidden promise에 대한 이행, 항상적인 자기 속도 long term으로서의 시간성으로 나타나는데, 북한 김정은 체제에 본질적으로 맥락이 닿고 있다고 할 수 있다.

김정은의 관점과 입장에서는 스위스나 스웨덴 등은 군사 안보적인 전략적 가치가 높지 않은 변방적 영세 중립국가이다. 한반도는 지구적 안보와 국가 이익의 요충지로서 확장성을 담보한 중심적 영세 중립국가라는 차이로 구분하여, 북한 핵 무력 보유의 국제 관계적 당위성을 주장하여 갈 것으로 예측된다.

김정은 체제는 중국식 개혁 개방 방식을 통해 경제 병진 노선에 나선다는 것은 북-미 관계 때문에 원천적으로 봉쇄되어 있고, 또한 추진한다고 하여도 안보를 제외한 다른 면인 곧 사상, 정치, 경제, 문화, 체제 면에서 절대적 우위에 있는 남한에 흡수 통일되는 경로임을 잘 인식하고 있다.

김정은으로서는 핵 무력 개발과 똑같은 방식으로 경제 개발을 함과 동시에 미래 체제의 벡터는 남한식이 아닌 북유럽 강소국가식 사민주의, 즉 김정은식 제3의 길이 곧 핵 무력과 경제 병진 노선이며, 그 최후의 도박적 선택지는 유전 개발일 수밖에 없다.

김정은의 미래 국가상은 핵 무력이 강제하는 한반도 평화 속에서 산유국의 지위를 얻어 경제 강성 대국으로 도약하는 동시에 주체적 사민주의를 지향한다. 지구적 산업 동력인 오일 에너지의 북한 잠재적 매장량은 아랍에미리트에 이어 세계 8위권으로 알려지는 등 원유 매장 가능성은 최근 거의 정설이 되고 있다. 북한에 중동 산유국에 맞먹는 원유가 매장되어 있다고 해도 그 개발 가능성은 매우 낮다. 핵 무력 개발과 오일은 미국 등 세계 강국들에 의해 사실상 획일적 · 지배적 관리 체제하에 있다. 미국과 유럽이 참전한 대부분 중동지역 분쟁과 전쟁은 오일에 그 원인이 있음은 두말할 나위가 없다.

북한 체제는 이라크의 사담 후세인, 리비아의 카다피의 종말에서 학습한 것은 안보 실력 면에서 핵 무력이 없어서 당했다는 점임을 언명하고 있다. 즉 경제 개발 면에서 자위적인 핵 무력이 없으면 유전 개발을 할 수 없다는 현실, 즉 북한이 잠재적으로 보유한 유전 개발과 안보와의 상관관계, 그 핍진성의 심층을 깨달은 것이다. 따라서 유전 개발은 핵 무력 진화의 여정보다도 더 험난하다.

심층적인 북한 산유국의 꿈에 가장 강력하고 민감하게 반응할 나라는 중국이다. 북한에서 가장 기대되는 원유 매장 후보지는 600억 배럴 정도가 매장되어 있을 것으로 추정되는 서한만西韓灣, 중국명: 보하이만渤海灣 분지이다. 중국 해양석유총공사CNOOC는 2005년 서한만 분지에 약 600억 배럴의 원유가 매장되어 있다고 발표한 바 있고, 2015년도 예산에 서한만 유전 개발을 위한 예산을 반영하고 있는 것으로 알려지고 있다.

북한의 서한만 유전 개발의 딜레마는 중국과의 대륙붕이 겹치는 등해역 변경의 분쟁이 필연적으로 발생할 수밖에 없다는 것이다. 중국에게 서한만 유전은 국가의 생명줄에 다름 아니다. 북-중 간에 공동 유전 개발을 하지 않거나 상호 간 양해 협정 체결이 없는 한 북-중 분쟁 발생

가능성이 매우 높고 북한으로서는 감당하기 어려운 체제와 운명의 기로에 서게 된다. 따라서 북한의 서한만 유전 개발은, 마치 남한의 핵·미사일 개발이 한·미동맹의 구조적 제한에 걸려 있듯이 '유전 개발의 북·중 관계의 구조적 제한'에 걸려 있고, 북한으로선 절대적 자위무력인 핵 무력의 개발과 진화를 이룩할 때만 자주적, 자생적으로 유전 개발을 추진할 수 있는 단계에 이른다.[120]

2013년 말, 북한이 장성택과 그 네트워크를 처형한 핵심적 이유는 그들이 중국의 시간을 대변하는 데 있었음은 두말할 나위가 없다. 2013년 말 실행된 장성택 처형은 북한 핵 무력의 진화와 네트워킹 실력이 중국 주도의 6자회담의 시간을 비월했고, 향후 북-미 핵 협상은 북한 주도로 이끌고 가겠다는 선언에 다름 아니었다.

연이어 2014년 5월 최용해의 특사 자격 중국 방문을 통해 중국의 냉랭한 기류를 확인한 김정은 체제는 친러노선으로 선회했다. 친러노선의 핵심은 경협과 안보의 공진에 있다. 2014년 이후 북한의 주된 원유 수입선은 상당량 러시아로 대체하여 중국 의존도를 낮췄고, 유라시아 철도와 북·러 간 송유관 건설계획을 공동 발표했다. 산유국 유전 개발의 강점은 자본과 기술을 해외로부터 전액 투자받을 수 있다는 데 있다.[121]

---

120 2015년 김정은 신년사에 우리 힘으로 자주적으로 개발한다고 명시하였다.

121 미국의 셰일가스 개발은 전 세계에 에너지 쇼크를 불러 일으켰다. 2015년 말 현재, 오일가는 배럴당 40달러로서 120달러를 구가하던 때의 3분의 1토막이 났다. 중앙일보 고수석 박사는 1광구당 1,000만 불에 달하는 채굴비와 기술 장비가 없어서 북한의 유전 개발은 그림의 떡이라고 주장한다. 일리가 있다. 그러나 좀 더 추세를 지켜볼 필요가 있다. 특히 유전 개발의 강점은 매장량과 채산성이 인정된다면 투자행위자가 자본과 기술을 모두 자발적으로 들여온다는 데 있는 점을 감안하면, 한국의 북한유전 개발 가능성은 열려있다.

세계적 유전국가인 러시아의 자본과 기술이 북한과 함께 서한만을 공동 개발한다면 중국으로선 딜레마에 처한다.

① 북한과 중국 간에는 대륙붕이 겹칠 가능성이 있지만, 북한의 개발 권한을 인정하지 않을 수 없고, ② 핵 무력을 보유한 산유국 오랑캐 국가는 상상하기 어려운 데다, ③ 러시아의 잠재적 안보 영향력의 서해진출을 인정할 수 없기 때문이다.

중국은 재빨리 움직여 2015년 8월 중-러 안보 동맹을 맺었다. 시진핑은 러시아 전승절 행사에 참석했고 김정은은 참석하지 않았다.

중국의 대북 외교전략 기조는 북한 핵 폐기 딜레마와 경제 방면에서의 자원특히 유전 개발 주도라는 two-track 노선으로 선회할 가능성이 높다. 한 갈래의 축으로는 북한의 핵 개발과 진화가 상당 수준에 이르렀음을 실효적으로 인정하고, 한반도 비핵화 문제는 당사국인 남한과 미국이 나서서 주도하라는 입장으로 선회하여 6자회담의 주도국 지위에서 발을 빼는 전략이다.

또 한 갈래의 축으로는 북한과는 어떤 형태로든 서한만 유전 개발에 공동 개발의 보조를 맞춰 주도한다. 중국 시진핑 체제는 장성택의 처형이 시사하는 바에 따라 북한의 국가 운명선인 '주체의 시간'을 장성택을 통하여 '중국의 시간'으로 변경하려 했던 중국의 대북한 역사 게임에서 한발 물러선다.

장성택 처형의 속뜻은 이후 한반도 핵 협상 새 질서의 주도권은 북한에게 있고 향후 북한이 독자적으로러시아든 중국이든 서한만 유전 개발에 나서겠으니, 중국은 노선을 분명히 하라는 대중국 유전 개발 전쟁 선전 포고에 다름 아니었다. 유전 개발의 상대 노선은 핵 협상을 지렛대 삼아 언제든지 북-미-한 축으로 변경할 수 있다. 이 같은 김정은 노선의 숨은 메시지hidden message는 2015년 김정은 국방 제1위원장의 신년사의 행간에 담겨있다.

요컨대, 1993년 이후 북한은 ① 핵 무력의 포기는 체제 내부와 외부의 상호 공명을 통한 북한 체제의 붕괴 가능성을 높여 갈 뿐이고, ② 6자회담이라는 현상 유지책은 북조선이라는 자원의 보고가 헐값에 빨려 들어가 중국의 자원 창고로 전락하는 중국의 노선이고, ③ 중국식 혹은 서양식 개혁 개방엔 산업화와 민주화에 성공한 남한 체제에게 흡수 통일되는 남한식 경로가 설정되었음을 인식했다.

따라서 김정일 최후의 선택은 핵 무력 개발 노선이었고 이 길고 지루한 시간의 쟁탈 전쟁의 상대가 미국이었다면, 김정은 최후의 선택지는 자원특히 유전 개발에 있고, 그 협력과 대결의 상대 국가는 중국이라는 데 있다.

역사적인 긴장 관계에 있는 동쪽 오랑캐 변강국가인 북한은 핵 무력 억지를 발판으로 삼아 북방 오랑캐 강국 러시아와 연대하여 서한만을 압박해오고 있다. 대륙 패권 오랑캐 국가는 북한과 협력과 경쟁 중에서의 선택을 강요당하고 있는 국면이다.

결론 I '비핵 한반도 영세 중립국'의 꿈은 어떻게 무산되었는가?
결론 II '앞으로 20년 전쟁', 우리는 어떻게 승리하는가?

> 제 6 장 <
결론

> 1 <

결론 I
'비핵 한반도 영세 중립국'의
꿈은 어떻게 무산되었는가?

1. 우리는 '지나간 20년 시간 전쟁'에서 이렇게 패배했다

2013년 이후 북한 핵 체제는 사실상 동북아 신 냉전을 세계 핵 체제 차원으로 네트워킹했다. 북한 국가 운명 정체성의 핵 무력 체제화 과정은 '40년 체제'로 묶인다. 1993년부터 2013년까지 20년을 '지나간 20년'으로 규정했다. 이 시기는 북한의 핵 무력 개발과 진화, 보유와 네트워킹을 위한 항미 시간 획득 전쟁에 해당한다. 2013년부터 2033년까지는 '앞으로 20년'으로 규정한다. 앞으로 20년이 북한 핵 무력의 벡터가 결정되고, 이에 따라 한반도는 영구 분단의 길로 들어서느냐 아니면 민족 통일의 단계로 접어드느냐가 판가름 난다.

영구 분단의 길로 들어선다면, 한국은 북한의 대응 핵으로서 독자적인 핵 개발과 보유 가능성을 검토할 수 있다. 한국 핵 보유는 미국이 주도하는 세계 안보의 지형에 지각 변동을 초래한다. 따라서 한반도 신 냉전 핵 체제는 앞으로 20년간 미국의 태평양 안보 패권을 결정지을 수 있는 핵심 딜레마이다.

북한 핵 딜레마는 한반도는 물론 세계 핵 안보의 운명이 걸린 딜레마다. 우리는 아무리 솔직해도 지나침이 없다. 우리란 누구인가? 유감스럽게도 한국과 미국일 뿐이다. 중국이나 일본, 러시아는 포함되지 않는다. 경제는 현실이고 안보는 역사이다. 현재 진행형의 오늘과 통괄성의 총화인 역사를 동일률로 착각해서는 안 된다.

한국과 미국 이외의 국가는 국가 운명 정체성과 그 벡터가 전혀 다르다. 클린턴이 김대중에게 감탄하여 포용 정책을 수용한 지점, 부시가 오판하여 한반도 대착오Korea Peninsular Bigbang를 일으킨 핵심적인 지점이다. 중국에게는 중화만의 역사적 운명 노선이 있고, 북한에게는 그들만의 역사적 운명 노선이 교착·평행한다. 중화민족 패권성과 변방 오랑캐 국가라는 역사적인 운명 정체성은 5000년간 불변의 상수常數관계이다. 따라서 자주성과 민족을 기초로 한 북한으로선 중국과 운명의 노선이 현재 진행형의 오늘은 협력적이지만 통괄적으로는 대립적이다.

운명은 생명의 시간과 사건의 축적 과정이다. 북한의 운명 노선이 중국과 일체화된다면 북한은 망하여 중국에게 흡수된다는 얘기다. 북한 김정은 정권이 실행한 장성택 처형 대의명분의 역사 철학적 기초가 여기에 있다.

필자는 지금까지 공개된 모든 정보와 보도문을 토대로 상상에 의해 하나의 시나리오를 재구성했다. 2000년 6월 13일 순안공항에서 주석궁으로 들어가는 북한 1호차 안에서 김대중은 김정일에게 다음과 같이 권고했다.

"한국은 미국의 승인 없이는 원천적·구조적으로 북한을 침략할 수 없습니다. 태평양 건너 미국은 접경의 중국과 같은 역사적인 긴장 관계와는 그 차원이 다릅니다. 따라서 북-미 간 평화 협상 체결과 함께 북한이 미국시장에 진입하고 남북 경협이 성공리에 추진된다면, 이 두 축의 성장 동력으로 북한은 다시 일어설 수 있습니다.

통일이요? 본격적인 통일논의는 전 인민이 남한 국민들처럼 '흰 쌀밥에 고깃국을 먹는' 그때나 가능한 것이 현실 아닙니까? 통일 뒤에는 영구 평화가 보장된 영세 중립국이어야 하지요. 그때의 억지 무력은 미국이 아닐까요? 중국은 아닙니다. 동의하시지요? 주한미군이 꼭 철수해야 하는지 통일된 한반도 차원에서 다시 생각해 보세요. 따라서 그 전까지는 북한의 경제 개발이 우선입니다.

핵이라고요? 미국에 비교하면 장난감에 불과한 핵을 누구 좋으라고 만지작거립니까? 그 장난감으로 동족인 한국을 겨냥할 것입니까? 강대국인 미국이나 중국, 일본을 겨냥할 것입니까? 종이호랑이가 아닙니까? 당신네들이 종이호랑이를 만들면 한국, 일본, 대만 그리고 중동과 남미의 다른 나라들의 개발 유혹 아궁이에 불씨를 넣게 됩니다. 그렇게 되면 북한은 진정한 미국의 적대국이 되지요. 이번에는 김해 김씨인 당신이 광산 김씨이자 연장자인 나 김대중의 충고를 받아들이세요."

그 결과 탄생한 것이 한반도의 낮은 단계의 연방제가 아니었을까? 그리고 김대중은 이 대화 과정의 스토리를 갖고 클린턴 설득에 나섰다. 마음과 노선이 합치된 김대중과 클린턴 간에는 실사구시와 실용의 전략적 목표와 노선이 생성되었다.

김대중과 클린턴 간의 묵시적 목표는 '북한의 친미국가화'이고, 그 노선은 '김정일과 클린턴 간의 북·미 정상회담'이었다. 그 정상회담에서 도출될 클린턴과 김정일의 공동 방안은 '비핵 한반도의 평화통일과 영세 중립국 보장'이었다. 이 정상회담이 성사되었다면 그해 김정일과 클린턴 두 사람은 노벨 평화상 후보에 올랐을 것이란 상상은 어렵지 않다.

이 설명 방법 외에 낮은 단계의 연방제론과 북·미 정상회담의 탄생 과정이 설명될 수 있을까? 클린턴 미 행정부가 아들 부시의 말처럼 '어리석은 바보'라서 김대중의 전략과 노선을 전향적으로 수렴했겠는가? 클린턴과 김정일은 "모두 김대중이 제시한 평화통일 한반도의 영세 중립국의 꿈을 주한·미군이 지탱한다."는 비전과 전략에 합생合生했다.

한걸음 더 나아가 보자. 김정일은 김대중의 이 제안을 어떻게 신뢰할 수 있었을까? 그 정답은 바로 정주영이다. 정주영은 한반도의 시간을 요리한making & cooking 선구자이다. 정주영은 2년 전 1998년 6월 16일 소떼를 몰고 방북했다. 정주영이 한반도의 시간을 종이처럼 1945년에서 1998년까지 접고 나자, 한반도에는 1945년 해방 민족의 시간이 1998년으로 현재화되었다. 분단과 원한의 세월은 접히고 1945년 해방된 평화 민족의 시간으로 되돌아갔다. 목동 정주영이 분단 공간을 밟고 올라가며 전 세계를 향해 펼친 마술 같은 현실이었다.

북한의 외교는 첫째는 신뢰 구축이요, 둘째는 민족이요, 셋째는 자주성이요, 그 마지막 총 강령이 수령님과 지도자의 교시이다. 김정일이 정주영의 의지와 목표를 읽지 못했겠는가? 정주영이 김정일의 딜레마와 마음을 읽지 못했겠는가? 2년간 시간과 실천의 신뢰가 구축된 정주영은 김정일에게 제안했음을 어렵지 않게 상상된다.

"김정일 위원장님, 아무런 걱정하지 마십시오. 나의 미래의 조국은 통일된 조국입니다. 통일된 조국의 그날이 오려면 나의 고향 땅 북한이 한국처럼 잘살아야 가능합니다. 강원도 통천 땅에서 소 한 마리 판 돈을 쥐고 서울로 향했던 나 정주영은, 이제 아시아를 넘어서 세계 기업 경영인으로 우뚝 섰습니다.

북한에는 저 같은 전문가가 없지 않습니까? 박정희 전 대통령이 나를 신뢰하고 앞세웠듯, 김대중 대통령이 자신의 경제 분신으로 나를 보냈듯, 김정일 위원장님도 나를 믿으십시오. 내가 나의 고향 북한 땅을 부자로 만드는 데 앞장설 것입니다. 이미 시작된 나의 발걸음은 돌이킬 수 없지만, 나는 나이가 많아 아침저녁으로 하늘을 바라볼 뿐입니다. 죽으나 사나 나의 자손들까지도 지켜 이룩해야 할 천명대업天命大業입니다. 나를 믿고 따라오십시오. 내 몸이 죽어 없어지고 난들 내 아들 몽헌이 있지 않습니까?"

필자가 던지고 싶은 메시지는 "2000년 6월 13일 평양 순안공항 땅에 내려서 김정일과 맞잡은 김대중의 손에는 정주영이라는 보증수표가 쥐어져 있었다."는 사실이다. 이는 박정희 시절에는 꿈조차 꿀 수 없었던 실사구시와 실용이다. 역사 속에서 박정희 없는 정주영을 상상할 수 있는가? 김대중이 좀 더 솔직했더라면 노벨평화상 수상은 정주영과 공동으로 수상했어야 한다. 뒤에 이 보증수표 때문에 정주영의 분신 몽헌이 자결하는 비극이 일어난다.

그리고 김대중-정주영-김정일-클린턴 간의 한반도 평화 프로세스가 윤곽을 드러냈다. 그 화룡점정은 올브라이트가 방북하여 조정하고 돌아갔던 김정일-클린턴 간 북·미 정상회담이었다. 2000년 말 미국의 대통령선거 결과가 조지 W. 부시의 당선으로 나타날 때까지 한반도는 클린턴과 김정일의 역사적 회담이라는 단꿈에 흠뻑 빠져 있었다.

2. 전환: 부시, 노무현과 이명박의 시간을 압제하다

그러나 2001년 1월 취임한 아들 부시 미 행정부는 생각이 전혀 달랐다. 클린턴은 핵 개발 능력이 없는 세계 최빈국이자 악의 축인 '값어치 없는 독재 국가'에 미국의 국가 역량을 너무 소모했다고 결론지었다. 이런 외눈박이가 있을까? 아들 부시는 클린턴의 모든 전략과 정책을 뒤집을 준비를 하면서Anything But Clinton 정책, 세계적 정치지도자인 김대중의 퇴임의 시간을 기다렸다. 2001년 3월, 부시 취임 뒤 열린 첫 한·미 정상회담은 국빈 방문이 아닌 실무방문 차원으로 격하되었고 부시는 한반도 평화 프로세스를 설득하려는 김대중을 이 사람this man이라고 호칭하기도 했다.

초기에는 중도적인 파월 미 국무장관을 통해 클린턴의 정책기조를 계승하겠다고 립 서비스를 보내는가 싶더니, '내 스키가 너무 나갔다'고 번복한다. 럼스펠드 등 네오콘의 강경세력을 선택한 부시로서는 1년 정도의 시간이 필요했다. 미국과 세계의 명성과 신뢰를 받는 김대중을 무시할 수도 없고, 2002년 한국의 대통령 선거에서 자신들이 기대하는 보수정당의 후보가 당선이 유력시되기도 했다. 이렇게 한반도의 시간은 아들 부시의 손아귀로 넘어가고 있었다.

2001년 신년사에서 외눈박이 부시는 아예 북한을 악의 축axis of evil

으로 규정하고 말았다. 이로써 북·미 간에 물밑에서 오가던 온기의 대화는 단절되었다. 설상가상으로 9·11테러사건이 발생했다.

드디어 2002년 가을 부시 미 행정부는 "북한이 농축 우라늄 개발을 시인했다"면서 대북전략 전환의 마각을 드러냈다. '클린턴의 모든 정책은 잘못됐다'는 ABC 정책이 한반도에 현실화되었다. 그해 10월 방북한 제임스 켈리는 부인도 하지 않은 북한 강석주의 발언을 시인으로 번안飜案. self-translation했다. 북한은 즉각 이 사실을 부인했으나 오직 확실한 것은 미국만이 갖고 있는 정보였다.

한국에서는 오래된 김대중은 퇴임했고, 그 뒤를 이은 젊은 노무현 대통령은 한 차례도 미국을 방문한 경험이 없는, 그야말로 다루기 쉬운 사람으로 보였다. 그는 두 여중생의 사망사건에서 촉발된 촛불 집회의 반미정서에 편승하여 당선되고, 진보 이념적 성향이 강하며 젊은 참모들에게 둘러싸여 있다고 보고되었다.[122]

아니나 다를까? 노무현은 대통령직에 취임하자마자 돌연 김대중 정권 대북사업의 맥을 송두리째 잘라버렸다. 대북 송금 특검 수용으로 김대중의 메신저 임동원과 박지원은 구속되었고, 정주영을 계승한 아들 정몽헌은 자결로써 유명을 달리하고 말았다.5월 노무현과 부시 간의 한·미 정상회담의 대비책이었을까? 아니면 1년 뒤 총선을 내다 본 사전 정지 작업이었을까?

미국 아들 부시는 쾌재를 불렀겠지만 북한 김정일은 아연실색했다.

---

122 실제로 노무현은 한국 대통령직에 당선될 때까지 미국을 방문한 적이 없고 2002년 미선, 효순 양 사망사건은 그해 연말 반미 촛불집회를 통해 대선변수로 이슈화되었다.

"노무현은 김대중의 후계자가 아닌가? 어떻게 정치적 아들이 정치적 아버지의 유업을 잘라 버린다는 것인가. 북조선에서는 상상할 수 없는 부조리한 사건이 아닌가?"

선거와 정권교체의 지식이나 경험이 전혀 없는 김정일로서는 충격임에 틀림없다. 선 신뢰구축을 중요시하는 북한 체제의 특성상, 남북 간 핫라인은 끊겼다. 이윽고 김정일은 알아차렸다.

"아, 자유민주주의 국가에서는 선거에 의해 권력이 교체되고 후임자가 그 전임자의 모든 결정을 뒤집어 버릴 수 있구나."

결과적으로 노무현은 김정일에게 자유민주주의 선거체제와 권력관계를 학습시켰다.

해탈한 인간의 뇌에는 우주의 지도가 생성된다고 한다. 우리가 시간과 우리 자신에게 솔직하기만 하면 은폐된 북한의 시간을 올바르게 읽을 수 있다. 북한은 불가측하거나 불확실성의 세계가 전혀 아니다. 시간 철학에 입각하면 지구상에 북한처럼 알기 쉬운 나라도 없다. 북한 김정일이 핵 재개발을 결정한 시기는 분명히 이때이다. 2001년 3월 아들 부시와 김대중의 한·미 정상회담에서 김대중의 부시 설득의 실패 사건 그리고 2003년 2월 노무현의 대북 송금 특검 수용이라는 기간이 중첩된다.

이 지점과 사실에서 김대중과 노무현 정권의 관계성을 정리한다. 한국 진보 정치권 내에서 사실화되다시피 하는 "노무현이 김대중 정권의 대북노선을 계승했다."는 논리는 황당무계한 궤변에 가깝다. 노무현은 김대중 미래 노선을 통째로 자르고, 오히려 부시의 '클린턴은 안 돼ABC' 노선을 수용하여 노무현식 'DJ는 안 돼ABDJ'으로 변용했을 뿐이다.

그 결과 노무현이 행한 'ABDJ'는 이명박의 '노무현은 안 돼ABNoh'로 계승된다. 이명박은 아예 부시의 시계를 차용하여 5·24 조치로 'ABNoh' 의 피날레를 장식한다. 2002년부터 2013년까지 10년간이 한반도의 비핵화와 영구 평화, 영세 중립국의 꿈이 물거품으로 돌아간 시기임에 틀림없다. 아들 부시, 노무현, 이명박의 대북 전략은 일직선의 계선상에 있다. 마찬가지로 이명박 또한 박정희 노선을 계승하지 않았다.

3. 6자회담: 기형아 북핵 40년 체제를 낳다

외눈박이 아들 부시의 진가는 6자회담에서 여실히 드러난다. 10년 간의 시간, 사실상 실종된 6자회담의 운명 과정은 부시-노무현-이명박 의 오류를 확증한다. 부시는 클린턴-김대중-김정일을 뒤집은 뒤 그 대안으로 6자회담을 결정했다. 6자회담은 북한 핵의 문제를 주축국인 미국과 '앞으로의 강대국 중국'이 해결하자는, 신현실주의와 신자유주의가 결합된 힘과 자본의 강대국 논리에 기반했다. 예의상 한국을 포함시키고, 일본과 러시아를 곁가지로 붙였다.

본질은 미국이 결정주권을 행사하고, 중국이 협상의 중재 주도권을 쥐게 되는 5개국 연합 기구 형태이다. 그러나 협상에 따른 책임북한 핵 포기 시 보상과 안전 보장은 누가 질 수 있는가? 없다. 다자기구의 위험성은 책임지는 행위자가 없다는 데 있다. 결정권을 쥔 미국은 북한 핵 딜레마에서 한발 뺀 채 폼만 잡고, 중국은 미국 시장 전면 개방이라는 실리를 누리는 대신, 북한이 수용할 수 있는 보상과 안보의 책임을 질 나라는 아무도 없다. 나아가 북한 핵의 현실적인 피폭 직접 대상자인 한국은 1/5의 발언권이 주어질 뿐이다.

김대중-김정일-클린턴 라인업이 설계한 한반도 북·미 평화 프로세스의 시간이 황해를 건너갔고, 한국의 고유한 핵 협상 주권은 부지불식간에 중국에게 넘어갔다. 중국으로선 방석만 깔아주면, 꿩 잡고미국시장 중국 개방, 알 줍고한국자본의 중국 투자, 둥지까지 챙기는북한의 대중국 경제의존 심화 일거삼득의 횡재였다.

아들 부시는 중국, 북한, 한국에 대한 역사인식과 이해도의 안목을 갖추지 못한 진정한 '애꾸눈의 미국 황제'였다. 외눈박이 부시는 중국을 오판했다. 중국은 북한 핵 무장을 반대할 수 없는 것은 물론, 핵 개발에 관한 한 북한에 발언권이 전혀 없다. 나아가 상호 간의 침탈 전쟁으로 얼룩진 북-조 관계 5000년사에 무지했다. 역사를 모르는 황제가 세계 전쟁 결정 권한과 한반도 핵 무력 주권을 압제했다.

외눈박이 부시는 북한의 핵 개발 능력도 오판했다. 북한은 그렇게 만만한 나라가 아니다. 북은 1949년에 소련과 우라늄을 공동 채굴하여 수출하고, 한국전쟁 중인 1952년에 평양에서 과학 기술원을 설립하고, 본격적인 핵 개발 시기로 추정되는 1972년 7·4 남북공동성명 때까지는 경제력이 한국보다 앞섰다.

부시는 북-중 관계도 오판했다. 북·중 관계에서 중국은 북한고조선,

고구려, 발해, 고려, 조선[123]을 침공한 대륙 변강국가로서 끊임없는 협력과 긴장, 즉 '전쟁과 평화'의 역사 관계를 유지하고 있다. 북·중 관계의 혈맹의 순간은 항일 무투 과정과 중공의 국가 수립 전쟁 당시 동북 방면에서 북한군의 참전과 기여가 있었고, 한국전쟁에 참전했다는 상호 작용과 공명에 있다.

긴장의 시간은 반만 년이고 혈맹의 시간은 고작해야 30~40년이다. 이 혈맹은 1970년대 중국 노선 선회와 1992년 한중 수교로 북한이 자위적 안보를 위한 핵 개발 결단 선언에 이르는 시간과 연동되어 있다. 5000년과 40년을 비교하자면 '새 발의 피'다.

따라서 북한이 핵 주권을 중국에게 넘기는 날은 중국에게 흡수되어 사라지는 날이다. 북한은 핵 주권을 포기하거나 체제가 무너지는 순간, 한국보다도 중국이 먼저 자신들을 침략할 것으로 판단한다. 이 불안감은 10년 뒤인 2013년 말 장성택을 처형함으로써 입증되었고, 중국은 침묵했다. 2015년 북한 1010 노동당 창건일 열병식에 중국 당 권력 서열 5위인 류윈산이 참석했다. 중국의 침묵의 입장이 외교적 의전의 행동으로 이행된 것. 북한은 혈맹 관계의 회복이라고 대서특필했으나 중국 측은 말이 없다. 침묵은 우주의 숨결이자 시간의 언어이다. 우주와 시간은 자기 충분성 속에서 과정의 진리성을 스스로 보여준다.

---

123 북-중 관계상에서 북한은 고조선, 고구려, 발해, 고려, 조선사를 '북조선사'로 통괄하여 지칭하고 있다. 김정일의 유서에서도 나타나듯이 '우리나라'라 함은 한반도 국가의 역사를 통칭하고 있다.

4. 북한 핵, 기껏해야 공도동망의 길 뿐이다

총괄적으로 정리하자면, 북한 핵 폐기 외교를 실패로 몰아간 장본인은 부시이다. 외눈박이 부시의 결정은 당사국인 노무현의 대북 외교를 강제했고, 노무현은 DJ를 잘라내고 부시의 ABC시간을 노무현식인 ABDJ로 변용했다. 결과적으로 부시의 입장에서는 노무현의 손을 빌려 김대중 햇볕정책의 시간 중심축을 제거했다. 노무현의 ABDJ는 이명박이 계승하고, 5·24 조치라는 ABNoh로 마감된다. 이로써 김대중-정주영-김정일-클린턴의 공동 시간은 중단된다. 현대아산그룹은 경영난 속에 휘말렸고, 개성공단만 살아남았다.

북한은 노무현-부시 정권인 2006년 10월 제1차 핵 실험을 감행하고, 이명박-클린턴 정권인 2009년 5월에 제2차 핵 실험을 감행한다. 북한 핵 실력이 필수 통과점opp을 찍었다고 할 때, 핵 개발 과정은 2002년 안팎의 어느 시점에 재개되어 노무현-이명박 정권의 6자회담 동안 진화되고, 2009년에 완성되었음을 포착할 수 있다.

제2차 핵 실험은 북한 핵 능력을 "더 이상 의문의 여지가 없는 확정된 사실"로서 자증했다. 이때부터 북한은 미국에게 '할 말이 있으면 해보라'고 '말'을 강요하고 있고, 미국은 사실상 '침묵'하여 오고 있다. 제1차 핵 실험 버전version이 "미국은 북한 핵을 인정하느냐, 안 하느냐를 답변하라"는 요구의 메시지라면, "미국은 북한 핵과 함께with 동반하여 갈 것이냐 아니면 대결할 것이냐를 대답하라"라는 메시지는 2차 핵 실

험 버전에 해당한다 하겠다.[124]

일련의 북-미 핵 게임 양상은 시간 축 위에 진행되고 있음이 확인된다. 북한은 미국 아들 부시 정권 탄생 이후 어느 시점부터 '핵 무력 개발을 위한 항미 시간 획득 전쟁'을 벌였다. 그 전쟁은 공포의 심리전과 진리성 입증을 위한 로고스 게임Logos Game이었다. 그 피날레는 2012년 12월 인공위성 우주 궤도 진입 성공과 2013년 2월 제3차 핵 실험으로 이를 통해 고도화를 과시했고, 그해 말 친중국의 권력 서열 2위 장성택의 생명과 그 손목의 6자회담 시계를 불가역적으로 폐기시켜, 북한이 핵 실력을 보유한 자주국임을 중국에게 과시했다. 북한은 중국에게 말을 강요했고, 중국은 북한 핵실력 앞에 침묵하고 있다.

2012년 12월 12일, 2013년 2월 12일 감행된 김정은 체제의 로켓 발사와 핵 실험의 성과는 김정일이 '27세의 어린 후계자' 김정은의 권력 강화를 위해 물려준 유산으로 번안될 수 있다. 또 북한의 로켓 실력이 우주 전략 수준으로 확장되었음이 자증되면서 "실온에서의 핵탄 + 기술적 진화소형화, 경량화, 다종화 + 운반 수단 + 인공위성이라는 '3탄일성三彈一星' 핵 무력 체제로 네트워킹하여 가는 단계에 이르고 있다."는 추정을 가능케 했다.

시간을 돌이키면 2009년 이후부터 '북한 핵 무력'은 이미 북한의 국가와 체제의 운명으로 시스템화, 즉 국가 운명 정체성과 일체화된다.

---

124 남한과 미국이 "한반도의 비핵화와 북한 핵 불인정"을 한목소리로 내놓는 외교적 수사는 북한에게는 10년 전에 출발한 2003년 6자회담의 버전(version)으로 환원된 동어반복(tautology)으로서 2013년 현재로서는 '무엇이라 할 말이 없음'을 의미하는 카오스적 '침묵'으로 번역된다고 하겠다.

이는 김일성-김정일-김정은, 군부 엘리트, 북한의 과학 기술자 집단, 인민, 항일 무장 투쟁과 고난의 행군, 주체사상과 선군 사상, 총대 정신으로 망라되는 인간과 자연, 정책과 제도, 사상과 물질, 인민과 역사 등이 통괄적으로 결합한 인물성人物性 네트워크의 총화이다.

"북한 핵이 국가 운명 정체성으로 확인된 이상, 북한 핵의 폐기란 근본적으로 불가능하다."

이로써 '앞으로 20년' 한반도 프로세스에는 두 가지 노선이 확인된다. 하나는 조지 W. 부시-노무현-이명박의 프로세스이다. 그 대칭점에는 김대중-정주영-김정일-클린턴으로 이어지는 프로세스가 있다. 앞으로 20년 전쟁을 앞둔 우리는 어떤 노선을 택할 것인가? 승패의 분기점은 우리의 선택과 지속 가능 역량에 달렸다.

그러나 한 갈래, 우리가 반드시 패배하는 노선이 존재한다. 남한 내부의 극단적 이념과 진영 대결논리다. 스스로 판단할 때, '김대중은 빨갱이'라고 생각하는 사람들은 세칭 '우익 꼴통', 극우세력들이다. 이들 극우세력의 미래 시간으로 가면 한반도는 반드시 전쟁의 화마에 휩싸여야 한다. 박정희는 유신독재자가 틀림없다. 그러나 '박정희는 오로지 독재자'라고만 낙인찍는 사람들은 세칭 '극좌 종북 추종세력'들이다. 황당하게도 이들의 논리는 결국 김일성 유일사상 체계 속으로 수렴·환원되는 속성이 있다. 모두 역사성을 놓친 극단주의자들이다. 이 양극단의 논리가 담론과 힘을 갖고 현실정치권에서 부딪치게 되면, '앞으로 20년 전쟁'은 반드시 패배한다. '우리 스스로'

> 2 <

결론 II
'앞으로 20년 전쟁',
우리는 어떻게 승리하는가?

1. 왜 새로운 방법론, 운명 정체성 이론인가?

1) 외눈박이들의 행진, 부시 ABC, 노무현 ABDJ, 이명박 ABNoh

조지 W. 부시 미 대통령은 뉴턴의 공간에 갇혀 시간을 보지 못한 외눈박이였다. 외눈박이가 저지른 관점의 오류는 불가역적·비극적인 결과를 초래했다. 2001년 1월 탄생한 부시 미 행정부는 한반도 핵 체제를 성립시킨 재앙의 아버지이다. '지나간 20년' 동안 진행된 북한 핵 폐기 협상의 실패는 북한 핵 무력이 주도하는 한반도 신 냉전 체제라는 괴물을 낳았다. 외눈박이란 분단 한반도의 공간만을 보고, 5000년 역사의 시간성은 보지 못한 채 북한 핵 외교에 나선 미국 부시와 한국 노무현, 이명박을 포함한 우리이다.

우리는 북한을 잘못 보고, 우리 식대로 판단하고 규정했다. 신현실주의, 신자유주의 등 일반국제관계이론은 뉴턴의 결정론적 세계관과 공간론을 교조적으로 변용한다. 강대국^{미국이나 중국} 등이 결정적, 절대적

힘을 행사하여 주도하는 수직화된 세계이다. 미국과 우리 식대로 욱여쌈을 하여 보았으나 북한은 전혀 다른 그 어떤 세계였다.

필자는 시간을 중심축으로 현대 과학이 제시한 세계관과 시간 개념을 동양사상에 접목하여 운명 정체성 이론을 입론하였다. 필자는 운명 정체성 이론을 박사 학위 논문 「북한 핵 무력의 동학과 네트워킹」에 적용하여 그 공헌 가능성을 입증 받았다.

2) 북한은 전쟁의 세계관 속에서 시간 중심으로 구축된 유일사상 체제 국가이다

북한은 1932년 항일 빨치산 투쟁기부터 당·국가 창건, 조국 해방 전쟁, 항미 핵 무력 전쟁에 이르기까지 현대 과학이 제시한 비평형 무산 구조 속의 연결망으로서의 세계에 비가역성과 전방위성이 공진하는 시간 개념을 적용하여 왔다. 북한 핵 무력 개발과 진화, 네트워킹 과정은 항미 시간획득전쟁이다.

북한의 국가 운명 정체성은 김일성 유일사상 체계 국가이다. 북한은 혼돈 속의 질서라는 현대 과학이 제시한 세계관과 시간 개념을 체제에 적용하고 있다. 북한은 전쟁의 세계 속에서 인민은 조국 해방 전쟁의 전사로서 전쟁의 구조와 주체 시간 속에 수렴된다.

3) "인간은 자기 운명의 주인이다"라는 명제는 주체 시간의 발원이자 민족 자주성의 핵심이고, 주체사상의 근간이다. 인간의 창조성은 시간을 생성하고, 자주적으로 생성된 민족의 시간체계가 주체 시간이다. 주체 시간 속에서 인민 대중과 민족과 당의 총결집체가 역사이다. 조국 해방 전쟁을 승리로 이끌 혁명 열사의 집단이 당이고, 당을 이끌 유일

한 뇌수이자 장군이 수령이다. 따라서 인민과 당과 수령은 삼위일체화되고, 수령의 영도는 영생불사한다. 인민을 이끌 당과 당 규약은 국가와 헌법에 앞서고, 영원불멸의 령도자 수령에 의해 인민과 당이 융합되어 미래 노선을 열어간다.

4) 주체 시간은 북조선의 운명, 김일성 유일사상 체계의 근간이다. 항일 빨치산 투쟁기부터 조국 해방 전쟁한국전쟁, 항미 핵 무력 전쟁은 모두 주체 시간의 전쟁이다. 주체 시간은 김일성, 김정일, 김정은을 연결시키고, 주체사상, 선군 사상, 핵 무력과 경제 병진 노선을 관통하는 주체 전통이다. 평양 표준 시간 채택은 김정은 체제의 선언이다.

5) 1993년 이후 20년간 북한의 핵 무력 개발과 진화, 네트워킹 과정은 항미 핵 실력 확보를 위한 시간의 획득 전쟁이다. 북한의 항미 핵 무력 전쟁은 40년 체제로 구분된다. 1993년부터 2013년까지 지나간 20년은 항미 핵 무력 시간 획득 전쟁이다. 그 전반기1993~2002 10년은 조지 H. 부시아버지 부시와 클린턴 1기의 북-미 직접 대화기이다. 그 후반기2003~2013 10년간은 조지 W. 부시아들 부시의 6자회담 시기이다.

북한 김정은 체제는 부시-노무현 정권인 2006년 10월 제1차 핵 실험, 이명박 정권인 2009년에 제2차 핵 실험을 감행하여 필수통과지점opp을 통과했다. 김정은 정권인 2012년 12월 로켓 발사 위성궤도 진입 성공, 2013년 2월 제3차 핵 실험을 통해 진화와 네트워킹 실력을 과시했고, 중국 주도 6자회담의 시간을 대변하던 장성택의 시간을 척결함으로써 항미 핵 무력 전쟁의 승리를 선언하고, 2년 뒤 평양 표준 시간을 채택하여 김정은 정권이 체제 차원으로 진화했음을 대내외에 과시했다.

6) 앞으로 20년은 '통일인가? 영구 분단인가?'를 결정할 한민족의 시간이다. 시간은 이제 북한 핵 체제가 전혀 다른 차원으로 변전되었음을 일깨워준다. 이제 한반도는 북한 핵 무력이 강요하는 신 냉전 핵 체제이다. '훅' 하는 순간에 한반도 핵 체제와 일본, 대만 핵 보유라는 도미노 가능성을 배제할 수 없게 되었다. 북한 핵 무력 체제는 이제 한반도가 아닌, 세계 차원의 딜레마로 네트워킹되고 있다.

2. 지나온 20년, 우리는 어떻게 실패했는가?

1) 우리는 어떻게 실패의 길을 걷게 되었을까? 앞으로 20년 시간 전쟁에서 승리하기 위해서는 그 과정에 대한 냉철한 반성과 정확한 인식이 매우 중요하다. 세계 안보 전략과 전쟁 권한을 가진 아들 부시의 오만과 오판은 결정적이다. 아들 부시는 한반도 이북이라는 공간에서 수집되는 평면적인 정보만을 읽었다. 북한이라는 공간만 보면 굶어죽는 인민과 탈북한 주민의 증언, 국제적으로 고립된 허장성세의 군선 독재자, 위장된 핵 개발 실력으로 제한된다. 마침내 부시 미 행정부는 북한에 이란, 이라크와 함께 악의 축이라는 주홍글씨를 새겨 넣었다.

그러나 부시는 북한이 전개하는 로고스 게임의 이면, 은폐된 주체 시간이 구축하는 핵 무력을 간과했다. 시간을 중심축으로 잡으면, 북한은 한국전쟁 이전인 1949년에 소련에 우라늄을 채굴하여 수출했고, 한국전쟁 중이던 1952년 과학 기술원을 창설했으며, 1970년대 초반까지만 해도 그 경제력이 한국에 앞섰다. 부시는 북한의 시간성을 인지 못한 외눈박이였다.

2) 외눈박이 부시의 대북한 핵 시계는 직접 당사자이자 동맹국인 한국에 강요·전이되었다. 2001년 취임한 부시는 2002년부터 노골적으로 클린턴이 행한 모든 대북한 전략을 잘못된 것으로 뒤집었다. 세칭 ABCAnything But Clinton이다. 미국의 대북 전략은 평화의 시간이 아닌, 전쟁의 공간 전략으로, 신 냉전 체제로 회귀했다.

2003년 2월 출범한 한국의 노무현 정권은 부시의 전략에 압도된다. 취임하자마자 김대중 정권이 행한 대북 포용 정책에 대한 야당의 특검 주장을 수용하고 포용 정책의 전도사였던 임동원, 박지원을 구속하였고, 남북 경협의 핵 정주영의 아들 정몽헌은 수차례 검찰 조사를 받던 중 자살로 생을 마감했다.

노무현과 부시의 대북 전략의 접점인 ABDJAnything But DJ였다. 이후 남북 관계는 냉각되었고, 그해 8월 한반도 핵 주권 협상은 6자회담이라는 미명 아래 중국에게 이양되었다. 말로는 민족과 주체성을 외치던 노무현의 대북핵 외교의 실상은 부시의 시간과 시계를 벗어나지 못했다. 김정일은 2006년 10월 제1차 핵 실험으로 대응했다. 임동원은 '철학과 비전의 부재가 초래한 실패'라고 규정했다.

3) 2008년 2월 취임한 이명박 정권은 부시와 노무현을 통합했다. ABNohAnything But Noh는 물론, 천안함 피격을 이유로 5·24 조치를 선언하여 경제 협력의 시간 선을 절단했다. 개성공단을 제외한 모든 민간 경협은 중단되고, 현대아산 그룹은 경영 위기에 부딪혔다. 미국에서 아들 부시가 쌍수를 들어 환영했음은 물론이고 북한 급변사태론이 청와대로부터 보수언론에 이르기까지 한국을 휩쓸었다. 부시와 이명박은 미 대통령 별장의 무빙카에 동승하여 '친구'의 친분을 과시했다. 그리

고 2009년 5월 김정일은 제2차 핵 실험으로 맞대응했다. 이명박 정권은 북한 핵 외교 전략을 대주주^{부시}에게 편승한 마케팅 수준으로 전락시켰다.

4) 6자회담은 북-미 직접 협상의 틀을 깨기 위한 부시 행정부의 다중적인 꼼수였다. 부시는 외교적으로 무시할 수 없었던 노벨평화상 수상자인 김대중의 퇴임을 기다렸다. 2002년 10월 제임스 켈리의 방북을 계기로 '북한 농축 핵 프로그램 인정'을 번안self-translation하여 평화의 시간을 전쟁의 국면으로 전환시켰다. 이어 2003년 4월 미·중·북 간의 3자 협상이 베이징에서 열리더니, 급기야 8월 6자회담이 성립되었다.

6자회담은 한반도 핵 주권에서 절반의 협상권한인 한국의 중재권을 중국에게로 위임하는 것이 핵심 골자이다. 6자회담은 외형상으로는 5자 강대국 연합 기구이지만, 그 누구도 북한 핵 무력에 대해 책임지지 않는 그림자 기구에 불과했다. 경제개혁에 본격적으로 나선 중국의 미국시장은 전방위적으로 개방되었다. 불과 수년 만에 미국의 공산품은 중국 제품으로 넘쳐났고, 10년 뒤 중국이 G_2의 반열에 오르는 발판이 되었다.

경제적으로 최대 수혜자는 중국이었고, 핵 무력 진화의 최대 수혜자는 북한이었다. 최대 피해자는 한국이고, 미국이었다. 부시 미 행정부는 제2기 후반기에 이르러 럼스펠드 등 네오콘 강경파가 후퇴하고서야 이를 인지하지만, 늦어도 너무 늦었다. 북한 핵 무력 시간 전쟁은 게임 오버game over였다. 찰스 프리쳐드는 '실패한 외교로 규정했다.'

5) 박정희·김대중의 역사 정체성에 결정적인 합치점이 있다.

우리가 발상을 바꾸어 시간 축을 붙잡으면, 사건의 지평선이 트이게 된다. 시야가 확보된 그 지평에 서면 새로운 관점 앞에서 절망감과 분노 그리고 희망이 함께 치민다. 현재진행형의 오늘을 사는 우리가 적대화시킨 박정희와 김대중은 역사 속에서 '우리'로서 함께 공진한다.

그 두 지도자를 양대 축으로 세워 놓고 물어보자. 이 나라와 역사가 어떻게 반듯하게 일어섰는가? 박정희는 역사적 독재자라는 주홍글씨를 이마에 새기면서, 국민을 배고픔으로부터 해방시켜 산업화된 나라를 후손에게 물려준 경제 혁명가였다. 김대중은 평생을 빨갱이라는 오명을 뒤집어쓰고 박정희의 독재에 맞서 민주화와 인권에 40년간 목숨을 걸고 저항한 뒤, IMF환란 국난 극복의 전형과 한반도 미래 평화 프로세스의 토대를 구축했다.

이제 돌이켜 노무현과 이명박 정권에게 묻지 않을 수 없다. 북한 핵협상 중재주권은 고유한 국가주권이다. 외눈박이 황제 부시에 강압되어 이런 대 패착을 범하고도, 한 점 반성조차 없다는 사실 앞에 당혹스럽다. 이런 망측하고 저질스런 정권 이성과 잘못된 외교가 세계 외교사에 또 있겠는가!

북한에게 핵 무력 체제의 시간 전쟁에서 승리를 헌상한 6자회담 10년 동안, 미국 부시의 시간이 한국 노무현과 이명박의 시간을 강제했다. 그 움직일 수 없는 확증된 사례가 부시는 클린턴을 뒤집고ABC, 노무현은 김대중을 뒤집고ABDJ, 이명박은 노무현을 뒤집어ABNoh 버린 사례이다.

2016년 오바마는 퇴임 직전이고, 박근혜는 임기 후반부로 접어든다. 누가 백악관의 새로운 주인이 되든지 박근혜 정권은 한국과 미국이 합력하여 '앞으로 20년' 전쟁에서 승리할 수 있는 기반을 구축해야 함은 두말할 나위가 없다. 이와는 별개로 우리는 어떻게 세계 최빈국 북한이 핵과 결합하여 미국과 맞짱tit-for-tat을 뜨고 시간의 비축전쟁에서 승리할 수 있었는가?하는 질문, 즉 핵 무력의 정체성과 그 개념을 획득해야 한다.

3. 핵 무력의 정체성은 무엇인가?

핵 무력은 현대 과학 혁명과 전회적 시간 개념의 총화이다. 현대 과학은 데카르트-뉴턴의 근대적 세계관과 시간 개념을 폐기시켰다. 그 폐기물은 기계적 결정론, 보편 절대적 자연법칙, 공간에 환원된 시간 개념이다.

또한 이는 상대성 이론과 양자 역학과 과학 기술의 총화이다. 정태적인 우주 공간은 팽창하는 우주관으로 바뀌었다. 다양성과 복잡성의 연결망으로서 세계관이 혁명되고, 비가역적이면서 전방위성이 공진하는 시간 개념으로 전회된다.

핵 무력은 미국이 개발하여 일본의 두 도시의 시간성을 괴멸시키고, 생명의 유전자를 변형시킨 절대 무력이다. 핵 무력은 세계 2차 대전에 마침표를 찍은 전쟁 종식의 절대 무력이다. 히로시마와 나가사키의 경험은 핵 무력은 다시는 지구적 차원에서 사용될 수 없는 무력임을 확증했다.

핵 무력의 지위는 전쟁과 괴멸의 화신化神이다. 핵은 세계 체제이자 기구이다. 핵 무력은 국제 체제와 기구의 환유적 실체로서 월츠의 국제 체제 무정무론을 허무하게 만든다.

그 역량은 승자독식이 아닌 지구적 차원의 시간성 궤멸 게임 차원이자 핵보유국 간 전면전을 억지한다. 블랙박스화된 핵 무력은 국가를 원격조종하며 국가 간 충성 경쟁을 강요한다.

그 기능은 강대국 패권 무력의 현상적 실체이다. 공식적인 핵 카르텔 국가는 곧 유엔안전보장이사국이다. 핵보유국과 비핵보유국 간에는 빅 브라더가 존재할 뿐이다. 그러나 최약체 국가일지라도, 핵보유국 지위에 오르면, 슈퍼헤비급과 모스키토급이 형님과 작은 형님의 수평적 관계성을 확보한다. 미국 핵 수만 개나 북한 핵 수십 개나 안보 권력 질서 속에서는 동등하다. 핵보유국의 재래식 무기는 준 핵무기로 취급되고, 원자력발전소는 핵 공격 대상이 되며, 공포의 심리전과 로고스 게임이 현실화된다.

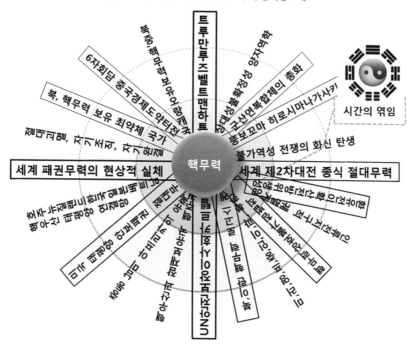

[그림 6-1] 핵무력의 세계 안보무력 정체성도해

그 성격은 자기 충분성과 절대 권력성이다. 자기 충분성 속에서 절대 괴멸성, 자생적 조직화, 자기 검증성, 자기 완결성, 자기 보존의 법칙, 상호 불가침의 법칙이 확보된다. 절대 권력성 속에서 환유성, 전이성, 확산성, 전방위성, 속지성의 성격을 띤다.

미국 핵 무력은 1945년 세계 2차 대전을 종식시키고, 달러를 경제 핵무력으로 물신화物神化시켰다. 미국은 지축 국가이다. 세계의 안보와 경제의 시간은 미국을 중심축으로 돌아간다.

1949년 실험에 성공한 소련 핵은 1950년 한국전쟁에서 미국의 핵 투하를 억지했다. 1964년 실험에 성공한 중국 핵은 베트남전에서 미국의 핵 사용을 억지했다. 미국 핵은 한·미동맹과 미·일동맹 체제로 변형·체제화되어 한국과 일본의 자생적 핵 개발을 구조적으로 제한한다. 그렇다면 세계 신 냉전 핵 체제를 파악하려면 한반도 중심 4개국의 국가 운명에 핵 무력 운명 정체성을 포함시켜 5자(者)의 관계를 파악해야 한다.

4. '앞으로 20년' 한반도 운명 결정지을 5자(者)정체성

1) 미국의 국가 운명 정체성

미국의 국가 운명 정체성은 세계 안보 경제 중심축국가이다.

미국은 세계 제2차 대전을 종식시킨 절대 무력 강국이다.

미국은 지구에 핵 괴멸력을 행사한 유일한 국가이다.

미국은 세계 분쟁과 핵 무력 개발의 제한을 강제하는 빅 브라더이다.

미국은 태평양권을 실질적으로 지배하는 해양 패권 세력이다.

미국 패권의 특징은 구심형·물리적으로 전개된다.

전쟁 종식과 연동된 미국의 화폐·달러는 세계의 기축통화이다.

2) 중국의 국가 운명 정체성

중국은 미국에 대칭되는 역사적 대륙·변강 패권 국가이다.

중국은 핵 무력으로 포위된 국가이자 핵 열차 관리 국가이다.

중국의 패권은 원심형·시간적으로 전개된다.

중국의 패권적 벡터의 지향점은 미국이다.

중국은 북한에게 대륙 오랑캐 국가이다.

중국에게 북한은 핵 무력을 보유한 변강오랑캐 국가이다.

3) 한국의 국가 운명 정체성

한국은 강국에게 분단되고 동족에게 남침당한 분단 역사 국가이다.

한국은 친미·반일·연중 감정 국가이다.

한국은 핵 개발의 구조적 제한에 걸린 정전 체제 국가이다.

한국은 세계 12위권 신흥 경제 강국이다.

한국은 한·미·일 태평양 안보 연합 국가이다.

한국은 중·러 경제·전략적 동반자국가이다.

4) 북한의 국가 운명 정체성

북한은 핵을 보유한 세계 최빈국이자 인권 안보 약체 국가이다.

북한은 김일성 유일사상 체계 국가이다.

북한은 왕조적, 군선적 전체주의 군선 독재 체제 국가이다.

북한은 조국 해방의 명분으로 동족 학살 전쟁을 선행한 국가이다.

북한은 미국을 주적국으로 대항, 동시에 미국을 가장 두려워한다.

북·중 관계는 5000년의 긴장과 40년의 혈맹이 공진한다.

5) 북한 핵 무력 운명 정체성

2009년 5월 북한의 제2차 핵 실험 이후 한반도의 안보 주도권은 사실상 북한으로 넘어갔다. 무력의 절대적 우위에 있지만 한·미동맹은 방어 훈련만을 할 수 있을 뿐 북한을 공격할 수는 없다. 행위자로서 북한 핵 무력은 재래식 철제 무력 전쟁과 핵 무력 전쟁의 차이만큼이나 한반도와 그 미래의 전쟁의 양상을 전환시키고 말았다.

[그림 6-2] 핵무력의 국가운명정체성 구축도

전상체제 시간

북한 핵무력 운명정체성 구현과정도

① '북한 핵 무력'의 기원과 행위자는 분단 상황과 미국 핵, 한국전쟁, 그리고 김일성-김정일이다. 북한 핵 무력은 북-미 간의 핵 실력 검증 최전선 격돌 과정에서 진화·네트워킹되었다. '북한 핵'은 '북-미 핵 무력' 간의 직접대화를 강요한다.

② 북한은 중국에게는 '핵을 보유한' 새로운 변강 국가의 출현에 해당한다. '북한 핵 무력'은 북-중 간 역사적 긴장 관계를 심화시키고 딜레마에 봉착하게 했다. 중국의 대북한 핵 정책기조는 '핵 열차 전략'으로서 인도, 파키스탄, 북한 등의 핵을 모두 연동하여 싣고 간다.

③ 북한 핵은 남한, 일본, 대만에게 자생적 핵 무장 유혹을 강요한다. 북한 핵은 이슬람 문명권, 아프리카, 남미 국가들에게 초강대국 미국과 최약체국 간의 대결이 성사될 수 있는, '핵 능력 검증의 최전선 격돌 과정'을 학습시켰다.

④ 북한 핵은 제3차 핵 실험을 통해 중국 주도 6자회담을 정화시키고, 동북아에 핵 무력·남한·북한·미국·중국이라는 5자 외교 체제를 생성시켰다. 북한 '핵'은 한반도에 반영구적인 공포의 전쟁 억지 체제 구축이고, 공포의 평화를 강제한다. 북한 핵은 한반도 안보 개념을 일원화하고, 자주의 역설에 진리성을 입증시켰다.

⑤ 북한 '핵 무력'은 김일성-김정일-김정은 후계체제를 결정하고, 미래 벡터가 '핵 무력을 보유한 경제 강성 대국'에 있음을 자증한다.[125]

⑥ 북한 '핵'은 북-미 관계에 영향을 끼쳤다. 즉 "최소한 한반도 안보 주도권을 한·미동맹에서 북한으로 옮겼다." 미국으로선 현실적 안보 딜레마에 해당하고, 중국으로선 역사적 안보 딜레마에 봉착했음을 의미한다.

2013년 3월 30일 북한 외무성은 향후 북한은 '핵 무력과 사회주의 강성 대국의 병진 노선'을 걷겠다고 선언했다. 본 연구의 기조에 따르면

---

125 2013년 3월 30일 북한 김정은 체제는 북한의 실천 목표로서 '핵과 경제의 병진 노선'을 제시했는데, 이는 필자가 지칭하는 핵 무력 아카데미 국가에 해당한다. 북한은 북한 핵 무력의 미래 목표의 벡터가 전 지구적 전 방위적 핵 무력 확신에 있음을 은연중 내비치며 미국과의 직접 대화를 압박하고 있다고 분석된다.

이는 '핵 무력을 보유한 경제 강성 대국'의 북한식 표현이다. 병진 노선이란 핵무기의 전이성, 확산성, 편재성의 비가역적 원리를 밝히면서 미국을 압박하는 역전된 국면을 포착하게 한다. '핵은 곧 조선이다'라는 김정일의 언명은 그 진리성이 입증되었다.

5. 김정은 체제, 딜레마와 출구 전략, 그 벡터

어떻게 흰 쌀밥에 고깃국을 먹이고, 삶의 질을 높일 것인가?

1) 김정은 체제 정비 작업의 속뜻

2013년은 북한 김정은 체제의 전기이다. 2013년 2월까지 로켓 발사 성공과 제3차 핵 실험의 감행으로 미국과의 긴장성을 임계 수준으로 끌어올리는 데 성공했다. 나아가 그해 12월 장성택을 처형함으로써 중국과의 긴장 관계도 최대치로 끌어올렸다. 연초와 연말에 이뤄진 투 트랙Two-Track은 무엇을 의미하는가?

그 해답은 '자주노선'이다. 앞으로 북조선은 김정은의 시간임을 공표한 것이다. 이 자주적 시간노선의 선언은 김일성, 김정일, 김정은 3대 권력 정립 과정에서 발생하는 공식이다. 노선투쟁과 종파척결, 혁명 전통의 백두혈통으로의 순결성을 유지하는 또 다른 '역사적인 혁명 과업' 시간 투쟁 과정에 해당한다. 그 선언이 2015년 8월 평양 표준 시간 채택 선언이다.

이로써 김정은의 생물학적 건강이 허락하는 한 40년 군선 독재 체제의 기반을 구축하였고, 향후 "어떻게 인민 대중을 먹여 살리고, 삶의 질을 높일 수 있는가?"라는 과제만 남게 된다. 한마디로 전 인민에게 '흰쌀밥에 고깃국을 배불리 먹여주는' 단계이다.

김정은 정권은 핵 무력의 진화와 네트워킹의 실력을 과시하며 미국과 중국과 지속적인 긴장과 협력, 대결 관계를 유지하고, 남한을 비롯한 국제사회로부터는 경제 교류 협력을 이끌어내는 투 트랙Two-Track 전략을 전개해 갈 전망이다. 2015년 8월 이후 당분간 김정은이 주도하는 도발은 자제된다.

김정은 정권 핵 무력의 벡터는 '핵 무력이 강제하는 영세 중립국'이다. 우리에게는 '북한 핵 무력의 역설'이다. 허락한 우리로서는 뼈아프다. 우리도 뼈저리지만 김정은도 괴롭기는 매한가지다. 핵 무력은 미국의 북한 침공을 원천적으로 봉쇄한다. 그러나 핵 무력은 민족인 한국에게 공포의 협박용은 될지라도 사용할 수 없는 종이호랑이에 불과하다. 핵 개발을 하는 동안 누적된 경제난으로 고깃국에 이밥은커녕, '청명에 죽으나 한식에 죽으나 할 정도로' 가난이 가중된다. 배고픈 인민이란 지도자에게는 돌이킬 수 없는 죄악임에 틀림없다.

김정은이 당면한 경제난은 상상을 초월한다. 가난한 집 제사 돌아오듯, 김정은이 선대로부터 물려받은 경제적 딜레마는 헤어날 길이 막막하다. 돌아보면, 김일성 체제하의 전후 복구 사업은 어느 정도 성공하였으나 1972년, 1991년, 2002년 급변하는 국제 정세에 발맞춰 시행한 경제 정책들은 모두 참담한 실패로 끝났다. 그 과오는 누적된 채 고스

란히 손자인 김정은의 현재 진행형의 당면 과제로 상속되었다. 당면 과제를 해결하지 못하면 김정은 체제는 미래를 약속할 수 없다.

2) 김정은 체제의 3대 노선: 핵 무력, 유전 개발, 주체적 사민주의

2013년 3월 김정은 체제는 북조선 국가 운명 노선으로서 핵 무력과 경제 병진 노선을 선언했다. 이 노선을 해제하면 김정은 체제의 출구전략과 그 벡터가 분명한 모습으로 드러난다. 병진 노선은 곧 공진共進 노선이다. 공진이란, 핵 무력이 강제하는 한반도 평화 속에서 북한의 자원개발과 유전 개발을 통한 경제부흥정책을 꾀하고 북유럽의 사민주의를 김정은식으로 개조한 주체적 사민주의 노선 등 3개의 시간 축을 현재진형형으로 구동시키는 전략이다.

그 실례로 김정은은 김정일의 치밀한 준비와 유시遺示대로 권력의 중심축을 선군에서 당으로 옮겼다. 군당의 지도부 35% 이상을 사형이나 숙청을 통해 물갈이하여 인민들의 전폭적인 공감을 얻어냈다.

북한 TV화면에 비춰진 김정은은, 김일성의 젊은 시절을 빼닮은 듯한 젊은이가 인민과 함께 수평적으로 살아간다. 마치 전통 탈춤을 추는 것처럼 양팔을 휘저으며 걷는 비대한 몸짓이 우스꽝스럽다. 다리를 질질 끌다시피 하며 기형적으로 걷는 젊은 지도자에게로 인민군들이 열광하며 몰려든다. 눈물을 흘리고, 박수를 치고, 함성을 지르며, 만세 부르며 달린다. 할아버지 수령 김일성과 아버지 원수 김정일의 역사 정체성을 완전히 덧씌웠다.

할아버지와 아버지의 권위와 신비감은 완전히 버렸다. 젊은 김정은은 익살스럽고, 실소할 수밖에 없는 외모의 약점을 숨기지 않는다. 오히려 인민들과 하나 된 역동적이고 수평적인 모습을 이미지화하여, 인민과 당과 수령의 운명이 일체화된 지도자로서 이미지를 구축한다.

경제 분야에서는, 인민들의 먹고사는 문제의 숨통을 트기 위해 개별적 장마당 개설과 여성 영업 활동을 보장했다. 집단농장 책임자와 노동자 간의 30 대 70의 할당제를 도입하여 자율적 운영제를 허가하고, 남한과는 상생하는 마케팅 전략을 펼치라고 지시하기도 했다.

이와 함께 김정은 체제는 지하자원이나 유전 개발, 핵 무력 개발에 있어 매장량 등에 대해 시인도, 부인하지도 않는NCND 모호 전략으로 일관한다. 여기에 '물렁물렁한' 틈새가 있다. 북한으로서는 중국은 믿지 못하고, 러시아는 기회주의적이며, 국제사회는 봉쇄되어 있다.

실례로 2015년 대대적으로 거행된 10·10 당 창건 행사에 인민이란 구호를 97번 외친 것도 선군 김정일 시대에서 인민 김정은 시대로의 전환을 선언했음을 알 수 있다. 그렇다고 해서 대외적으로 외세를 향한 군선 체제가 본질적으로 변하는 것은 아니다.

한국 속담에는 "하늘이 무너져도 솟아날 구멍이 있다"는 말이 있고, 역경에는 궁즉통, 통즉구窮即通, 通即久라는 원리가 있다. 딜레마는 곧 출구 전략을 생성한다. 김정은 출구 전략의 과정은 복잡했지만, 결론은 간단명료하다. 남한과 '물렁물렁한' 관계를 유지해야만 현재진행형의 관문이 생성된다.

안보 방면에서는 핵 무력이 강제하는 한반도의 평화, 이는 통괄적인 군선론에 입각한다. 정치 체제 면에서는 스위스 혹은 스웨덴식 사민주의를 원용하여 김정은식 주체적 사민주의로 변용시켜 노선을 전환한다.

물론 이는 정부수립 과정의 김일성의 마오쩌둥과 스탈린에 대한 경험과 주체사상, 김정일의 덩샤오핑의 개혁 개방의 노선 전환에 대한 반면 학습 과정에서 선군정치로 변환시킨 노하우의 연장선상이자 김정은식 혁명 전통의 완결판에 해당한다.

경제 방면에서는 인민들의 주체적 시장경제 도입, 자원, 유전 개발에 승부를 걸어간다. 안보, 정치, 경제 노선의 원동력은 40년 체제라는 일관된 시간 충분성이 낳는 지속성과 일관성이다. 이제야말로 경제 방면이다. 그 목표는 '배고픔을 넘어서 삶의 질을 높여야 하는 주체 경제'이고, 그 상대는 결국 '남조선'이다. 한국만이 북한의 경제 회생을 견인할 자본과 기술을 제공할 수 있는 유일한 공진체이다. 우리는 김정은체제의 목표와 그 운명선을 확인했다.

우리가 한번 김정은의 관점과 입장이 되어보자. 지구본을 아무리 돌려봐도 도움을 청할 곳이 없다. 대중국 경제예속화가 더 이상 심화되어서는 안 된다. 북한의 소중한 민족 자원은 헐값에 중국의 창고로 빨려들어갈 뿐이다. 역사적으로도 현실적으로도 중국은 아니다. 아버지 김정일이 추진하던 신의주 개혁 개방의 길을 단칼에 쳐버린 중국이 아니던가?

오랜 가뭄으로 논은 황폐화되었으나 모판의 원형은 아직 살아 있다. 한 점, 개성공단이다. 한반도 지도상에서 한 점에 불과한 개성공단에는 할아버지 김일성-박정희, 김대중-정주영-아버지 김정일-미국 클린턴의 한반도 평화 프로세스가 환유되어 있다.

남한으로 통하는 시간은 미국으로 통하는 시간이고, 미국으로 통하는 시간은 전 지구로 통하는 시간이다. 시간이 통일되어야 만나고 결합과 공명 관계가 일어난다. 이 시간 통일의 속뜻을 알아챈 미국과 한국의 지도자가 동시에 출현할 때까지, 김정은은 버티고 견뎌내는 길 외에는 다른 도리가 없다.

김정은의 유일한 출구전략은 한국이다. 미국의 협조와 묵인 아래 한국의 자본과 기술을 주체적으로 받아들여 정주영식으로 경제 개발의 신기원을 꾀한다. 북한의 남한 출구전략은 김일성·김정은이 교시한 '우리 식대로'의 논리 아래에서만[126] 부합된다.

3) 김정은 딜레마: 왜 장성택을 처형했는가?

2009년 김정일의 제2차 핵 실험은 중국 주도 6자회담의 시간을 사실상 폐기시켰고, 2013년 김정은의 장성택 처형은 그가 중국 시간의 대변자였다는 점에서 '자주안보'의 완결판에 해당한다. 향후 북-미 핵 협상의 시간은 북한이 주도한다. 북한은 2014년 주체 시간과 핵 무력의 네트워킹을 위한 그 동반자로서 러시아를 선택하여 제2의 도박인 유전 개발에 선택과 집중을 시도했다. 그러나 산유수출국 러시아의 미온적인 태도와 이 낌새를 알아챈 중국의 적극적인 대 러시아 우호정책으로 중-러 안보동맹을 맺었고, 김정일은 소외되었다.

역사적인 과정에서 볼 때, 김일성-김정일-김정은 체제는 공히 제시한 핵 무력을 보유한 경제 강성 대국의 숨은 벡터, '핵 무력이 자위하는 유전 개발을 통한 산유국'이라는 오래된 미래 노선으로 향하고 있었다.

---

126 남한의 선 핵 무력 폐기 후 경제협력이라는 입장은 김정은으로서는 수용할 수 없다.

그러나 김정은 체제의 병진 노선을 통한 강성 대국의 꿈은 실현 가능성을 떠나서 거의 도박에 다름 아니다.

① 북한 주체 시간은 그 군선 독재와 반인류적 전체주의 그리고 교조적 유일사상 체계에서 지구적 단위의 보편적 시간 질서와 연결될 수 없는 태생적 기형성을 지니고 있다. 나아가 핵 무력의 네트워킹이란 북한이 핵 무력의 전이와 확산의 아카데미 국가로 정체화를 도모한다는 점에서 전 세계 강대국 차원의 저항에 직면한다. 나아가 미국주도 UN의 봉쇄와 고립, 보복의 명분이 된다는 점에서 원천적으로 불가능하다. 게다가 북한 핵 무력의 진화는 남한과 미국이 북한을 공격하지 못하는 방어적 억지는 되지만, 같은 민족이나 미국을 향하여 도발하지 못하는 '종이호랑이'에 불과하다.

② 2013년 말 단행된 장성택 처형은 김정은 체제의 현재와 미래의 벡터를 분명하게 열람시킨다. 김정은 체제로서는 중국 주도의 6자회담의 시간성이라는 현상을 유지할 경우 유일한 생존기반인 지하자원이 중국에 헐값으로 흡입되는 현상이 구조화되고, 중국식_{중국-미국-세계화} 개혁개방 혹은 김정일식_{정주영-김대중-클린턴식} 개혁개방의 경로를 선택하면, 그 추진과정에서 산업화와 민주화를 이룩한 강국인 남한에 흡수 통일된다. 아니면 내부적으로 인민들에게 필연적으로 정치 사상과 문화적 격변이 뒤따르는 등 체제 붕괴의 리스크가 초래된다.

[그림 6-3] 김정은, 핵 무력과 경제 병진 노선 출구전략 도해 [127]

③ 일단, 주체 시간의 최종 벡터는 핵 무력의 진화를 바탕으로 러시아와 안보와 경제 동맹을 강화하여 러시아의 자본과 기술에 의한 서한만 등 유전 개발 등 병진노선의 승부수의 길을 구상한 듯 분석된다. 그러나 중국의 발 빠른 대응에 가로막혀 좌절됐다.

중국의 입장에서는 북한 김정은 체제는 주체 시간의 미래 벡터와 국가의 미래상을 장성택의 처형으로 전환시키면서, 향후 북한-러시아-중국이라는 핵 무력 연대를 바탕으로 자원유전포함 개발 협력 추진이라는

---

127 김일성, "온 민족이 대단결하여 조국의 자주적 평화 통일을 이룩하자", 『김일성저작집』 제14권, (평양: 노동당출판사, 1998. 4. 18.); 필자는 지구본과 핵, 한반도, 개성공단을 놓고 쪼개어 펼쳐 보았다. 그 그림의 형상이다. 핵 무력은 지구적 차원이고, 간신히 열린 개성공단이 민족을 환유한다.

새로운 주체적 한반도와 동북아의 안보와 경제협력 미래상을 제시했다고 할 수 있다. 이 모멘텀은 중국이 주도권을 쥐어야 한다는 것.

④ 북한 김일성-김정일-김정은의 오래된 미래는 이제 유전 개발 그리고 북한-소련-중국을 잇는 핵 무력과 유전 개발이라는 전통적 질서의 재구축인가 아니면 남한을 출구전략으로 삼을 것이냐 혹은 다중트랙이 가능할 것인가하는 국가 운명 노선을 결정할 시점에 섰다.

6. 한국: '앞으로 20년' 전쟁, 우리는 승리할 수 있는가?

1) 김정은 체제는 한국이 북한을 침공하지 않는 한 북한 핵 무력은 종이호랑이라는 점을 스스로 인식하고, 그 나름 주체적 타결 노선을 마련했다.

2) 장성택 처형은 중국 주도의 6자회담을 파쇄시켰고, 향후 한반도 안보 논의의 주도권을 쥐겠다는 미래노선 선언이다.

3) 김정은식 새로운 노선 비전은 한반도 안보와 경제 협력의 틀로서 북한-러시아-중국 연대와 북-한-미 두 축을 병진시킨다.

4) 동북아에서 중국의 독자 노선은 끝났다. 중국은 이제 북쪽 핵 무력 오랑캐 강국 러시아와 핵 무력을 보유한 동쪽 오랑캐 북한과 연대하는 안보와 경제 협력의 경로가 획정되었다. 필자는 이를 '핵 무력이 주

도하는 한반도 신 냉전'이라고 칭한다.

5) 우리 한국 역대 정권의 대북한 관계의 공적과 과오의 평가는 시간을 중심축으로 볼 때만 분명히 드러났다. 결국 박근혜 혹은 차기 정권에게 주어진 유일한 경로는 1972년 박정희-김일성7·4 남북공동성명의 시간 철학 노선을 현재화한 2000년 김대중-정주영-김정일의 미래지향적 융합오래된 미래에 있다.

시간을 중심축으로 보면, 박근혜 정권은 박정희-김대중-정주영의 오래된 미래의 시간이 아니라 부시-노무현-이명박의 미국 시간을 계승하고, 그 연장선 위에서 전략의 기조와 정책 노선이 노출되는 현상은, 아이러니다. 나아가 현재의 진보 야당이 여론과 선거를 의식하여 철학과 실용의 대안이 없이 '반대를 위한 반대'만을 일삼는 모습을 보면 아예 침묵하게 된다.

6) 진실은 한국에 어느 정권, 어떤 대통령이 탄생하여도 시간을 중심축으로 남북 관계를 바라보지 않는다면 우리 한국은 한반도의 주도권을 쥘 수 없다는 것이다. 박정희-김대중-정주영이라는 그 물렁물렁한 다양성과 복잡성이 보유한 오래된 미래라는 모태가 아니라면, 김일성-김정일-김정은이라는 딱딱하게 굳은 획일성의 오래된 미래를 포용할 수 없었다.

7) 아무리 강조해도 지나치지 않다. 박정희-김대중-정주영은 이미 그 해답을 제시했다. 그 해답의 실례인 7·4 남북공동성명이라는 모태

와 그 물리적 구현 도시인 개성공단이란 생명은 과연 1945년 해방의 시간을 살아가는가? 아니면 1950년 한국전쟁의 시간을 살아가고 있는가 하는 자문을 해볼 터이다. 시간으로 가면 통일의 미래상이 획득되지만, 공간은 분단 영구화라는 미래상이 제시된다.

필자는 한반도를 북한 핵 무력이 주도하는 '40년 신 냉전 체제'로 규정했다. 그리고 그 전반기인 '지나간 20년'은 우리 한·미동맹이 북한과의 시간 쟁탈 전쟁에서 패배했다고 솔직하게 인정했다. 그 시간 전쟁의 목적은 우리는 핵 무력 폐기였고, 북한은 핵 무력의 진화였음은 두말할 나위가 없다.

우리한·미동맹 모두북한에게 '앞으로 20년'이 핵심이다. 우리 모두가 알고 있는 사실이 아닌가? 2033년경이면 한·미동맹과 북한이 '통일의 수준과 단계로 접어드느냐 아니면 영구 분단의 길로 들어서느냐'의 경로가 획정된다. 그 중간시기인 2023년경이면 분기점의 단초가 드러난다. '우리가 앞으로 어떤 시간을 만들어 갈 것인가?'에 북한 김정은 체제의 운명도 달려있다.

독립군이자 교육자였던 김준엽 선생이 역설한 『역사의 신神』은 말한다. 통괄적인 역사는 오늘의 시간 전쟁과 공진한다. 공진성을 놓치면 잘해 봐야 신라가 밟은 한민족·한반도 부분 통일의 전철을 되밟게 된다.

자명한 실례가 있다. 동족에 대한 대량 살상이 눈에 훤히 보였음에도 외세 소련을 등에 업고 감행된 젊은 김일성의 남침 결정 그리고 '조국 해방전쟁의 참담한 패배'는 부조리와 궤변을 자증한다.

'남침으로 조국은 해방되었는가?' 삼척동자도 대답할 수 있다. "웃긴 질문이네"

남침이 없었다면 지금쯤 독일식 통일도 가능했을 시간이다. 1950년 '남침의 명령을 내리던' 청년 공산주의자 김일성의 눈에 2015년은 상상 속의 미래였는지 모른다. 그러나 지나간 시간과 앞으로의 시간을 연결하면, 70년이란 시간은 손바닥 길이에 불과하다.

너와 나, 우리는 길고 정확한 호흡을 공진해야 한다.

시간 축에 집중하고 진실해야 우리 모두의 참모습, 운명 정체성이 확인된다.

그래야만 '앞으로 20년 시간 전쟁'을 주도한다.

> 참 고 문 헌 <

1. 국내문헌

- 강만길 · 박현채, 『해방전후사의 인식2』, 서울: 한길사, 1985.
- 강성철, 『주한미군』, 서울: 일송정, 1988.
- 강원택 · 조홍식, 하나의 유럽: 『유럽연합의 역사와 정책』, 서울: 푸른길, 2009.
- 강정민, 『2013 북한 연구학회 춘계학술회의』, 서울: 북한연구학회, 2013.
- 고승우 · 박우정 · 양영철 · 윤후상 · 정진우 · 정상모, 『핵과 한반도』, 서울: 아침, 1985.
- 권헌익 · 정병호, 『극장국가 북한』, 서울: 창비, 2013.
- 기미야 다다시(本宮正史), 『박정희 정부의 선택』, 서울: 후마니타스, 2008.
- 김경일, 『중국의 한국전쟁 참전 기원: 한중관계의 역사적 · 지정학적 배경을 중심으로』, 홍면기 옮김, 서울: 논형, 2005.
- 김구산, 『관계의 세계』, 서울: 울림사, 2010.
- 김대중, 『김대중자서전1, 2』, 서울: 삼인, 2011.
- 김명자, 『현대사회와 과학』, 서울: 동아출판사, 1992.
- 김상엽, 『毛澤東思想』, 서울: 知文閣, 1964.
- 김상일, 『현대물리학과 한국철학』, 서울: 고려원, 1992.
- 김성회, 『금단의 유혹 두얼굴의 핵』, 서울: 여우북스, 2009.
- 김승국, 『한국에서의 핵문제 · 핵인식론』, 서울: 도서출판 일빛, 1991.

- 김영진, 『중국 오천년사』, 서울: 대광서림, 2002.
- 김영진, "중국의 대북핵 정책", 『북핵문제의 해법과 전망:남북한 관계와 미일중러』, 한국정치학회 이정복 엮음, 서울: 중앙M&B, 2003
- 김옥준, 『중국외교노선과 정책: 마오쩌둥부터 후진타오까지』, 서울: 리북, 2011.
- 김일영 · 조성렬, 『주한미군: 역사, 쟁점, 전망』, 서울: 한울아카데미, 2003.
- 김재철, 『중국의 외교전략과 국제질서』, 서울: 폴리테이아, 2007.
- 김종성, 『동아시아패권전쟁』, 서울: 도서출판 자리, 2011.
- 김용운, 『人間學으로서의 數學』, 서울: 우성문화사, 1988.
- 김충열, 『중국철학산고 I, II』, 서울: 온누리, 1988.
- 김충열 외, "중국의 천하사상", 『중국의 천하사상』, 서울: 민음사, 1988.
- 김학준, 『한국전쟁』, 서울: 박영사, 2010.
- 김형석, 『철학입문』, 서울: 삼중당, 1988.
- 김환석, 『과학사회학의 쟁점들』, 서울: 문학과 지성사, 2006.
- 노중선, 『남북대화백서』, 서울: 한울아카데미, 2000.
- 민석홍, 『서양근대사연구』, 서울: 일조각, 1975.
- 박건영, "탈냉전기 중국의 한반도 정책", 『한반도의 국제정치—평화와 통일을 위한 새로운 접근』, 서울: 오름, 1999.
- 박진, 『박진의 북핵 리포트』, 서울: 한국경제신문, 2003
- 박찬표, 『한국의 국가형성과 민주주의』, 서울: 후마니타스, 2007.
- 박창권 · 김창수 · 박원곤 · 송화섭 · 전경주 · 황재호, 『미중관계 전망과 한국의 전략적 대응방안』, 서울: 한국국방연구원, 2010.
- 박요한, 『中國統治理念으로서 實事求是』, 고려대학교 석사학위논문, 2006.
- 백학순, 『북한 권력의 역사: 사상 · 정체성 · 구조』, 서울: 한울아카데미, 2010.
- 백창재, 『미국 패권연구』, 서울: 인간사랑, 2009.
- 서동만, 『북조선사회주의체제 성립사(1945~1961)』, 서울: 선인, 2005.
- 서동만저작집간행위원회, 『북조선연구』, 서울: 창비, 2010.
- 서보혁, 『탈냉전기 북미관계사』, 서울: 선인, 2004.
- 서재정, 『Power, Interest, and Identity Military Alliances』 2007, 이종삼 옮김, 『한미동맹은 영구화하는가: 군사동맹과 군사력, 이해관계 그리고 정체성』, 서울: 한울, 2009.
- 서진영, "이데올로기:모택동과 등소평의 맑시즘", 『현대중국정치론』, 서울: 나남, 1997.
- 서진영 · 우철구 · 최영종, 『탈냉전기 동북아의 국제관계와 정치변화』, 서울: 도서출판 오름, 2003.
- 서진영, 『21세기 중국의 외교정책』, 서울: 폴리테이아, 2006.

- 서진영, 『21세기 중국정치』, 서울: 폴리테이아, 2008.
- 서진영, 『중국혁명사』, 서울: 한울아카데미, 1992.
- 서훈, 『북한의 선군외교』, 서울: 명인문화사, 2008.
- 소광희, 『시간의 철학적 성찰』, 서울: 문예출판사, 2009.
- 송두율, 『민족은 사라지지 않는다』, 서울: 한겨레신문사, 2000.
- 송성수, 『과학기술과 사회의 접점을 찾아서: 과학기술학탐구』, 서울: 한울, 2011.
- 신기욱, 『한국민족주의의 계보와 정치』, 이진준 옮김, 서울: 창비, 2009.
- 신일철, 『현대철학사상의 새흐름』, 서울: 집문당, 1987.
- 신채호, 『신채호』, 안병직 편, 서울: 한길사, 1979.
- 심지연 · 김일영 편, 『한미동맹 50년』, 서울: 백산서당, 2004.
- 안준호, 『핵무기와 국제정치』, 서울: 열린책들, 2011.
- 양건열, 『문화정체성 확립을 위한 정책방안 연구』, 서울: 한국문화정책개발원, 2002.
- 이강덕, 『북한 '핵보유국'의 진실』, 서울: 해피스토리, 2012.
- 이관세, 『현지지도를 통해 본 김정일 리더십』, 서울: 전략과 문화, 2009.
- 이근욱, 『왈츠 이후: 국제정치이론의 변화와 발전』, 서울: 한울, 2009.
- 이상민, 『미국현대외교사』, 서울: 비봉출판사, 1998.
- 이수상, 『네트워크 분석 방법론』, 서울:논형, 2012.
- 이수윤, 『政治思想史』, 서울: 법문사, 1999.
- 이순영, 『원자력과 핵은 다른 건가요?』, 서울: 한세, 1995.
- 이재철, 『요한과 더불어』, 서울: 홍성사, 1998.
- 이정식, 『유신의 정치논리』, 서울: 박영사, 1977.
- 이정훈, 『한국의 핵주권』, 서울: 글마당, 2009.
- 이종석, 『북한—중국관계 1945–2000』, 서울: 도서출판 중심, 2004.
- 이종석, 『분단시대의 통일학』, 서울: 한울아카데미, 1998.
- 이춘근, 『과학기술로 읽는 북한 핵』, 서울: 생각의 나무, 2005.
- 이흥환 편저, 『부시행정부와 북한: 위기의 한반도, 어디로 가는가』, 서울: 삼인, 2002.
- 임동원, 『피스메이커: 남북관계와 북핵문제 20년』, 서울: 중앙books, 2008.
- 장달중 · 이정철 · 임수호, 『북미대립: 탈냉전속의 냉전대립』, 서울: 서울대학교출판문화원, 2011.
- 장달중 · 이즈미 하지메 공편, 『김정일 체제의 북한: 정치 · 외교 · 경제 · 사상』, 서울: 아연출판부, 2004.
- 장성민, 『전쟁과 평화』, 서울: 김영사, 2009.
- 장성민, 『부시행정부의 한반도 리포트』, 서울: 김영사, 2001.

- 장회익, 『삶과 온생명』, 서울: 솔, 1998.
- 전미영, "김정일 정권의 정세인식: 선군담론 분석을 중심으로", 『KINU정책연구시리즈』, 서울: 통일연구원, 2006.
- 전재호, 『반동적 근대주의자 박정희』, 서울: 책세상, 2000.
- 정병준, 『한국전쟁: 38선 충돌과 전쟁의 형성』, 서울: 돌베개, 2006.
- 정욱식, 『핵의 세계사』, 서울: 아카이브, 2012.
- 조명철·김지연·홍익표, 『핵포기 국가에 대한 국제사회의 경제개발 지원경험이 북한에 주는 시사점』, 서울: 대외경제정책연구원, 2010.
- 최영, 『現代核戰略理論』, 서울: 일지사, 1977.
- 최성, 『북한정치사』, 서울: 풀빛, 1997.
- 최장집, 『민주화이후의 민주주의』, 서울: 후마니타스, 2009.
- 코리아연구원, 『오바마와 북한』, 서울: 풀빛, 2009.
- 풀빛, 『근대사회관의 해명』, 서울: 풀빛, 1984.
- 한국기독교사회연구원 엮음, 피터 헤이즈·류바 자르스키·윌든 벨로, 『핵무기는 가라! : 미국 핵전략과 한반도 평화』, 서울: 민중사, 1988.
- 한국정치학회·이정복 엮음, 『북한핵문제의 해법과 전망』, 서울: 중앙 M&B, 2003.
- 한상진, "유신체제의 정치경제적 성격", 『해방전후사의 인식』, 서울: 돌베개, 1986.
- 함형필, 『Nuclear Dilemma:김정일체제의 핵전력 딜레마』, 서울: KIDA Press, 2009.
- 황영채, 『NPT, 어떤 조약인가』, 서울: 한울 아카데미, 1995.
- 핵전쟁방지국제의사회, 『핵전쟁과 인류』, 황상익 옮김, 서울: 미래사, 1987.
- 홍성욱, 『네트워크 혁명, 그 열림과 닫힘』, 서울: 들녘, 2002.
- 홍성욱, 『인간·사물·동맹:행위자네트워크 이론과 테크노사이언스』, 서울: 이음, 2010.
- 홍현익, 『21세기 대한민국의 한반도 대전략』, 서울: 한울 아카데미, 2012.

2. 국내논문

- 곽승지, "주체사상이론체계", 『북한의 사상과 역사인식』, 서울: 세종연구소, 2002.
- 구갑우, "국제정치경제(학)와 비판이론. 존재론과 인식론을 중심으로", 『한국정치학회보』 38집 2호, 2003.
- 김상배, "한국의 네트워크 외교전략: 행위자─네트워크 이론의 원용", 『국가전략』, 2011년 제17권 3호, 2011.

- 김영진, "중국의 대북핵정책", 『북핵문제의 해법과 전망』, 한국정치학회 · 이정복 엮음, 서울: 중앙M&B, 2003.
- 김용호, "대북정책과 국제관계이론: 4자회담과 햇볕정책을 중심으로 한 비판적 고찰", 『한국정치학회보』, 2002.
- 김유은, "동북아 안보공동체를 위한 시론(試論)", 『국제정치논총』제 44집 4호, 2004
- 김재현, "주체사상과 북한연구", 『북한연구방법론』, 서울: 한울아카데미, 2003.
- 김환석, "두 문화와 ANT의 관계적 존재론", 홍성욱 엮음, 『인간 · 사물 · 동맹』, 2010.
- 김환석, "행위자−연결망이론에서 보는 과학기술과 민주주의", 『동향과 전망 83호』, 2010.
- 김현수, "전후세계체제의 변화와 한반도", 『해방 40년의 재인식 Ⅰ』, 송건호 · 박현채 외 지음, 서울: 돌베개, 1985.
- 김흥규, "중국의 동반자 외교 小考: 개념, 전개 및 함의에 대한 이해", 『한국정치학회보』 제 43집 제 2호, 2009.
- 남궁곤, "동아시아 전통적 국제질서의 구성주의적 이해"『국제정치논총』 제 43집 4호, 2003.
- 문수언, "러시아 푸틴 정부 대외정책의 새로운 경향과 자유주의 패러다임의 접근"『국제정치논총』 제46집 1호, 한국국제정치학회, 2006.
- 문수언, "러시아의 새로운 억지정책과 핵전략", 『슬라브학보』 제 15권 1호.
- 문수언, "고르바쵸프시대의 등장: 소련지도자의 배경분석", 『중소연구』 제10권 2호, 1986.
- 문수언, "러시아 연방공산당의 정강 및 소련지도자의 배경분석", 『중소연구』 제10권 2호, 1986.
- 박순성, "한반도 분단에 대한 두 개의 접근": 분단체제론과 분단/탈분단의 행위자 네트워크, 『경제와 사회』 2012년 여름호(통권 제 94호), 2012.
- 박영자, "북한 주민의 핵무기 인식 및 정치요인 의식과의 상관성: 사회집단별 핵−권력체제 영향력 실태와 관계분석", 『2013 북한연구학회 춘계학술회의』, 서울: 북한연구학회, 2013.
- 박의경, "민족문화와 정치적 정통성: 루소와 헤르더", 『한국정치학회보』, 2002.
- 박현채, "남북분단의 민족경제사적 위치", 『해방전후사의 인식2』, 강만길 외, 서울: 한길사, 1985.
- 박홍서, "월츠가 아인슈타인을 만날 때: 상대성이론을 통한 신현실주의이론의 재해석", 『국제정치논총』 제 51집 3호, 2011.
- 서훈, "선군외교의 환경적 요인과 전략모델", 『북한의 선군외교』, 서울: 명인문화사, 2008.
- 손용우, "신현실주의 관점에서 본 북한의 핵정책 고찰(1945∼2009)", 『국제정치논총』 제 52집 3호, 2012.
- 송기돈, "구성주의 국제이론의 기반과 유형론에 대한 분석적 검토", 『정치 · 정보 연구』 제 9

권 1호(통권18호), 2006.

- 신기욱, 『한국 민족주의 계보와 정치』, 이진준 옮김, 서울: 창비, 2006.
- 신용하, "8-15해방전후 한국인의 역사인식", 『현대사를 어떻게 볼 것인가 I 』, 서울: 동아일보사(편), 1987.
- 심지연, "북한연구방법론: 역사적접근", 『민족사상연구』 제 11호, 2003.
- 양승태, "국가정체성 문제와 정치학 연구: 무엇을, 어떻게 –하나의 거대연구기획을 위한 방법론적 시론–『한국정치학회보』 제 40집 제5호, 2006 겨울.
- 양준희, "월츠의 신현실주의에 대한 웬트의 구성주의의 도전"『국제정치논총』 제41집 3호, 2001.
- 오영진, 『소군정하의 북한』, 부산, 국민사상지도원, pp.33-34(재인용), 1952.
- 양무진, "북한의 대남협상 유형", 『경남대학교 박사학위 논문』, 2002
- 유진석, "핵억지 형성기 최초의 전쟁으로서 6 · 25 전쟁과 미국의 핵전략", 『한국과 국제정치』, (제 27권 제 2호, 통권 73호), 2011.
- 윤태영, "북한 핵문제와 미국의 '강압외교': 당근과 채찍을 중심으로"『국제정치논총』 제43집 1호, 한국정치학회, 2003.
- 이성권, 『김정일의 선군 리더십과 '조선인민군'』, 서울: 숭실대학교 박사학위논문, 2012.
- 이순영, 『원자력과 핵은 다른 건가요?』, 서울: 한세, 1995.
- 이아라, "글쓰기과정의 숨은 독자(Hidden Reader)", 『국어교육연구』 제31집, 2008.
- 이아라, "글쓰기의 새로운 인지모형 제안: Chaosmosing의 원리", 『국어국문학』 제48호, 2008.
- 이원설, "한반도 분단의 사적 배경"『평화연구』 Vol.2 No.1, 1983.
- 이정철, "조선 로동당 3차 당 대표자회와 김정일 후계체제: 개혁 개방기 덩샤오핑의 후계전략과 비교를 중심으로", 『유라시아연구』 제 8권 제1호 (통권 제20호), 2011.
- 이정철, "북한의 개방인식 변화와 신(新) 자력갱생론의 등장", 『현대 북한연구』 제9권 1호, 2002.
- 이정철, "북한의 핵억지와 강제: 역사와 전망", 『민주사회와 정책연구』 통권 13호, 2008.
- 장달중, "김정일체제와 주체비전: 이데올로기, 당, 그리고 군중을 중심으로", 『김정일시대 남북한 전망』, 장달중 · 이즈미 하지메 공편, 서울: 아연출판부, 2004.
- 전성훈, "억지이론과 억지전략에 대한 소고", 『전략연구』, 통권 제31호, 한국전략문제연구소, 2004.
- 정성장, "김정일 시대 북한의 '선군정치'와 당 · 군 관계", 『국가전략』 제7권 3호, 2001.
- 정성장, "통치이념", 『북한의 사상과 역사인식』, 세종연구소, 2002.
- 정성장, "혁명전략", 『북한의 국가전략』, 서울: 한울아카데미, 2003.

- 조성렬, "21세기 한 · 미 동맹과 주한미군의 장래", 『주한미군: 역사, 쟁점, 전망』, 서울: 한울, 2003
- 조철호, "박정희 핵외교와 한미관계의 변화", 고려대학교 박사학위논문, 2002.
- 조홍식, "민족의 개념에 관한 정치사회학적 고찰", 『한국정치학회보』 39집 3호, 2005.
- 진덕규, "미군정 초기 미국의 대한 점령정책", 『해방 40년의 재인식 I 』, 송건호 · 박현채 외 지음, 서울: 돌배게, 1985.
- 진영, "6자회담 합의문과 이행과정 재조명", 『국회의원 진영 자료집』, 2009.
- 최종건, "신현실주의 이론의 '무정부신화'에 대한 구성주의적 비판", 『한국정치학회보』 42집 2호, 2008.
- 하영선 · 민병원, "현대세계정치의 국제정치이론과 한국", 『변환의 세계정치』, 서울: 을유문화사, 2007.
- 한인택, "핵폐기사례연구: 남아프리카공화국 사례의 함의와 한계", 『한국과 국제정치』, (제 27권 제 1호, 통권 72호), 2011(봄).
- 홍민, "행위자 −연결망이론과 분단연구:분단 번역의 정치와 '일상으로의 전환'", 『동향과 전망 83호), 』, 2010.
- 홍민, "급변하는 한반도와 통일학(북한학)의 발전방향", 『북한연구학회』, 2011.
- 홍민, "행위자 네트워크 이론과 북한연구: 방법론적 성찰과 가능성", 『현대북한연구』 제 16 권1호, 2013.
- 홍민, "북한 핵실험에 대한 한국사회의 인식: 수평적분단과 핵무기의 코스모폴리틱스", 『2013 북한 연구학회 춘계학술회의』, 서울: 북한연구학회, 2013.
- 홍성민, "한국의 국가정체성과 문화분석: 한국의 문화학 연구를 위한 이론적 기초탐구", 『국제정치논총』 제 46집 2호, 2006.
- 홍원표, "한국전쟁과 한 · 미관계", 『사료로 본 한국의 정치와 외교: 1945~1979 제3장』, 한국 역사정치연구회 김용직 편, 서울: 성신여자대학출판부, 2005.

3. 기타

- 국정홍보처, 『참여정부 국정운영백서⑤ 통일 · 외교 · 안보』, 2008.
- 박태균, 『경향신문』 (2009년 6월 19일자)
- 이종락, "원전 4호기마저 폭발…1~4호기 완전 초토화 '방사능 패닉'", 『서울신문』, (2011년 3 월 15일자)

- 이용수, "北核그늘아래 한국: DJ, 북한의 핵실험 가능성 관련, '불가능할 것'", 『조선일보』, (2012년 2월 15일자)
- 박요한, 『주간 인사이드』, (2009년 9월 28일자)
- NAVER 지식사전, 중국 (中國, The People's Republic of China, PRC), http://terms.naver. com/print.nhn?docld=561228, (검색일자:2011.9.2)
- 정진탄, 『뉴시스』, "김정일, 핵개발 계속…미래에 中 경계유언", (2012년 4월13일자)
- 생명의 말씀사, "욥기, 42장 4절", 『NIV 한영스터디 성경』, 2008.
- 존 벨러미 포스터(John Bellamy Foster), "미국의 새로운 제국적 거대전략", MONTHLY REVIEW 1, 필맥 MR편집팀 편역, 서울: 필맥, 2007.
- 한홍구, "인천자유공원의 맥아더 동상", 『한겨레21: 한홍구의 역사이야기』 제47호, (2002년 5월 2일자)

4. 외국문헌

- Bergson, Henry, Creative Evolution, Llcim, Memphis, TN, USA, 2012.
- Capra, Fritiof, *The Web of Life, Anchor Books, A dicision of Ramdomhouse, Inc, New York*, 1996.
- _____, *The Tao of Physics*, Shambhala, Colorado, USA, 1975.
- Carroll, Sean, *From Eternity to Here*, A Plume Book, New York, USA, 2010.
- Callon, Michel and Bruno Ratour, "Don't Throw the Baby out with the Bath Scool! A Reply to Collions and Yearley", in Andrew Pickering, eds., *Science as Practice and Culture*, University of Chicago Press: Chicago, 1981.
- Cristian, David, *Maps of Time*: An Introduction to Big History, University of California Press, Berkeley Los Angeles California, USA, 2011.
- Dae—sook, Suh, *Kim Il Sung; The North Korea leader*, New York: Columbia University Press, 1988.
- Foucault, Michel, *The Order of Things*, Random House Inc, New York, 1994.
- Freedman, Lawrence, The Evolution of Nuclear Strategy, St.Martin's Press, New York, USA, 1989.
- Harry, Collins and Steven Yearley, "Epistemological Chicken", in Andrew Pickering,eds., *Science as Practice and Culture*, University of Chicago Press: Chicago, 1992.

- Huges, Thomas P. *Network of Power, Electric Supply Systems In the US, England and Germany, 1980–1930*, The John Hopkins Press: Baltimore, 1983.
- Keohane, Robert O. *After Hegemony: CoopePress, ration and Discord in the World Political Economy*, NJ: Princeton University, 1984.
- Keohane, Robert O. and Nye, JosephS, *Power and Independence*, Addison and Wesley Longman, 2001.
- Latour, Bruno. "Insiders & Outsiders in the Sociology of Science; or, How Can We Foster Agnosticism?" *Knowledge and Society* 3: 1981.
- _____. "Give me a Laboratory, and I Will Raise the World" in K. D. Knorr–Cetina and M. Mulkay eds., *Science Observed*, London.
- _____."The Power of Association," in John Lawed, *Power, Action, and Belief: A New Sociology of Knowledge?* London, Routledge, 1986.
- _____. "Mixing Humans and Nonhumans Together: The Sociology of a Door Closer." *Social Problems* 35: 298–310, 1988a.
- _____. "The Prince for Machines as well as for Machinations," in Brian Elliot ed., *Technology and Social rocess*, Edinburgh, Edinburgh University Press, 1988b.
- _____."Ethnography of a 'High–Tech' Case: About Aramis" in P. Lemonniered, *Technological Choices: Transformations in Material Cultures since the Neolithic*, pp.372–398, London and New York, Routledge, 1993b.
- _____. "Pragmatogonies: A Mythical Account of How Humans and Nonhumans Swap Properties." *American Behavioral Scientist*, 1994.
- _____. *"On Actor–network Theory: A few clarifications"*, 1997.
- Latour, Bruno, *Science in Action, How to follow Scientists and Engineers through Society*, Cambridge: Havard University Press, MA, 1987.
- _____. *We Have Never Been Modern*, Cambridge, Mass, Harvard University Press, 1993a.
- _____. *Aramis, or the Love of Technology*, Cambridge, Mass, Harvard University Press, 1996.
- _____. "To Modernize or to ecologize? That's the Question" in N. Castree and B. Willems–Braun eds., *Remaking Reality: Nature at the Millenium*, London and New York. Routledge, 1998.
- _____. *Pandora's Hope*. Essays on the Reality of Science Studies, Cambridge, Mass, Harvard University Press, 1999.

- _____. *Politics of Nature: How to Bring the Sciences intoDemocracy*, Cambridge, Mass, Harvard University Press, 2004.
- Leakey Richard E. and Lewin Roger, *Origins*, E.P. Dutton, New York, USA, 1977.
- Mol, Annemarie, *"Ontological politics. A word and some questions"*, Actor Network Theory and after, Blackwell Publishing/ The Sociological Review. Marston Book Servics Limited, Oxford: UK, 1999.
- Morganthau, Hans J. *Politics Among nations: The struggle for Power and Peace* Sixth Edition, McGraw–Hill, Inc., 1985.
- Paul Davies. *About Time: Einstein's Unfinished Revolution*, Simon & Schuster Inc, New York, USA, 1995.
- Prigogine, Ilyya, *The End of Certaintity*, The Free Press, NY, USA, 1996.
- _____, From Being To Becoming: Time and Complexity in the Physical Sciences, WH Freeman and Company New York, 1980.
- Richie, Nick, *Relinguishing nuclear weapons: identities, networks and the British bomb*. Blackwell Publishing Ltd/The Royal Insititute of International Affairs, 2010.
- Sean Carrol, *From Eternity To Here*, A Plume Book, New York, USA, 2010.
- Shakespeare, William, The Complete Works of William Shakespeare, Barnes &Noble, New York,1994.
- Smith, Anthony D, *The Ethnic Origins of nations*. Basil Blackwell Inc., New York, USA, 1986.
- Stenger, Victor J, God and the Multiverse: Humanity's Expanding View of the Cosmos, Prometheus Books, New York, 2014.
- Viotti, Paul R and Kauppi Mark V, 1999, *International Relations Theory: Realism, Pluralism, and Beyond*, Third Edition, Needham Hights, MA: Allyn and Bacon.
- Waltz, Kenneth N, *Theory of International Politics*, Addison–Welsey Publishing Inc, USA, 1978
- Wendt, Alexander, *Social Theory of International Politics*, Cambridge University Press, UK, 1999.
- Whitehead, A.N., *Process and Reality*, The Free Press, New York, USA, 1985.
- _____, Science and the Modern World, Cambridge At The University Press 1953, UK, 2011.

5. 국문 번역서

- Allison, Graham and Pilip Zelikow, *Essence of Decision: Explaining the Cuban Missile Crisis, Second Edition*, 1971, 『결정의 엣센스: 쿠바미 사일 사태와 세계 핵전쟁의 위기』, 김태현 역, 서울: 모음북스, 2005.

- Anderson, Benedict, *Immagined Communities: Reflections on the Origin and Spread of Nationalism*, rev. and extended, New York: Verso, 1991, 윤형숙 옮김, 『상상의 공동체』, 윤형숙 역, 서울: 도서출판 나남, 2002.

- Beker, Jasper, *Rogue Regime—Kim Jung Il and The Looming Treat of North Korea*, 2005, 김구섭 · 권영근 옮김, 『불량정권: 김정일과 북한의 위협』, 서울: 기파랑, 2005.

- Buber, Martin, *Ich und Due(I and Thou)*, 1923, 『나와 너』, 표재명 역, 서울: 문예출판사, 1977.

- Carrol, Sean, *From Eternity To Here*, 2010, 『현대물리학, 시간과 우주의 비밀에 답하다』, 김영태 옮김, 서울: 다른세상, 2012.

- Chinoy, Mike, Willim Morris Agency, LLC, 2008, 『북핵 롤러코스터』, 박성준 · 홍성걸 옮김, 서울: 시사IN북, 2010.

- Chomsky, Noam, *Rogue States*, 2000, South End Press Brookline, Street1, Cambridge, MA, USA, 장영준 옮김, 『불량국가』, 서울: 두레, 2001.

- _____. *HEGEMONY or SURVLIVA: America's Quest for Global Dominance*, 2003, 황의방 · 오성환 옮김, 『패권인가, 생존인가: 미국은 지금 어디로 가는가』, 서울: 까치, 2004.

- Cosmo, Nicola Di, *Ancient China and Its Enemies*, 2002, 이재정 옮김, 『오랑캐의 탄생』, 서울: (주)황금가지, 2005.

- Cumings, Bruce, 1981, *The history of the Korean war(Princeton: Princeton University Press)*, 『한국전쟁의 기원 上』, 김주환 옮김, 서울: 청사, 1986.

- _____. *North Korea: Another Country*, 2004, 『김정일 코드』, 남성욱 옮김, 서울: 따뜻한 손, 2005.

- _____. *KOREA'S PLACE IN THE SUN*, 1997, 김동노 · 이교선 · 이진준 · 한기욱 옮김, 『브루스커밍스의 한국현대사』, 서울: 창비, 2003.

- Darwin, C.R. *On The Origin of Species by Means of Natural Selection*, 1959, 『종의 기원』, 이민재 역, 서울 :을유문화사, 1983.

- Diamond, Jared, *Guns, Germs, Steel*, 1997, 김진준 옮김, 『총, 균, 쇠』, 서울: 문학과사상사, 1998.

- Downs, Chuck, *Over The Line: North Korea's Negotiating Strategy*, 1999, 송승중 옮김, 『북한의 협상전략』, 서울: 한울아카데미, 1999.
- Deleuze, Gilles and Fe'lix Guattari, *Mille plateuax, Capitalisme et schizophrenie*, Minuit: Paris, 1980, 『천개의 고원: 자본주의와 분열증』, 김재인 옮김, 서울: 새물결, 2001.
- Duncan, D. Ewing. *The History of Calenda* 『캘린더』, 신동욱 옮김, 서울: 씨엔씨미디어, 1999.
- _____. 1954, *Ideas and Opinions*, Three Rivers Press, New York.
- Anderson, Benedict, *Imagined Communities: Reflections on the Origin and Spread of Nationalism*, Verso UK: London 1983, Florig, Dennis 『미국의 힘과 패권주의』, 김희명 · 김수연 역, 서울: 매봉, 2005.
- Foucault, Michel, 『감시와 처벌』, 오생근 옮김, 서울: 나남, 1975.
- _____. 『헤태로토피아』, 이상길 옮김, 서울: 문학과지성사, 2014.
- Gilpin, Robert, *War and Changes in World Politics*, New York: Cambridge University Press, 1981.
- _____. *Global Political Economy*, Princeton University Press, 고현욱 · 강문구 · 김용복 옮김, 『세계정치경제론』, 서울: 인간사랑, 2001.
- Gleick, James, *Chaos making a new science*, 1987, 『카오스, 현대과학의 대혁명』, 박배식 · 성하운 옮김, 서울: 동문사, 1993.
- Harrison, Selig S, *Korean and Endgame: A Strategy for Reunification and U.S. Disengagement*, Princeton, N.J.: University Press, 2002, 이홍동 외 옮김, 『코리안엔드게임』, 서울: 삼인, 2003.
- Hayes, Peter, *American Nuclear Dilemmas in Korea*, 1991, 『핵 딜레마』, 고대승 · 고경은 옮김, 서울: 도서출판한울, 1993.
- Heisenberg, Werner, *Physics and Philosopy*, 1958. 최종덕 옮김, 『철학과 물리학의 만남: 현대과학의 혁명』, 서울: 도서출판 한겨레, 1982.
- Heisenberg, Werner, *Physics and Philosopy*, 1958, 『부분과 전체』, 김용준 옮김, 서울: 지식산업사, 1985
- Heidegger, Martin, *The Time and Being*, 1962, 문학과 사회연구소 역, 『시간과 존재』, 서울: 청하, 1986.
- _____. *The Being and Time*, 전양범 옮김, 『존재와 시간』, 서울: 동서문화사, 1968
- Hesiodos, 『신들의 계보』, 천병희 옮김, 경기도: 도서출판 숲, 2009.
- Hobbes, Thomas, *Leviathan*, 1651, 최공웅 · 최진원 옮김, 『리바이어던』, 서울: 동서문화사, 1988.

- Hobosbawm, E. J. *Nations and nationalism since 1780*, Camerbridge University Press, 1990, 강명세 옮김, 『1780년 이후의 민족과 민족주의』, 1993.
- Ikenberry G. John, *After Victory: Institution, Strateguc Restraint, and The Rebuilding of Order after Major Wars*, 2001, Princeton University Press, 강승훈 옮김, 『승리이후: 제도와 전략적 억제 그리고 전후의 질서구축』, 서울: 한울, 서울: 창비
- Jack Prichard, Charles L, 2007, *Failed Diplomacy*, 『실패한 외교』, 김연철 · 서보혁 옮김, 사계절, 2008.
- Kant, Immanuel, 1781, *Kritik Der Reinen Vernunft*, 정명오 옮김, 『純粹理性批判』, 서울: 동서문화사, 1975.
- Kristensen, Hans M, 「Preemptive Posturing」 *Bulletin of AtomicScientist* (2002년 9, 10월호), p.58
- Kuhn, Thomas. S, 1969, *The Structure of Scientific revolutions*, 조은 옮김, 『과학혁명의 구조』, 서울: 도서출판 조은문화사, 1992.
- Lakoff, George, *Whose Freedom?*, 『자유전쟁』, 나익주 옮김, 서울: 프레시안북, 2010.
- Latour, Bruno, *We Are Never Been Modern*, 홍철기 옮김, 『우리는 결코 근대인이었던 적이 없었다』, 서울: 갈무리, 2009.
- Latour, Bruno, "행위자 네트워크 이론에 관하여", 『인간 · 사물 · 동맹: 행위자네트워크이론과 테크노사이언스』, 홍성욱 엮음, 서울: 이음, 2010.
- Latour, Bruno, 『브뤼노 라투르의 과학인문학 편지』, 이세진 옮김, 서울: 사월의 책, 2012.
- Latour, Bruno, "탈냉전시대의 좌파정치", 『진보의 패러독스』, 서울: 당대. 1997.
- Lindberg, David C., 1992, *The beginnings of Western Science*, 『서양과학의 기원들』, 이종흡 옮김, 서울: 나남, 2009.
- Lipton Bruce,H. and Bhearman Steve, 『자발적 진화』, 이균형 옮김, 서울: 정신세계사, 2009
- Mearsheimer, John J, *The Tragedy of Great Power*, W.W. Norton & Company, 이춘근 역, 『강대국 정치의 비극』, 서울: 자유 기업원, 나남출판. 2001.
- Nye. Jr, Joseph S., 2000, *Understanding International Conflicts: An Introduction to Theory and History*, 『국제분쟁의 이해』, 양준희 옮김, 서울: 한울 아카데미, 2001.
- Oberdorfer, Don., *The Two Koreans: A Contemporary History* (New York: Addison-Wesley, 1997, 『한국현대사비록: 두개의 한국』, 이종길 옮김, 서울: 길산, 2002.
- Orel, David, 2007, *Applo's Arrow*, 『거의 모든 것의 미래』, 이한음 옮김, 서울: 리더북스, 2010.
- Orwell, George, *Big Brother is Watching You*, 이기한 옮김, 『조지오웰 1984』, 서울: 웅진코

리아, 1984.

• Prigogine, Ilya, *La Fin Des Certitudes*, 『확실성의 종말-시간, 카오스, 그리고 자연법칙』, 이덕환 역, 서울: 사이언스북스, 1996.

• _____. *Order Out of Chaos*, 일리야 프리고진, 이사벨 스텐저스, 신국조 옮김, 『혼돈으로부터의 질서』, 서울: 자유아카데미, 2011.

• Rifkin, Jeremy, 1983, *Entropy a New World View*, 『엔트로피의 법칙』, 최현 역, 서울: 범우사, 1983.

• Rousseau, Jean-Jacques, 1755, *Discours sur l'origine et les foundement de l'inégalité parmi les hommes*, 『인간불평등기원론』, 주경복 · 고복만 옮김, 서울: 책세상, 2003.

• Rüpke, Jörg, *Zeit Und Fest*, 『시간과 권력의 역사』, 김용현 옮김, 서울: 알마, 2006.

• Serres, Michel, 1993, *La légende des anges*, 이규현 옮김, 『천사들의 전설-현대의 신화』, 서울: 그린비, 2008.

• _____. *Eclaircissements: cinqentretiens avec Bruno Latour*, 1992, 박동찬 역, 『해명』, 서울: 솔, 1994.

• _____. 1977. *Hermès IV. La Distribution*, 이규현 옮김, 『헤르메스』, 서울: 민음사. 1999.

• Sigal, Leon V, *Disarming Strangers*: Nuclear Diplomacy with North Korea, Princeton, N.J.: Princeton University Press, 1988.

• Snow, C.P, *The Two Cultures*, 『두 문화』, 오영환 옮김, 서울: 사이언스북스, 1959.

• Steven Mithen, 『마음의 역사』, 윤소영 옮김, 서울: 영림카디널, 2001.

• Strauss, Leo and Cropsy, Joseph, 1973, *History of Political Pilosophy*, University of Chicago Press edition, 1981.

• Snyder, Glen H, *Alliance Politics*, Ithaca and London: Cornell University Press, 1977.

• Tajfel, Henri. *Human Groups and Social Categories: Studies in Social Psychology*, Cambridge, U.K; Cambridge University Press, 1981.

• Thomas Bulfinch, 『그리스 로마신화』, 손명현 옮김, 서울: 동서문화사, 2012.

• Wallerstein, Immanuel. 2003, *The Decline of American Power: The U.S. in a Chaotic World*, 『미국패권의 몰락』, 한기욱 · 정범진 옮김, 서울: 창비, 2004.

• _____.1999, *The end of the world as we know it: social science the twenty-first century*, 『우리가 아는 세계의 종언』, 백승욱 옮김, 서울: 창비, 2001.

• Waltz, Kenneth N, Inc, 1978, *Theory of International Politics*. Boston: Addison Welsey, Publishing Company

• _____. *Theory of International Politics*, Addison-Weseley Publishing Company Inc, 케네스 월츠 지음, 박건영 옮김, 『국제 정치이론』, 서울: 사회평론, 2001.

- _____. *Man, the State and War*, 정성훈 옮김, 『인간 국가 전쟁: 전쟁의 원인에 대한 이론적 고찰』, 서울: 아카넷, 2007.
- Wendt, Alexander, *Social Theory of International Politics*, Cambridge: Cambridge University Press, 1999.
- Whitehead, A.N., 1926, *Science and Modern World*, 『과학과 근대세계』, 오영환 옮김, 서울: 서광사, 1989.
- _____, 1933, *Adventures of Ideas* 『관념의 모험』, 오영환 옮김, 서울: 한길사
- _____, 1929.*Process and Reality–an essay in cosmology–*, 『과정과 실재–유기체적 세계관의 구상』, 오영환 옮김, 서울: 민음사, 1991.
- Wit, Joel S. Daniel B, Poneman. Robert L, Gallucci. Going Critical: *The First North Korean Nuclear Crisis*, 『북핵위기의 전말』, 김태현 역, 서울: 모음북스, 2005.
- Wittgenstein, Ludwig, *Tractatus Logical Philosopicus*, 1922, 이영철 옮김, 『논리 · 철학논고』, 서울: 천지, 1991.
- Woodward Bob, *Bush at War*, 『부시는 전쟁중』, 김창영 옮김, 2003.
- 渡辺昭夫 外, 1989, 『國際政治理論』, 권호연 옮김, 서울: 한울 아카데미, 1992.
- 飯塚央子, "중국의 핵 세력균형과 국제협력", 『핵확산문제와 아시아–핵 억지론을 넘어서』, 김선희 옮김, 서울: 도서출판 문, 2009.
- 船橋洋一, 『김정일 최우희 도박』, 오영환 · 예영준 · 박소영 옮김, 서울: 중앙일보 시사미디어, 2007.
- 平岩俊司, 『朝鮮民主主義人民共和國と 中華人民共和國: 脣齒の關係の構造と變容』, 이종국 역, 『북한 · 중국관계 60년: '순치관계'의 구조와 변용』, 서울: 선인, 2013.
- 鄧小平, 『鄧小平文選(1975–1982)』, 北京: 人民出版社, 1983.
- 毛澤東, "增强黨的團結, 繼承黨的傳統", 『毛澤東選集 第五卷』, 中和人民出版 公社, 1991.
- 馬大正, 『중국의 국경 · 영토인식–20세기 중국의 변강사 연구』 조세현 번역, 고구려연구재단, 1988.
- 王緝思, "北核問題 和 當面 中韓關係", 중한관계 세미나, 2010.9.28.
- 李澤厚, 1987, 『中國現代思想史論』, 김형종 옮김, 서울: 한길사, 2005.
- 朱建榮, 『모택동은 왜 한국전쟁에 개입했을까』, 서각수 옮김, 서울: 도서출판역사넷, 2005.
- 川島眞 · 毛里和子, 『중국외교 15년사: 글로벌 중국으로의 도정』, 이용빈 옮김, 서울: 한울아카데미, 2012.

6. 북한 문헌

- 김일성, 『김일성저작집』 제 1권, 평양: 조선로동당출판사, 1979.
- _____, 『김일성저작집』 제 2권, 평양: 조선로동당출판사, 1979.
- _____, 『김일성저작집』, 제 3권, 평양: 조선로동당출판사, 1979.
- _____, 『김일성저작집』 제 4권, 평양: 조선로동당출판사, 1979.
- _____, 『김일성저작집』 제 5권, 평양: 조선로동당출판사, 1980.
- _____, 『김일성저작집』 제 7권, 평양: 조선로동당출판사, 1980.
- _____, 『김일성저작집』 제 8권, 평양: 조선로동당출판사, 1980.
- _____, 『김일성저작집』 제 9권, 평양: 조선로동당출판사, 1980.
- _____, 『김일성저작집』 제 14권, 평양: 조선로동당출판사, 1982.
- _____, 『김일성저작집』 제 16권, 평양: 조선로동당출판사, 1982.
- _____, 『김일성저작집』 제 18권, 평양: 조선로동당출판사, 1982.
- _____, 『김일성저작집』 제 23권, 평양: 조선로동당출판사, 1983.
- _____, 『김일성저작집』 제 27권, 평양: 조선로동당출판사, 1984.
- _____, 『김일성저작집』 제 29권, 평양: 조선로동당출판사, 1995.
- 김정일, 『김정일저작집』 제 1권, 평양: 조선로동당출판사, 1997.
- 김정일, 『김정일저작집』 제 2권, 평양: 조선로동당출판사, 1997.
- 김정일, 『김정일저작집』 제 4권, 평양: 조선로동당출판사, 1997.
- 김정일, 『김정일저작집』 제 5권, 평양: 조선로동당출판사, 1997.
- 김정일, 『김정일저작집』 제 14권, 평양: 조선로동당출판사, 2000.
- 김일성, 〈1986년 신년사〉
- 김정일, "주체사상에 대하여", 『주체사상 총서 3—주체사상의 지도적 원칙』, 평양: 사회과학출판사, 1985.
- 김정은, 〈2014, 2015신년사〉

> 찾 아 보 기 <

⟩ 출 간 후 기 ⟨

북한의 핵 무력과 도발로부터
완전히 벗어나 한반도에
행복 에너지가 샘솟길 기원드립니다!

권선복
도서출판 행복에너지 대표이사
한국정책학회 운영이사

    북한의 남침 이후 반세기가 훌쩍 지났지만 한반도는 여전히 휴전선을 사이에 두고 한 민족이 대치하고 있습니다. 그 사이 소비에트연방이 무너지고 서독과 동독은 하나의 단일 국가로 거듭났습니다. 하지만 동방의 이 작은 국가는 여전히 다른 이념 아래, 냉전을 유지하고 있습니다. 언뜻 보면 평화로운 일상이 계속되는 것 같지만 잊을 만하면 벌어지는 북한의 무력 도발에 우리 국민들은 가슴을 졸이곤 합니다. 더군다나 핵 실험을 통해 전 세계의 안보마저 심각하게 위협하고 있는 실정입니다. 한반도와 전 세계의 평화를 위해 지금 우리가 북한에 대해 알아야 할 것, 대응해야 할 것은 과연 무엇일까요?

    책『북한 핵 무력의 세계 정체성』은 시간, 북한, 핵 무력, 김정은에 대해 개념부터 다시 짚어 보면서, 우리나라가 앞으로 20년 전쟁의 승리를 위해 어떻게 할 것인가를 상상할 수 있도록 구성되었습니다. 고려대 철학과를 졸업하고 동 대학에서 정책학 석사를, 숭실대에서 정치외교학 박사 학위를 받은 저자는 경인일보, 뉴시스, 일요신문i 등에서 관련 분야 기자로 활동해 온 전문가입니다. 다양한 경력과 심도 있는 연구를 집약한 이번 책은 운명 정체성 이론을 핵 무력에 적용한다는 독특한 발상을 통해 핵 무력의 기원과 성격, 진화 과정과 미국에 의한 지구적 안보 권력으로의 네트워킹 과정을 기술하고 있습니다. 뜨거운 열정으로 한반도 평화의 발판을 마련한 저자에게 큰 응원의 박수를 보냅니다.

평화로운 삶은 간절한 마음만으로는 이루어지지 않습니다. 각고의 노력과 그에 걸맞은 행동이 요구됩니다. 현재 우리의 삶만이 아닌, 자손들의 행복한 삶을 위해 결단을 하고 평화를 도모해야 할 시기가 다가온 것입니다. 『북한 핵 무력의 세계 정체성』책이 북한의 핵 무력으로부터 완전한 자유를 가져오고 이를 바탕으로 한반도 전역에 행복과 평화의 에너지가 팡팡팡 샘솟기를 기원드립니다.

사랑해야 운명이다
김창수 지음 | 값 12,500원

책 「사랑해야 운명이다」은 2015 한국HRD대상 명강사 부문 대상 수상자이자 희망아카데미 대표인 김창수 저자의 '세상을 향한 따뜻한 사랑을 담은 시집(詩集)'이다. 독자의 마음에 깊은 흔적이 아닌, 가만히 가져다대는 따뜻한 손과 같은 온기를 전하며 "살아 있는 한, 희망은 유효하다."라는 평범한 진리를 진솔한 목소리로 노래한다.

리콴유가 말하다
석동연 번역 · 감수 | 값 17,000원

이 책은 하버드 대학의 그래엄 앨리슨 교수, 로버트 블랙윌 외교협회 연구위원이 리콴유 전 총리와의 인터뷰, 그의 저서와 연설문을 편집하여 출간한 책이다. 총 70개의 날카로운 질문에 리콴유는 명쾌하고 직설적이며 때로는 도발적으로 답변한다. 도처에 실용주의자로서의 그의 진면목이 잘 드러나 있으며 깊이 있는 세계관과 지도자관을 음미할 수 있다.

치매도 시가 되는 여자
류 자 지음 | 값 13,500원

책 「치매도 시가 되는 여자」는 실제로 치매에 걸린 시어머니를 8년째 모시고 있는 한 며느리가 조금은 불편하지만 그 어느 가정과 다를 바 없이 행복한 일상에 대해 담은 책이다. 치매가 느닷없이 가져온 삶의 비애가 더 커다란 행복으로 승화되는 과정을 시와 에세이를 통해 그려내고 있다.

갈 길은 남아 있는데
김래억 지음 | 값 25,000원

책 「갈 길은 남아 있는데」는 격동기에 태어난 한 사람이 역사의 비극 가운데에서 고뇌하며 조국의 근대화에 대한 열망을 품고 축산업과 대북 사업에 일생을 바치며 산업역군으로 성장해가는 과정을 담고 있다. 남북을 넘나들며 통일의 물꼬를 트고자 노력했던 저자의 헌신이 감명 깊게 다가온다.

중국 사회 각 계층 분석

양효성 지음, 이성권 번역 | 값 27,000원

"한중 수교 20여 년, 우리는 과연 중국에 대해 얼마나 깊이 알고 있는가?" 중국의 발자크라 불리는, 중국 최고의 知靑 양효성의 10년에 걸친 역작! 이 책은 모택동 사후시기의 중국(中國) 사회를 가장 심층적으로 분석하고 있다. 인문학적 시각으로 들여다본 중국사회에 대한 깊은 연구는 대한민국의 성장과 밝은 미래를 위한 하나의 전환점을 제시하고 있다.

제안왕의 비밀

김정진 지음 | 값 15,000원

『제안왕의 비밀』은 대한민국을 대표하는 14인의 제안왕 이야기를 담아내고 있다. 자신의 삶은 물론 몸담고 있는 조직까지 변화시키는 제안의 놀라운 비밀을 이야기한다. 제안 하나로 청소부, 경비원, 기능공에서 대기업 임원, 교수, CEO로 등극하는 드라마 같은 인생이 펼쳐진다. 또한 제안왕이 되기 위해 반드시 숙지해야 할 십계명과 비결 등을 공개한다.

그대, 늦었다고 걱정 말아요

감민철 지음 | 값 13,800원

『그대, 늦었다고 걱정 말아요』는 바로 이렇게 힘겨운 시기를 보내고 있는 젊은이들에게 따뜻한 위로의 메시지를 전하는 책이다. 현재 주어진 암울한 환경이 아닌, 어려움을 통해 더욱 성장하게 될 미래의 자신을 바라보라고 주문한다. 우리가 늘 부정적으로만 여겼던 고난의 진정한 의미는 과연 무엇일까? 지금 이 책에서 그 해답을 확인해보자.

주인공 빅뱅

이원희 지음 | 값 13,800원

세상의 기준은 상대평가에 따르기 때문에 항상 서로를 비교하게끔 만든다. 그 과정에서 우리는 우월감과 열등감을 오가며 천국과 지옥을 경험하곤 한다. 하지만 『주인공 빅뱅』은 그러한 악순환에서 벗어나 자기 자신이 평가의 기준이 될 것을 권한다. 스스로가 객관적으로 자기 자신을 평가함으로써 정서적 · 지적 · 영적 · 인격적 성장을 이룰 필요에 대해 강변한다.

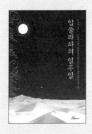

압둘라와의 일주일

서상우 지음 | 값 13,500원

『압둘라와의 일주일』은 누구나 한번쯤은 고민해봤을 본질적인 인생의 문제들을 풀어나가고 있는 책이다. 특히 '압둘라'라는 인물을 통해 어려운 고민들에 명쾌하게 답하는 형식을 취하고 있는 점이 흥미롭다. 아무리 상처받고 버림받는 아픔을 경험했을지라도 이 세상에 소중하지 않은 사람은 없다. 그렇기에 이 책의 주인공은 당신이라고 저자는 이야기한다.

제4차 일자리 혁명

박병윤 지음 | 값 15,000원

JBS일자리방송의 박병윤 회장이 전하는, '일자리 혁명을 통해 선진국으로 도약할 대한민국의 청사진'을 담은 책이다. 현재 대한민국의 일자리 문제가 현 정부에서 추진하는 창조경제 정책이 올바로 시행되지 않고 있음에서 그 원인을 찾고 '방통융합 활용 일자리창출 콘텐츠'의 실행을 통해 일자리 혁명을 일으켜 해결책을 찾을 것을 제안하고 있다.

금융회사의 내부통제

김양권 지음 | 값 25,000원

선진은행들은 우리나라보다 더한 성과주의 문화 속에 살고 있지만 그들의 금융사고는 우리보다 훨씬 적다고 한다. 이 책은 그 이유는 무엇인지를 세심히 살펴보고, 오랫동안 선진국의 금융관행을 보고 배웠음에도 우리 금융회사들이 놓치고 있는 것에 대해 제시한다.

나의 살던 고향은

강순교 지음 | 값 15,000원

연어처럼 삶을 다하기 전에 거세고 잔인한 현실의 물살을 거슬러 고향과 고국을 찾아온 저자의 인생사는 그 자체만으로도 충분히 감동적이다. 그래서 이 책은 한 개인의 위대한 역사일 뿐 아니라 궁극적으로 통일이 되어야 할 이유를 독자들의 가슴에 깊이 새겨주고 있다.

귀뚜라미 박사 239

이삼구 지음 l 값 17,000원

저자는 '귀뚜라미'가 지금의 대한민국 실정에 가장 적합한 미래인류식량이라고 강력히 주장한다. 단백질, 비타민, 무기질, 불포화지방산 등 영양소가 풍부하게 함유되어 있기 때문이다. 이렇게 영양학적으로 완벽하고 환경친화적인 귀뚜라미는 향후 발생할 식량위기에 대처하는 데 최적의 상품임을 이 책은 말하고 있다.

신입사원은 무엇으로 성장하는가

홍석환 지음 l 값 15,000원

저자는 30년 동안 인사 분야 전문가로 삼성, GS칼텍스, KT&G와 같은 대기업에서 근무해 왔다. 다양한 인사 경험과 이론을 쌓고 자신만의 컨설팅을 바탕으로 사회 내에서 자신의 자리를 공고히 하는 데 힘써온 사람이다. 그의 이러한 노하우가 담겨있는 인사교육 현장의 목소리에 우리는 귀 기울여야 할 것이다.

대한민국을 읽다

김영모 지음 l 값 17,000원

『대한민국을 읽다』는 1934년부터 1991년까지의 대한민국, 그 생생한 역사의 주요 현장을 도서와 문서 자료를 통해 들여다본 책이다. 25년 가까이 국회도서관에서 근무를 했고 출판사의 대표직을 맡으며 평생 책과 함께해 온, 지금도 산더미처럼 쌓인 책의 틈바구니에 간신히 몸을 밀어 넣어 책과 씨름하고 있는 한 독서인의 뜨거운 열정을 고스란히 담고 있다.

도담도담

티파니(박수현) 지음 l 값 15,000원

『도담도담』은 종로 YBM어학원에서 16년째 강의를 하고 있는 인기강사 '티파니' 박수현이 2030 청년들에게 들려주는 행복의 메시지다. 때로는 두 손을 꽉 붙잡고 어깨를 도닥여주는 위로를, 때로는 정신이 번쩍 들게 하는 일침을, 때로는 경험에서 진득하게 우러나온 조언을 친근한 언니 혹은 누나의 목소리로 전하고 있다.

가슴 설렌다, 오늘 내가 할 일들!

김종호 지음 | 값 15,000원

『가슴 설렌다, 오늘 내가 할 일들!』은 저자가 '프로회계사'라는, 37년의 외길 인생을 걸어오면서 보고 듣고 느끼고 경험했던 의미 있는 이야기들을 엮은 책이다. 단순히 돈을 받고 일하는 아마추어의 삶이 아니라 자신의 일을 즐기면서 고객을 위해 봉사하는 프로의 삶이 무엇인지 잘 보여주고 있다.

내 마음 안아주기

김소희 지음 | 값 15,000원

아픈 가슴 끌어안고 살아가는 이들에게 '토닥토닥' 작지만 한없이 따스한 온기와 위로를 전하는 책 『내 마음 안아주기』는 한국토닥토닥연구소 김소희 소장의 첫 번째 책이다. 아픈 가슴을 끌어안고 살아가는 수많은 현대인들에게, 자기 자신과 삶 자체가 얼마나 소중하고 아름다운 것인지 깨닫게 해 줄 것이다.

중년의 고백

이채 지음 | 값 13,500원

『중년의 고백』은 노을이 물드는 가을날 들판을 수놓은 코스모스처럼, 어딘지 수줍은 모습이지만 한편으로는 당당한 중년의 고백들을 담아내고 있다. 이미 제7시집 『마음이 아름다우니 세상이 아름다워라』가 2014년 세종도서에 선정되며 문학적, 대중적으로 실력을 인정받은 시인의 이번 시집은, 전작을 넘어서는 통찰과 혜안, 관능미로 가득하다.

성공하고 싶은 여자, 결혼하고 싶은 여자

김나위 지음 | 값 13,800원

현재 조직성장, 인재양성, 라이프 컨설팅 전문가로 활동 중인 김나위 소장의 책 『성공하고 싶은 여자, 결혼하고 싶은 여자』는 이제 막 사회에 발을 들여놓은 2, 30대 여성은 물론 지금까지의 인생을 돌아보고 앞으로의 삶에 새로운 활력을 불어넣을 계기를 찾고 있는 4, 50대 여성들까지 꼭 한 번은 유심히 읽어봐야 할 내용들을 담아냈다.

사람이 행복이다

최세규 지음 | 값 13,800원

책 『사람이 행복이다』는 총 26장으로 구성되어 저자 최세규, 그가 걸었던 인생길의 곳곳을 담담하게 보여주고 있다. 그것은 한 개인의 역사에 머물 수 있으나 그가 건네는 인생길을 천천히 더듬어 가다 보면 그곳에 저자가 열망하고 행복을 느끼고 성공을 보는 사람의 아름다운 기운을 감지할 수 있을 것이다.

눈부신 희망

이건수 지음 | 값 15,000원

182 실종아동찾기센터 '이건수 추적팀장'은 평생 실종자를 찾기 위해 모든 열정과 에너지를 쏟아 온 참된 경찰관으로 평가받는다. 그의 책 『눈부신 희망』 역시 실종자 가족들에게 마음의 평온과 희망을 전달하기 위해 저자가 평소 가졌던 생각들과 신앙에 대한 이야기들을 담아냈다.

대학생이 바라본 파워리더 국회의원 33인

권선복 엮음 | 값 20,000원

책 『대학생이 바라본 파워리더 국회의원 33인』은 대학생과의 인터뷰를 통해 열심히 의정활동을 펼치고 있는 국회의원 33인의 숨겨진 이야기, 생생히 다가오는 그들의 진솔한 삶과 열정을 담아 낸 책이다. 우리 청년들과 국회의원들의 작은 만남으로 엮은 이 한 권의 책이, 온 국민의 행복한 삶을 이룩할 작은 씨앗이 되어 줄 것이다.

명강사 25시: 고려대 명강사 최고위과정 2기

구자현 외 22인 지음 | 값 20,000원

『고려대 명강사 최고위과정 2기 - 명강사 25시』는 고려대 명강사 최고위과정 2기 수료생의 각기 다른 인생 여정 속 풀어내지 못한 무수한 질문들을 함께 고민하고 그 결과물을 함께 들려주는 자리라고 할 수 있다. 다양한 분야, 다양한 이야기로 삶의 지혜와 노하우, 혜안과 성찰을 전한다.

하루 5분 나를 바꾸는 긍정훈련

행복에너지

'긍정훈련'당신의 삶을 행복으로 인도할
최고의, 최후의 '멘토'

'행복에너지 권선복 대표이사'가 전하는
행복과 긍정의 에너지, 그 삶의 이야기!

권선복

도서출판 행복에너지 대표
대통령직속 지역발전위원회
문화복지 전문위원
새마을문고 서울시 강서구 회장
한국정책학회 운영이사
영상고등학교 운영위원장
아주대학교 공공정책대학원 졸업
충남 논산 출생

국민 한 사람, 한 사람이 모여 큰 뜻을 이루고 그 뜻에 걸맞은 지혜
로운 대한민국이 되기 위한 긍정의 위력을 이 책에서 보았습니다.
이 책의 출간이 부디 사회 곳곳 '긍정하는 사람들'을 이끌고 나아
가 국민 전체의 앞날에 길잡이가 되어주길 기원합니다.

** **이원종** 대통령직속 지역발전위원회 위원장

'하루 5분 나를 바꾸는 긍정훈련'이라는 부제에서 알 수 있듯 이 책
은 귀감이 되는 사례를 전파하여 개인에게만 머무르지 않는, 사회 전
체의 시각에 입각한 '새로운 생활에의 초대'입니다. 독자 여러분께서
는 긍정으로 무장되어 가는 자신을 발견할 수 있을 것입니다.

** **최 광** 국민연금공단 이사장

권선복 지음 | 15,000원